ADAC Reiseführer

Spanien

von Marion Golder

Intro

Unterwegs

REY DON JAIME

CHICAGO

Karten und Pläne

Service

Leserforum

Die Meinung unserer Leserinnen und Leser ist wichtig, daher freuen wir uns von Ihnen zu hören. Wenn Ihnen dieser Reiseführer gefällt, wenn Sie Hinweise zu den Inhalten haben – Ergänzungs- und Verbesserungsvorschläge, Tipps und Korrekturen – dann kontaktieren Sie uns bitte:

Redaktion ADAC Reiseführer
ADAC Verlag GmbH
Am Westpark 8, 81365 München
Tel. 089/76 76 41 59
reisefuehrer@adac.de
www.adac.de/reisefuehrer

Spanien Impressionen

Bienvenido im Land der Lebensfreude

Einem Stierfell ähnlich, breitet sich das spanische Festland (492 463 km² groß) aus, das im Norden an Frankreich und im Westen an Portugal grenzt. Von rund 3144 Küstenkilometern an Atlantik und Mittelmeer präsentieren sich etwa zwei Drittel als **Strand**. Im Zentrum beherrscht die schier endlose Weite der **Meseta** das Landschaftsbild. Dazu durchziehen etliche imposante **Gebirgszüge** das Innere der Iberischen Halbinsel. Im Massiv der andalusischen *Sierra Nevada* markiert der Gipfel des Mulhacén mit 3482 m die höchste Erhebung des Festlandes. Immerhin, wenn auch wenig bekannt, ist Spanien – nach der Schweiz und Österreich – das gebirgigste Land Europas.

Die Sehnsucht nach **Sonne**, **Sand** und **Meer** zieht Jahr für Jahr Millionen von Mitteleuropäern, die nicht gerade vom Klima verwöhnt sind, in die hiesigen Urlaubsregionen. Aber Spanien hat viel mehr zu bieten als Strandvergnügen, Sonnenschirme, Liegestühle … Geradezu ansteckend ist die spanische Philosophie, alles etwas gelassener zu nehmen, und die Gabe, sich auch an den kleinen Dingen des Lebens zu erfreuen, etwa einem genüsslichen Mahl im Kreise der Familie oder von Freunden. Längst hat sogar die Wissenschaft bestätigt, dass eine kleine **Siesta** zwischendurch sich als wahrer Jungbrunnen erweist.

Vom Klima begünstigt spielt sich in Spanien das Leben weit mehr im Freien als hinter verschlossenen Türen ab. Treffpunkte sind die **Plaza** oder die **Bar**, hier genießt man bei einem Glas Wein oder einem **Sherry** köstliche **Tapas**, kleine Leckereien, die sich wie im Schlaraffenland an der Theke reihen: Gebratene Fischchen, selbst gemachte Kroketten, eingelegte Oliven oder kleine Salate sind immer eine Sünde wert.

Zeit scheint hierzulande ebenfalls noch immer eine andere Größe zu sein, Hektik und Ungeduld sind den meisten Spaniern fremd, sie werden gar als Unsitte erachtet. So hat der Slogan **Spanien ist anders** auch in einer Zeit des allgemeinen gesellschaftlichen Umbruchs nichts von seiner Gültigkeit verloren.

Oben: *Flamenco-Show – große Gefühle mit feuerrotem Accessoire*
Rechts: *Strandbucht für Genießer – Cala d'el Pi nahe Platja d'Aro*
Rechts oben: *Spektakuläres Gewinkel aus Titanium – Frank O. Gehrys Museo Guggenheim in Bilbao*

Viva la vida

Mag auch der Anlass noch so gering sein, Spanier machen daraus stets eine **Fiesta**. Entsprechend voll ist ihr Kalender das ganze Jahr über mit weltlichen und religiösen Feiern: Ferias, Patronatsfeste, Karwoche, Weinfeste …

Wobei es im Norden und in Zentralspanien gerade zu religiösen Festtagen zurückhaltender zugeht als im sinnenfreudigen Andalusien. Ein Paradebeispiel für die unterschiedliche Art zu feiern ist die **Semana Santa**, die Karwoche, in der die tonnenschweren Pasos (Tragegestelle) mit Madonnen- oder Christusstatuen durch die Altstadtgassen getragen werden. Während das leidenschaftliche andalusische Temperament die Stimmung fast zum Überkochen bringt, werden in Kasti-

lich. Plötzlich aufziehende, regenschwere Atlantikwolken liefern erfrischende Regengüsse, auch fegen des öfteren kräftige Böen über die bizarr geformten Küsten. Im hügeligen Hinterland von *La Rioja* reift Spaniens berühmtester Wein heran.

Von den Pyrenäen bis nach *Santiago de Compostela* in Galicien, im äußersten Nordwesten, führt die jahrhundertealte Route der *Jakobspilger*, die seit Jahren eine Renaissance erlebt. Am Wegesrand faszinieren schlichte, doch hinreißend schöne romanische Kirchen und prächtige gotische Kathedralen. Welch spannungsreichen Kontrast setzt da der futuristische Bau des *Guggenheim-Museums* in Bilbao.

Katalonien, im Nordosten Spaniens, lockt jedes Jahr Millionen von Urlaubern an seine Traumstrände. Von Felsen pittoresk gerahmte Buchten sind das Marken-

lien und im Norden die Tage in würdevoller Strenge und Innerlichkeit begangen.

Populär fast im ganzen Land sind die **Ferias**, die auf Viehmärkte zurückgehen. Bis in die Morgenstunden wird das Tanzbein geschwungen, der Wein fließt in Strömen, dazu mundet der köstliche Schinken vom iberischen Schwein oder der würzige Manchego-Käse … Auf diesen Volksfesten offenbart sich die Seele Spaniens – kein Zweifel, hier wird das Leben in all seinen Facetten genossen.

Ein Fächer voller Impressionen

Verblüffend grün präsentiert sich **Spaniens Norden**, vielfach erinnert die Landschaft an heimische Gefilde, das heiße, hitzeflirrende Spanien sucht man hier vergeb-

Links oben: *Filigranes Spiel mit Formen – Säulendetail in Granadas Alhambra*
Links Mitte: *Romanisches Kleinod in Navarra – Ermita de Santa María de Eunate*
Links unten: *Schatzhaus Prado – Begegnung mit Goyas ›El Tres de Mayo de 1808‹*
Oben: *Mohnrot gerahmt – Olivenbäume in Reih und Glied in der Provinz Jaén*
Unten: *Ganz in Weiß mit liebevollen Farbakzenten – Fassadenreigen in Mijas*

zeichen der *Costa Brava*; mit ausgedehnten, feinsandigen Ufern begeistert die *Costa Daurada*. Der wohl berühmteste Katalane ist der schillernde Exzentriker *Salvador Dalí*, der in Figueres mit einem skurrilen Museum sein Vermächtnis hinterlassen hat – heute das viel besuchte Mekka aller Dalí-Fans. Mit seiner avantgardistischen Szene gibt sich *Barcelona* als Kapitale der Kreativen, die in Sachen Mode, Kunst, Design und Architektur die Akzente setzt. Doch damit nicht genug: Die gebauten Fantastereien des Antoni Gaudí, die blendenden Einkaufsmöglichkeiten und das glitzernde Nachtleben machen die Mittelmeermetropole zu einem Top-Ziel für eine Städtereise.

An Katalonien schließt im Süden die **Levante** an. Geradezu verschwenderisch geht die Sonne mit diesem Landstrich um, der sich daher als wahrer *Garten Eden* präsentiert. Hier gedeihen Orangen und Zitronen, es gibt Mandelbäume, Zuckerrohr- und Reisplantagen, Obst- und Gemüsegärten runden die fruchtige Palette ab. Obendrein werden in der Levante, der Heimat der *Paella*, die reichsten Varianten dieses spanischen Nationalgerichts serviert. Wassersport und Strandvergnügen jeglicher Art bieten die langen Sandbahnen der *Costa del Azahar* oder die abwechslungsreiche und sehr beliebte *Costa Blanca*.

Das stolze **Kastilien** ist die Wiege, das Herz von Spanien. Herbe Schönheit dominiert in der Weite der rauen *Meseta*, auf jedem Hügel hockt bedrohlich imposant ein Kastell aus der Zeit der Reconquista. In der Stille meint man noch das Klirren der Waffen zu hören, als einst die Christen mit den Mauren um jeden Meter Land gerungen haben. An den uralten Städten wie *Toledo*, *Segovia*, *Ávila* und *Salamanca*, die in ihren Mauern einzigartige kunsthistorische Schätze bergen, führt kein Weg vorbei. Die nimmermüde

spanische Hauptstadt *Madrid* wird nicht nur von Nachtschwärmern vergöttert, sie brilliert mit hochkarätigen Museen, allen voran der jüngst durch einen Anbau bereicherte Prado mit seinen weltberühmten Meisterwerken von Velázquez, Goya, El Greco, Murillo und Zurbarán. Zusammen mit den beiden ›Neuen‹, der Thyssen-Bornemisza-Sammlung und dem Centro de Arte Reina Sofía, hat sich hier ein regelrechtes goldenes Dreieck der Kunst etabliert, das ob seiner Fülle klassischer, klassisch spanischer und zeitgenössisch europäischer Kunst beinahe einschüchternd wirkt.

Für Temperament und Leidenschaft steht das zauberhafte **Andalusien**, der sonnenverwöhnte Süden Spaniens. Nirgendwo sonst im Lande wird so intensiv gelebt und gefeiert. Die Stimme Andalusiens ist der *Flamenco*, kehlig, rau bringt er im Stakkato das Innerste der Seele zum Vorschein. *Sherry*, der neben dem *Olivenöl* der Exportschlager des Südens ist, ölt die strapazierte Gesangsstimme. Auch das Gros der stolzen *Toreros* ist hier zu Hause, wurde doch die moderne Version des Stierkampfes, Aug' in Aug' mit dem wütenden Kraftpaket, in Ronda aus der Taufe gehoben. Geradezu magnetische Anziehungspunkte sind die *Alhambra* von Granada und die *Omaijadenmoschee* von *Córdoba*, die strahlendsten Glanzlichter der hispano-muslimischen Kultur. Achthundert Jahre arabischer Herrschaft haben hier zwischen Gibraltar und Sierra Morena märchenhafte Kunstschätze und ein Zentrum wissenschaftlichen Fortschritts entstehen lassen. *Sevilla*, die sinnenfrohe Hauptstadt Andalusiens, mit kunsthistorischen Schwergewichten wie der Kathedrale Santa María de la Sede oder dem Alcázar, lieferte die Vorlage für weltbekannte Opern wie ›Carmen‹ oder ›Don Juan‹. Auch das gebirgige Hinterland mit seinen blitzblanken *Weißen Dörfern* verspricht so manche eindrucksvolle Entdeckung. Hoch im Kurs bei Urlaubern steht die *Costa del Sol*, bietet doch die ruhige Mittelmeerküste schon beinahe eine Garantie für Sonnenschein. An der weit weniger frequentierten Atlantikküste, der *Costa de la Luz*, bläst dagegen oftmals eine steife Brise, die vor allem Surferherzen höher schlagen lässt.

Fernab der Strände liegt an der Grenze zu Portugal die wenig bekannte, dünn besiedelte **Extremadura**. Die Kargheit des Bodens zwang schon immer viele der Extremeños, ihr Glück weit entfernt von der Heimat zu suchen. So ist es nicht verwunderlich, dass viele der Eroberer La-

Links oben: *Mudéjare Hufeisenbögen zieren den Kreuzgang der Klosterburg Guadalupe*
Links unten: *Blumenbunter, silbern glänzender Altar auf Rädern – feierliche Pfingstwallfahrt im andalusischen El Rocío*
Oben: *Pilgerschau über die grüne Bergszenerie des Bierzo in Spaniens Norden*
Unten: *Auf Leben und Tod – die Corrida de toros ist ein blutiges Schauspiel*

teinamerikas aus dieser Region stammten. Die Rückkehrer errichteten stattliche Paläste, Städte wie *Trujillo* und *Cáceres* sind steinerne Archive dieser Zeit. Zahlreiche römische Überreste zeugen davon, dass *Mérida* einst den strahlenden Mittelpunkt der Römerprovinz Lusitania bildete. Naturfreunde werden im *Parque Natural de Monfragüe* von der weitgehend unberührten Landschaft und den einzigartigen Refugien für die Vogelwelt begeistert sein.

Der Lockruf all dieser Reize bleibt nicht ungehört, Spanien ist ein überaus beliebtes Ferienziel, zumal der Deutschen. Ganz oben in der Beliebtheitsskala stehen nach wie vor die Badehochburgen der Mittelmeerküste. Wer jedoch das ›wahre‹ Spanien entdecken will, der muss das facettenreiche Landesinnere erkunden, wo die **Gastfreundschaft** noch großgeschrieben wird. Stets eine Reise wert ist auch die **eigenständige Kunst** mit ihren Kostbarkeiten, die manchmal abseits liegen und gefunden werden wollen, dann aber reich beschenken.

Der Reiseführer

Dieser Band stellt das enorm vielseitige spanische Festland in sechs Kapiteln vor. Die Autorin beschreibt die wichtigsten Städte, einige der schönsten Badeplätze und Landschaften. An dieser Stelle soll nicht verschwiegen werden, dass angesichts der Größe und der kulturhistorischen Bedeutung des Landes eine Auswahl der zu beschreibenden Objekte vorgenommen werden musste, der Reiseführer also als Kompendium zu verstehen ist, das Lust machen soll, sich näher mit den vielfältigen Reizen des Landes zu beschäftigen. Hilfreich sind dazu sicherlich die weiteren Spanienbände der ADAC-Reiseführer Reihe.

Eingearbeitete **Übersichtskarten** und **Pläne** erleichtern die Orientierung. Die **Top Tipps** nennen Höhepunkte, die auf keinen Fall versäumt werden sollten. Den Besichtigungspunkten sind **Praktische Hinweise** mit Touristenbüros sowie Hotel- und Restaurantadressen angegliedert. Im Anhang informiert **Spanien aktuell A–Z** alphabetisch geordnet über Wissenswertes von Informationen vor Reiseantritt über Essen und Trinken bis zu Verkehrsmitteln. Hinzu kommt ein umfassender **Sprachführer**. Ein Kaleidoskop interessanter **Kurzessays** rundet den Reiseführer ab.

Geschichte, Kunst, Kultur im Überblick

Von der Kolonialmacht zum demokratischen Königreich

um 15 000 v. Chr. Höhlenmalereien, insbesondere in Altamira, bezeugen eine Besiedlung der Pyrenäenhalbinsel bereits in der Altsteinzeit.

ab 2500 v. Chr. Südspanien entwickelt sich mit Los Millares (Provinz Almería) zu einem Zentrum der Megalithkultur. Aus dieser Zeit stammen auch die Dolmen von Antequera in der Provinz Málaga.

ab 1100 v. Chr. Die Iberer, vermutlich aus Nordafrika kommend, lassen sich im Süden und Osten der Halbinsel nieder. Phönizier errichten entlang der Mittelmeer- und Atlantikküste Handelsstützpunkte.

9.–6. Jh. v. Chr. Die Kelten dringen über die Pyrenäen vor und vermischen sich mit den Iberern (Keltiberer). An der Mündung des Río Guadalquivir blüht das legendäre Königreich Tartessos, dessen Reichtum auf der Förderung von Edelmetallen beruht. Die Phönizier treiben mit den Tartessianern lukrativen Handel.

600 v. Chr. Griechische Siedler kolonisieren Bereiche der spanischen Ostküste. Emporion (heute: Ausgrabungsstätte Empúries) in Katalonien, ist ihre wichtigste Stadtgründung.

500–250 v. Chr. Die Karthager verdrängen Phönizier und Griechen, sie erobern weite Teile der Iberischen Halbinsel und dominieren als führende See- und Handelsmacht den westlichen Mittelmeerraum. Dieser Rang wird ihnen jedoch bald von den Römern streitig gemacht.

218–133 v. Chr. Im Zweiten Punischen Krieg (218–201 v. Chr.) zwischen Rom und Karthago triumphieren die Römer, die in der Folge die gesamte Iberische Halbinsel einnehmen. Der Widerstand der Keltiberer wird in der Schlacht von Numancia (133 v. Chr.) endgültig gebrochen. Die bedeutendsten Zeugnisse römischer Baukunst finden sich heute in Mérida, Tarragona und Segovia.

1.–3. Jh. n. Chr. Blütezeit spanisch-römischer Kultur. Berühmte Schriftsteller wie Seneca, Lucan und Martial sowie die römischen Kaiser Hadrian, Trajan und Theodosius werden in Spanien geboren.

ab 400 Zerfall des Römischen Reichs. Im Zuge der Völkerwanderung fallen Alanen, Vandalen, Sueben und Westgoten in Spanien ein.

507–711 Nach ihrem Sieg über die Sueben herrschen die Westgoten über Spanien, Toledo wird Hauptstadt.

587/589 König Rekkared tritt zum Katholizismus über und erhebt ihn 589 zur Reichsreligion. Die jüdische Bevölkerung wird diskriminiert und verfolgt.

711 Die Mauren überqueren die Straße von Gibraltar, besiegen in der Schlacht beim Fluss Guadalete die Westgoten und besetzen in den folgenden Jahren nahezu die gesamte Iberische Halbinsel.

722 Die Schlacht von Covadonga in Asturien bildet den Auftakt für die christliche Rückeroberung des Landes, die Reconquista, die 770 Jahre beansprucht. Gründung eines christlichen asturischen Königreichs im Norden Spaniens.

732 Karl Martell stoppt das weitere Vordringen der Mauren in der Schlacht von Tours und Poitiers.

756 Nach dem Sturz der Kalifen-Dynastie der Omaijaden in Damaskus durch die Abbasiden flieht der Omaijade Abd ar Rahman I. aus Syrien. Er erhebt das maurische Spanien zum Emirat von Córdoba und beginnt 785 in Córdoba mit dem Bau der Moschee, die unter den nachfolgenden Herrschern mehrfach erweitert wird.

◁ *Beginn der maurischen Präsenz in Spanien – die Schlacht am Guadalete im Jahr 711*

Heirat mit Folgen – die Katholischen Könige Isabella und Ferdinand ▷

9. Jh. Anfang des Jahrhunderts werden in Galicien die Gebeine des Apostels Jakobus d. Ä. (span. Santiago) aufgefunden. Als Santiago in der Schlacht von Clavijo (844) dem christlichen Heer erscheint und Sieg bringend gegen die Mauren eingreift, erhält er den Beinamen Matamoros (Maurentöter), ›Santiago‹ ist fortan der Schlachtruf der Reconquista. Der Pilgerstrom nach Santiago de Compostela wächst daraufhin beständig an und gibt der Reconquista entscheidende Impulse.

929 Abd ar Rahman III. erhebt Al-Andalus, das den größten Teil der Iberischen Halbinsel einnimmt, zum unabhängigen Kalifat des Westens. Den strahlenden Mittelpunkt des Reiches bildet die Stadt Córdoba, die mehr als eine halbe Million Einwohner hat. Die Herrschaft der Omaijaden zeitigt eine politische und kulturelle Blüte und zeichnet sich durch Toleranz gegenüber Christen und Juden aus.

11. Jh. Allianzen stärken die Christlichen Königreiche des Nordens.

1031 Nach inneren Auseinandersetzungen zerbricht das Kalifat in islamische Kleinkönigreiche (Taifas).

1085 Im Zuge der Reconquista nimmt der kastilische König Alfonso VI. Toledo ein. Um den Christen Einhalt zu gebieten, rufen die Taifa-Herrscher den Berberstamm der Almoraviden zu Hilfe, welche die Gunst der Stunde nutzen, um in Al-Andalus selbst die Macht zu ergreifen.

1094 Rodrigo Díaz de Vivar, genannt El Cid, erobert für die Christen València.

1150 Die Almoraviden werden von den Almohaden verdrängt, die Sevilla zur Hauptstadt ihres Reiches machen. Córdoba büßt seine bisherige Position ein. – Um die Mitte des 12. Jh. wird in Toledo eine Übersetzerschule gegründet, durch die ein großer Teil des Wissensschatzes der Antike überliefert wird.

1212 Der Sieg der vereinten christlichen Heere Nordspaniens über die Almohaden bei Las Navas de Tolosa bildet den Auftakt für die Eroberungen von König Ferdinand III., der – mit Ausnahme des Königreichs Granada – ganz Andalusien einnimmt.

1469 Die Heirat von Isabella von Kastilien mit Ferdinand von Aragón, die in die Geschichte als die ›Katholischen Könige‹ eingehen, schafft die Grundlage für die spätere Vereinigung (1479) der beiden christlichen Königreiche in Personalunion.

1478 Gestärkt durch den kirchlichen Machtzuwachs nimmt die Inquisition ihre Arbeit zur Verteidigung des christlichen Glaubens auf. Die grausame Verfolgung Andersgläubiger endet erst im 18. Jh.

1492 Mit dem Fall Granadas endet die Reconquista und gleichzeitig die mehr als 700-jährige Geschichte arabischer Kultur in Spanien. Die Katholischen Könige weisen alle spanischen Juden (Sepharden) aus, die sich nicht zum christlichen Glauben bekehren. – Am 12. Oktober entdeckt Christoph Kolumbus Amerika und legt damit den Grundstein für das spanische Weltreich.

1494 Der Vertrag von Tordesillas teilt die Neue Welt zwischen Spanien und Portugal auf.

1502 Die in Spanien verbliebenen Mauren werden, wie zuvor die Sepharden, zur Annahme des christlichen Glaubens gezwungen, andernfalls des Landes verwiesen. Mehrere Rebellionen der zwangsgetauften Mauren (Morisken) werden blutig niedergeschlagen. 1609 vertreibt Philipp III. die Morisken (rund 275 000) endgültig aus Spanien.

1503 Sevilla erhält das Handelsmonopol auf alle Waren aus den spanischen Kolonien.

1504 Königin Isabella stirbt, ihre Tochter Johanna die Wahnsinnige wird Königin von Kastilien. Aufgrund ihres Gemütszustandes übernimmt jedoch ihr Vater, König Ferdinand von Aragón, die Regentschaft.

1516–56 Regierungszeit des Habsburgers Karl, Sohn

◁ *Die leere Hülle der Macht – Francisco de Goya hat um 1800 die Familie Karls IV. respektlos porträtiert*

Johannas der Wahnsinnigen und Philipps des Schönen. Er wird 1516 als Karl I. König von Spanien und drei Jahre später als Karl V. zum Kaiser des Hl. Römischen Reiches Deutscher Nation gewählt. Die Dynastie der Habsburger regiert Spanien bis 1700.

1519–34 Der Erwerb großer Kolonialgebiete, etwa durch die Eroberung von Mexiko (1519–21) durch Hernan Cortés und von Peru (1531–34) durch Francisco Pizarro sichert Spaniens Macht.

1550–1650 Siglo de Oro – goldenes Zeitalter spanischer Kultur. Wichtigste Vertreter in der Bildenden Kunst sind Velázquez, Zurbarán, Murillo und El Greco; in der Literatur Miguel de Cervantes, Calderón de la Barca, Lope de Vega und Tirso de Molina.

1556–98 Philipp II., der Sohn Karls V., regiert. 1561 wird Madrid Hauptstadt Spaniens. Zu Füßen der Sierra de Guadarrama lässt Philipp die Klosterresidenz El Escorial errichten. Von hier aus kontrolliert er sein Weltreich, ›in dem die Sonne nicht untergeht‹.

1571 In der Seeschlacht von Lepanto triumphieren die Spanier unter Don Juan de Austria über die Türken und verteidigen damit ihre Vorherrschaft auf dem Mittelmeer.

1580 Um seine Ansprüche auf den portugiesischen Thron durchzusetzen, fällt Philipp II. mit seinen Truppen in das westliche Nachbarland ein. Portugal wird in Personalunion mit Spanien vereinigt (bis 1640), das nun auf dem Höhepunkt seiner Macht ist.

1581 Die nördlichen Niederlande sagen sich, unterstützt vom protestantischen England, von Spanien los.

1588 Mit der vernichtenden Niederlage der ›Unbesiegbaren Armada‹ gegen die Engländer setzt der Niedergang der spanischen Seeherrschaft ein.

1701–13 Als Karl II., der letzte Habsburger auf Spaniens Thron, 1700 ohne Erben stirbt, entbrennt zwischen Habsburgern und Bourbonen der Spanische Erbfolgekrieg, den die Franzosen für sich entscheiden. Im Frieden von Utrecht (1713) wird Philipp von Anjou König von Spanien, Gibraltar fällt an England.

1759–88 Regierungszeit Karls III., der der Wirtschaft wichtige Impulse gibt und die Verwaltung reformiert.

1788–1808 Karl IV., ein schwächlicher Monarch, überlässt das Regieren seiner Frau María Luisa und ihrem Günstling Manuel de Godoy, der mit Frankreich paktiert.

1808–14 Napoleonische Truppen besetzen ganz Spanien mit Ausnahme der Hafenstadt Cádiz. Ein Volksaufstand der Madrider Bevölkerung am 2. Mai 1808 bildet den Auftakt zu einem sechsjährigen Befreiungskampf der Spanier. Mit englischer Hilfe können die Franzosen letztlich besiegt werden.

1812 Die Nationalversammlung (Cortes) verabschiedet im unbesetzten Cádiz die erste liberale Verfassung Spaniens, die eine konstitutionelle Monarchie als Staatsform vorsieht.

1814–20 Ferdinand VII. kehrt aus französischer Gefangenschaft nach Spanien zurück, hebt die Verfassung von Cádiz auf und regiert als absolutistischer Herrscher.

1820–33 Bürgerkriege und Revolution gegen den Absolutismus.

1833–39 Nach dem Tod Ferdinands VII. kommt es im Streit um die Thronfolge zwischen seiner Tochter Isabella und seinem Bruder Karl zum ersten der sog. Karlistenkriege (weitere 1847–49 und 1872–76).

1835 Minister Mendizábal lässt die Klöster aufheben und beschlagnahmt die Kirchengüter.

1873–74 Die erste Spanische Republik wird proklamiert, hat jedoch kaum ein Jahr Bestand. Alfonso XII., Sohn Isabellas, wird König (bis 1885).

1880–1920 Blütezeit des Jugendstils (span. Modernisme) in Barcelona.

1881 In Málaga kommt Pablo Ruiz Picasso († 1973) zur Welt, einer der bedeutendsten Maler des 20. Jh.

1898 Spanien verliert seine letzten großen Kolonien (Kuba, Puerto Rico und die Philippinen).

Junger Prinz mit altem Diktator – Juan Carlos (links) neben General Franco

1923–30 General Miguel Primo de Rivera putscht sich mit Zustimmung König Alfonsos XIII. an die Macht und errichtet eine Militärdiktatur.
1931 Sieg der Republikaner bei den Regional- und später auch bei den Parlamentswahlen, König Alfonso XIII. geht ins Exil. Die Zweite Republik wird ausgerufen.
1936 Wahlsieg der Volksfront, eines Bündnisses der Linksparteien. Spanien kommt nicht zur Ruhe, Streiks und politische Morde sind an der Tagesordnung. Der radikale Reformkurs der Volksfrontregierung stößt auf den erbitterten Widerstand der rechten Kräfte.
1936–39 Eine Militärrevolte unter General Francisco Franco y Bahamonde in Melilla (Spanisch-Marokko) initiiert den Spanischen Bürgerkrieg, der rund 600 000 Menschen das Leben kostet. Zurück bleibt ein tief traumatisiertes Spanien, ein innerlich gespaltenes Volk.
1939–1975 Diktatur Francos, der streng zentralistisch regiert und jegliche Opposition unterdrückt. Seine Stützen sind das Militär, die Kirche und die Großgrundbesitzer. 1969 bestimmt Franco den Bourbonen Juan Carlos zu seinem Nachfolger und künftigen König.
1975 Nach Francos Tod wird Juan Carlos, der Enkel Alfonsos XIII., König von Spanien.
1977 Die ersten freien Parlamentswahlen seit 1936 werden abgehalten. Adolfo Suárez gewinnt mit seiner gemäßigten Union Demokratisches Zentrum (UCD) und arbeitet gemeinsam mit König Juan Carlos I. an der Transición (Übergang zur Demokratie).
1978 Am 29. Dezember tritt die neue Verfassung in Kraft. Spanien wird parlamentarische Erbmonarchie mit König Juan Carlos I. als Staatsoberhaupt. Katalonien, dem Baskenland und Galicien werden Autonomie-Rechte zugestanden.
1981 Ein Putschversuch von Colonel Tejero, unterstützt von Teilen der Guardia Civil, scheitert. König Juan Carlos stellt sich kompromisslos hinter die junge spanische Demokratie.
1982 Spanien wird NATO-Mitglied. Die sozialistische Arbeiterpartei Partido Socialista del Obrero Español (PSOE) gewinnt die Parlamentswahlen, Ministerpräsident wird Felipe González (bis 1996).
1985 Die Grenzen zu Gibraltar, die Franco 1965 hatte sperren lassen, werden wieder geöffnet.
1986 Spanien wird Mitglied der Europäischen Gemeinschaft (EG).
1992 Ein großes Jahr für Spanien: die Olympischen Spiele werden in Barcelona gefeiert, Sevilla glänzt mit der Weltausstellung und Madrid präsentiert sich als europäische Kulturhauptstadt. Mit der Eröffnung des Museo Thyssen-Bornemisza ist die Kunstmetropole Madrid um eine Attraktion reicher.
1996 Die konservative Partido Popular (PP) gewinnt die Wahlen. José María Aznar löst Felipe González im Amt des Ministerpräsidenten ab.
1997 In Bilbao eröffnet das vom amerikanischen Stararchitekten Frank O. Gehry erbaute Guggenheim-Museum.
2000 Erneuter Wahlsieg der Volkspartei (PP), die nun ohne Koalitionspartner regieren kann.
2002 Salamanca wird europäische Kulturhauptstadt.
2004 Mehr als 190 Menschen verlieren bei Bombenanschlägen der islamistischen Terrororganisation Al Quaida in Madrid ihr Leben. – José Luis Zapatero, Kandidat der Sozialistischen Arbeiterpartei (PSOE) gewinnt die Parlamentswahlen. – Der spanische Thronfolger Felipe de Asturias heiratet die Fernsehjournalistin Letizia Ortiz.
2005 Am 31. Oktober wird die Infantin Leonor geboren.
2006 Einweihung des Opernhauses Palau de les Arts des Architekten Santiago Calatrava in València, nach der Oper von Sydney die zweitgrößte Oper der Welt.
2007 Im Oktober wird der Prado-Neubau von Rafael Moneo feierlich eröffnet.
2008 Erneuter Wahlsieg der PSOE unter Ministerpräsident Zapatero.

16 Brückenbögen
führen zu Córdobas
grandioser Mezquita

Unterwegs

Spaniens grüner Norden – vom Baskenland über Kantabrien, Asturien, Galicien und Navarra nach Aragón

Welten liegen zwischen den landläufigen Vorstellungen vom heißen, trockenen Spanien und den üppigen, satt grünen **Gebirgs-** und **Küstenlandschaften** des Nordens. Verantwortlich für das viele Grün ist das **feuchte Klima** des Atlantiks, das immer wieder seine regenschwangeren Wolken schickt. Als beste Reisezeiten für diesen Landstrich empfehlen sich somit das späte Frühjahr und die Sommermonate.

Das kulturelle Band zwischen den Regionen des Nordens bildet seit Jahrhunderten der **Pilgerweg** zum Grab des Apostels Jakobus nach Santiago de Compostela im äußersten Nordwesten der Iberischen Halbinsel. Entlang des Jakobsweges reihen sich faszinierende **Kirchen** und **Klöster** aneinander, darunter einzigartige Kleinode der romanischen Kunst.

Baskenland

Das Baskenland (baskisch Euskadi, span. País Vasco) im Nordosten Spaniens ist ein ausgesprochen reizvoller Landstrich – der Bogen spannt sich von der wilden **Kantabrischen Küste** hin zu herrlichen **Berglandschaften**. Die Bevölkerungsdichte ist die höchste der Halbinsel, was auf die Industriekonzentration vor allem im Großraum Bilbao zurückzuführen ist. Ein Wermutstropfen, denn naturgemäß gibt es dadurch auch weniger attraktive Gebiete.

Noch immer Rätsel gibt das **Euskera** auf, die Sprache der Basken – es ist die einzige vor-indogermanische Sprache, die sich in Westeuropa gehalten hat. Uralt sind auch viele der Bräuche und Feste dieses Volksstammes, der schon immer auf seine **Eigenständigkeit** bedacht war. Bei Dorffesten lassen die baskischen Männer im Mehrkampf, dem **Herri kirolak** (= Landsport), die Muskeln spielen: Sie hacken in aberwitzigem Tempo Baumstämme, stemmen bis zu 300 kg schwere Steinbrocken und schleppen 89-Kilo-Sandsäcke um die Wette.

1 San Sebastián/ Donostia

Grande Dame der spanischen Atlantikküste.

Ein Traum ist die **Lage** von San Sebastían (183 000 Einw.). Das einstige **Seebad** der gekrönten Häupter und der Begüterten, schmiegt sich malerisch in die muschelförmige Bucht *La Concha*. Ein Hauch der Belle-Epoque schwebt noch immer über der Stadt, auch wenn sonst kaum etwas an die ›guten alten Zeiten‹ erinnert. Tatsächlich kann der im Befreiungskrieg gegen Napoleon 1813 nahezu komplett zerstörte Ort kaum mit klassischen Sehenswürdigkeiten aufwarten. Dafür entschädigt hinlänglich die großzügige, elegante Stadtanlage mit ihren schönen **Flaniermeilen** und den stattlichen Bauten aus der Zeit um 1900.

Schön ist die Fahrt mit der altertümlichen Standseilbahn hinauf zum **Monte Igueldo** am Westende der Bucht. Von hier oben kann man den Blick schweifen lassen über die elegante *Uferpromenade*, die feinsandigen *Playas* und die vorgelagerte *Isla de Santa Clara*. Die Altstadt drängt sich im Osten, zu Füßen des kas-

Nizza am Atlantik – San Sebastián liegt an einer wunderschönen Bucht mit Stränden

tellbekrönten **Monte Urgull**, zwischen dem Hafen und der Mündung des Río Urumea. Auf der von Arkaden gerahmten **Plaza de la Constitución** schlägt das Herz dieses quirligen Viertels, ringsherum liegen die bevorzugten Adressen der Nachtschwärmer. Hoch im Kurs stehen die Pintxo-Bars – *Pintxos* sind das baskische Pendant zu den andalusischen *Tapas*. In Richtung Hafen zeigt sich die doppeltürmige **Basílica de Santa María** (18. Jh.), deren schäumende *Barockfassade* der Figur des Stadtheiligen San Sebastián auch eine Nische lässt. Ein ehem. Dominikanerkloster an der nahen Plaza de Ignacio Zuloaga beherbergt das **Museo de San Telmo** (Di–Sa 10–13.30, 16–19.30, So 10.30–14 Uhr). Die dazugehörige *Kirche* stattete José María Sert mit monumentalen Gemälden zu Geschichte und Leben der Basken aus. Archäologische Glanzlichter im *Kreuzgang* setzen die baskischen Grabstelen aus vorchristlicher Zeit. Die *Gemäldesammlung* des Museums bietet neben baskischen Künstlern wie Ignacio Zuloaga und Antonio Ortiz auch Werke von El Greco, Peter Paul Rubens und Francisco de Goya.

Über die Calle San Juan geht es vorbei an der wehrhaften **Iglesia de San Vicente** (16. Jh.) zur Markthalle **La Brecha** mit ihrem opulenten Sortiment an Fisch und Meeresfrüchten. In die Neustadt führt die breite **Alameda del Boulevard**, eine der Hauptgeschäftstraßen San Sebastiáns mit dem zweitürmigen *Rathaus*, das im einstigen Casino (19. Jh.) untergebracht ist. Zum Flanieren auf den Spuren der Belle-Epoque bietet sich der mondäne **Paseo de la Concha** an. Er zieht sich in weitem Bogen bis zum **Palacio Miramar**, einen 1893 im Cottagestil erbauten Palast, in dem einst Königin María Cristina die Sommermonate verbrachte. Auch die gepflegten Promenaden beiderseits des Río Urumea, der von drei schönen *Jugendstilbrücken* überspannt wird, lohnen einen Spaziergang – entlang schmucker Häuser und kugeliger Straßenlaternen. Am linken Ufer liegt das **Teatro Victoria Eugenia** im Belle-Epoque-Stil, wo Stars und Sternchen sich alljährlich in der zweiten Septemberhälfte beim *Internationalen Filmfestival* ein Stelldichein geben.

Neue Akzente im Stadtbild setzten Rafael Moneo mit den Glaskuben des 1999 eingeweihten Kongresszentrums **Palacio Kursaal** an der Avenida de la Zurriola und der Baske Eduardo Chillida (1924–2002) mit seiner Eisenskulptur **Peine de los Vientos** (Kamm der Winde, 1973), verankert im Felsen unterhalb des Monte Igueldo.

Ausflüge

Weitere Werke des baskischen Künstlers können, nur wenige Kilometer von San Sebastián entfernt, in der Ortschaft **Hernani** im *Museo de Eduardo Chillida-Leku* (Ctra. GI-2132, Barrio Jáuregui 66, Juli/Aug. Mo–Sa 10.30–20, So 10.30–15 Uhr, sonst Mi–Mo 10.30–15 Uhr) bewundert werden.

Im Landesinneren, 40 km südwestlich von San Sebastián, zieht die Wallfahrtsstätte **Monasterio de San Ignacio de Loyola** (bask. Loiola) viele Besucher an. Sie ist dem hier geborenen Gründer des Jesuitenordens, dem hl. Ignatius von Loyola (1491–1556), geweiht.

Basken zeigen Flagge

Blutspur des Separatismus – die ETA

In die Schlagzeilen gerät das Baskenland immer wieder durch die Terroranschläge der **ETA** (Euskadi Ta Askatasuna = Baskenland und Freiheit), auf deren Konto mittlerweile mehr als 800 Tote gehen. Die 1959 gegründete Organisation fordert ein von Spanien unabhängiges Baskenland unter Einschluss der Nachbarregion Navarra und dreier südfranzösischer Provinzen. Als dem Baskenland 1979 der **Autonomiestatus** mit weitgehenden Selbstverwaltungsrechten zugestanden wurde, brachte das die ETA keineswegs zum Einlenken, der Terror nahm sogar immer willkürlichere Formen an. Infolgedessen schlug die Stimmung in der Bevölkerung um – viele Basken wagen sich heute auf die Straße und demonstrieren eindrucksvoll gegen den ETA-Terror mit dem Slogan **Basta ya!** (Es reicht!).

i Praktische Hinweise

Information

Oficina de Turismo, c/ Reina Regente, 3, San Sebastián, Tel. 943 48 11 66, Fax 943 48 11 72, www.sansebastianturismo.com

Hotels

*******María Cristina**, Calle Oquendo, 1, San Sebastián, Tel. 943 43 76 00, Fax 943 43 76 76. www.mariacristina.es. Mondänes Luxushotel im Belle-Epoque-Stil.

*****Europa**, San Martín, 52, San Sebastián, Tel. 943 47 08 80, Fax 943 47 17 30, www.hotel-europa.com. Belle-Epoque-Haus mit herrlicher Dachterrasse.

Restaurant

TOP TIPP **Arzak**, Avenida Alcalde José Elosegui, 273, San Sebastián, Tel. 943 27 84 65. In diesem Gourmettempel zelebriert Starkoch Arzak die baskische Küche.

2 Bilbao/Bilbo

Eine Stadt im Aufwind.

Einen Schönheitswettbewerb kann die alte **Industrie- und Hafenstadt** (370 000 Einw.) am Río Nervión sicherlich nicht gewinnen. Doch das Image eines hässlichen Entleins mit rauchenden Fabrikschloten konnte Bilbao ablegen, denn man ging mit viel Engagement daran, seine Attraktivität zu steigern. Eine enorme Schubwirkung hatte dabei die Eröffnung des Museums Guggenheim im Jahr 1997, das sofort Weltruhm erlangte und Bilbao als Kunstmetropole etablierte. Hinzu kamen Bauprojekte wie die originell gestalteten **U-Bahnstationen** (1988–96) von Norman Foster, der Neubau des **Flughafens** und die moderne **Zubi Zuri Brücke** von Santiago Calatrava. Entlang der Wasserfront des Nervíon, wo einst Docks und Werftanlagen das industrielle Gesicht Bilbaos spiegelten, entstanden der preisgekrönten Kongress- und Musikpalast **Palacio Euskalduna** und das dem Meer, dem Hafen und der Seefahrt gewidmete **Museo Maritímo Ría de Bilbao** (Di–So 10–20 Uhr).

Ein wahrer Besuchermagnet ist der sinnliche, metallisch glänzende, asymmetrisch aufgefächerte Gebäudekörper des TOP TIPP **Museo Guggenheim** (Tel. 944 35 90 00, www.guggenheim-

Bilbaos Museo Guggenheim – gekurvte Architektur von höchster Sinnlichkeit

bilbao.es, Di–So 10–20 Uhr, Juli/Aug. auch Mo) im Osten des modernen Kultur- und Geschäftszentrums *Abandoibarra*. Allein schon seine spektakuläre, futuristische Architektur mit den verschachtelten Formen und Flächen, dem hohen lichtdurchfluteten Atrium lohnt eine Stippvisite. Der kühne Entwurf aus Kalkstein, Stahl, Glas und einer Haut aus Titan stammt vom kanadischen Stararchitekten *Frank Owen Gehry*. Vor der Fassade wacht *Puppy*, ein riesiges, sympathisches Blütenhündchen, kreiert vom amerikanischen Konzeptkünstler Jeff Koons. In der *Dauerausstellung* ist die Kunst des 20./21. Jh. mit so namhaften Künstlern wie Chagall, Nolde, Klee, Matisse, Picasso, Miró, Tàpies, Baselitz und de Kooning hervorragend repräsentiert. Aber es sind vor allem auch die attraktiven *Wechselausstellungen*, welche die Kunstinteressierten aus aller Welt anlocken.

Am östlichen Ufer des Río Nervión lockt die **Altstadt** mit ihren kleinen verwinkelten Gassen. Südlich der **Catedral de Santiago** (16. Jh.) in Richtung Fluss verlaufen parallel die **Siete Calles** (Sieben Straßen). Sie bilden den urtümlichsten Teil der Altstadt und haben sich als wahres Kneipen-Dorado etabliert.

i Praktische Hinweise

Information

Oficina de Turismo, Plaza del Ensanche, 11, Bilbao, Tel. 944 79 57 60, Fax 944 79 57 61, www.bilbao.net/bilbaoturismo – Paseo Arenal, 1, Tel. 944 79 57 60, Fax 944 79 57 61

Hotels

******Hesperia**, Campo Volatin, 28, Bilbao, Tel. 944 05 11 00, Fax 944 05 11 10, www.hesperia-bilbao.com. Modernes Haus mit Dachterrasse in unmittelbarer Nähe des Guggenheim-Museums.

*****Best Western Conde Duque**, Campo Volantin, 22, Bilbao, Tel. 944 45 60 00, Fax

Santanders großes Kapital – das weite Sandrund der Playa El Sardinero

944 45 60 66, www.hotelcondeduque.com. Angenehmes Hotel in guter Lage.

Restaurants

Victor, Pl. Nueva, 4, Bilbao, Tel. 944 15 16 78. Baskische Küche in edlem Ambiente.

Sargadi, Gran Vía, 45, Bilbao, Tel. 944 16 60 03. Rustikales Lokal mit großen Sidre-Fässern und leckeren Fleischgerichten vom Holzofengrill.

Kantabrien und Asturien

Die abwechslungsreichen Küsten von Kantabrien und Asturien zwischen Castro Urdiales und Tapia di Casariego warten mit steilen **Klippen**, verträumten **Buchten** und ausgedehnten **Sandstränden** auf. Da das Wetter hier am Atlantik eher wechselhaft ist, wurde die Region bislang nicht umfassend touristisch erschlossen. Hinter der sanft hügeligen Küstenlandschaft mit Wäldern und Wiesen, auf denen Schaf- und Rinderherden weiden, baut sich der Gebirgszug der **Kantabrischen Kordillere** auf, zu der auch die faszinierende Bergwelt des Nationalparks **Picos de Europa** gehört – ein Paradies für Naturliebhaber, Wanderer und Bergsteiger.

3 Castro-Urdiales

Der Fischerort ist heute ein viel besuchtes Seebad und Ausflugsziel.

Dörflicher Charme prägt noch immer das hübsche Zentrum des alten Fischerhafens Castro-Urdiales an der Kantabrischen Küste, der auf eine römische Gründung zurückgeht. Auf einem Felsvorsprung wachen die wehrhafte gotische Kirche **Santa María** und die Überreste der früheren Templerburg **Castillo de Santa Ana** (13. Jh.) über den kleinen Ort, der seinen Besuchern angenehme Strände sowie etliche Bars und Cafés offeriert.

i Praktische Hinweise

Information

Oficina de Turismo, Avenida de la Constitución, 1, Castro-Urdiales, Tel. 942 87 15 12, Fax 942 87 13 37, www.turismodecantabria.com

4 Santander

Die kantabrische Hauptstadt bietet Flair, Promenaden und weite Strände.

Die 200 000 Einwohner zählende Kapitale Kantabriens ist eine ausgesprochen elegante Stadt voller Lebensfreude, die mit ihrem Hafen in einer weiten, geschützten Bucht liegt. Bei einer Feuersbrunst 1941 wurde die Altstadt weitgehend zerstört, doch längst ist sie in altem Glanz wieder erstanden.

Vieles erinnert in Santander noch an die Zeiten als es – neben San Sebastián – zu den bevorzugten Seebädern der königlichen Familie gehörte. Auf der im Osten ins Meer ausgreifenden Halbinsel *La Magdalena* steht gerahmt von sattem Grün der 1912 errichtete **Palacio de Magdalena** von Alfonso XIII., in dem heute die *Universidad Internacional Menéndez Pelayo* Sprach- und Kulturkurse anbietet. Nordwestlich breitet sich zu Füßen des gepflegten Villenviertels **El Sardinero** der gleichnamige feinsandige *Traumstrand* aus, den einige Hotels säumen. Zum Flanieren lädt die mondäne Küstenpromenade **Avenida de la Reina Victoria** mit dem *Gran Casino* im Zuckerbäckerstil ein.

Ausflug

Etwa 60 km südwestlich von Santander befindet sich mit der Höhle **El Soplao** (Tel. 902 82 02 82, www.elsoplao.es, Mo–Fr 8–22, Sa 10–22, So 9–15 Uhr) eines der großartigsten unterirdischen Naturwunder Spaniens. Ein 1,5 km langer Rundweg durch labyrinthartige Gänge und große Galerien führt zu bizarr geformten Tropfsteinen, bis zu 60 m tiefen Schluchten und geheimnisvollen Wasserläufen.

i Praktische Hinweise

Information

Oficina de Turismo, Paseo Pereda, Santander, Tel. 942 20 30 00, Fax 942 20 30 05, www.ayto-santander.es

Hotel

*****Las Brisas**, Calle Braña, 14, Santander, Tel. 942 27 50 11, Fax 942 28 11 73. Familiär geführtes kleines Hotal in der Nähe der Playa Sardinero.

Restaurants

Bar del Puerto, Hernán Cortés, 63, Santander, Tel. 942 21 30 01. Eine der ersten Adressen von Santander mit Blick auf den kleinen Hafen Puerto Chico und exzellenten Fisch- und Fleischgerichten.

Bodega El Riojano, Río de la Pila, 5, Santander, Tel. 942 21 67 50. Volkstümliche, gemütliche Bodega (Mo geschl.).

5 Santillana del Mar

TOP TIPP *Ein mittelalterliches Kleinod, das in Spanien seinesgleichen sucht.*

Das reizvolle Städtchen Santillana del Mar (4000 Einw.) liegt einige Kilometer vom Atlantik entfernt in grüner Hügellandschaft. Im Mittelalter war es Sitz einer Markgrafschaft und ein bedeutender Wallfahrtsort. Heute steht das viel besuchte mittelalterliche Juwel in seiner Gesamtheit unter Denkmalschutz. Noblesse verleihen ihm die stattlichen **Herrenhäuser** des Landadels, über deren Eingangsportalen prächtige Familienwappen prangen. Die beiden gepflasterten Hauptgasssen führen geradewegs zur Stiftskirche **La Colegiata de Santa Julia-**

Ausflug ins Mittelalter – Santillana del Mar ist ein sehenswertes Denkmalstädtchen

Romanische Bildhauerkunst des 12. Jh. – im Kreuzgang der Stiftskirche von Santillana

na (Di–So 10–13, 16–18.30 Uhr) aus dem 11./12. Jh., die mit ihrem stimmungsvollen *Kreuzgang* zu den bedeutendsten Zeugnissen der Romanik in Kantabrien zählt.

i Praktische Hinweise

Information

Oficina de Turismo, c/ Jesús Ortero, s/n, Santillana del Mar, Tel. 942 81 82 51, Fax 942 84 02 65, www.santillanadelmar.com

Von Zweitausendern umringt – die Picos de Europa sind eine herrliche Wanderwelt

Hotels

*****Parador de Santillana del Mar**, Pl. Ramón Pelayo, 11, Santillana del Mar, Tel. 942 81 80 00, Fax 942 81 83 91, www.parador.es. Schöne Unterkunft in einem alten Herrenhaus, der Patio bietet sich für eine Kaffeepause an.

Casa de Güela, Los Hornos, 9, Santillana del Mar, Tel. 942 81 82 50, Fax 942 84 01 83. Ferienlandhaus mit Blick auf die Stiftskirche und geschmackvoll ausgestatteten Zimmern.

6 Cueva de Altamira

›Sixtinische Kapelle des Paläolithikums‹.

Die berühmte, zum UNESCO-Weltkulturerbe ernannte Höhle von Altamira liegt nur 2 km entfernt von Santillana del Mar. Sie wurde 1879 entdeckt und birgt einzigartige, um 15 000 v. Chr. entstandene Felszeichnungen in Rot, Ocker und Braun. Die Decke der **Sala de la Pintura** bevölkern mehrere Bisons, eine Hirschkuh, ein Wildschwein und ein Wildpferd, allesamt faszinierend aufgrund des lebendigen Malstils. Selbst die Unebenheiten der Felswände wurden geschickt genutzt, um die Tiere noch plastischer erscheinen zu lassen.

Die Höhle selbst ist zur Zeit nicht öffentlich zugänglich, doch kann im **Museo de Altamira** (Tel. 942 81 80 05, http://museodealtamira.mcu.es, Mai–Okt. Di–Sa 9.30–20, So 9.30–15, Nov.–April Di–Sa 9.30–18, So 9.30–15 Uhr, frühzeitige Kartenreservierung unter Tel. 902 24 24 24, über den Vorverkaufslink des Museums oder den Vorverkauf in Filialen der Banco de Santander wird empfohlen, da der Zugang limitiert ist) ein eindrucksvoller originalgetreuer Höhlen-Nachbau besichtigt werden.

7 Parque Nacional de los Picos de Europa

TOP TIPP

Traumhafte Panoramen und herrliche Spitzen für Wanderer und Kletterer in einer der schönsten Hochgebirgslandschaften Spaniens.

Grandios türmt sich 30 km hinter der Küste das Massiv der Picos de Europa auf. Die höchsten Gipfel des imposanten **Kalksteingebirges** erreichen Höhen bis zu 2600 m. Durchzogen wird die zur Kantabrischen Kordillere gehörende, eindrucksvolle Felslandschaft von tiefen Schluch-

Viel besucht – der tiefblaue Gletschersee Lago de Enol oberhalb von Covadonga

ten, aber auch von weiten, fruchtbaren Tälern, in denen **Obstanbau** und **Weidewirtschaft** betrieben werden. Schon 1918 wurde ein Areal, das mittlerweile auf 65 000 ha ausgedehnt ist, zum **Nationalpark** erklärt. Nur so konnten sich in der einst fast unzugänglichen Bergwelt neben *Gämsen*, *Wildkatzen*, *Gänsegeiern* und *Steinadlern* auch noch kleinere Populationen von *Braunbären* und *Wölfen* halten.

Kantabrische Picos …

Der östliche Teil der Picos wird erschlossen durch die reizvolle Bergstraße N 621, die dem Lauf des fischreichen **Río Deva** durch die enge, bis zu 600 m tief eingeschnittene Schlucht *Desfiladero de la Hermida* folgt. Im sich alsbald weitenden, fruchtbaren Tal des Deva lohnt sich ein Abstecher zum idyllisch gelegenen mozarabischen Kirchlein **Santa María de Lebeña** (10. Jh). Über die rege kleine Ortschaft **Potes**, dem Mittelpunkt des hiesigen Obst- und Weinanbaugebietes, erreicht man das im 7. Jh. gegründete, im 12./13. Jh. erbaute Kloster **Santo Toribio de Liébana** (Tel. 942 84 03 17, Di–Sa 10–13, 16–19.30 Uhr). Hier verfasste Beatus von Liébana seinen berühmten ›Kommentar zur Apokalypse‹, der auch zur religiösen Untermauerung der Reconquista herangezogen wurde. Von Potes schlängelt sich eine 25 km lange Stichstraße nach **Fuente Dé**. Dort startet eine Seilbahn zur 1800 m hoch gelegenen Aussichtsplattform **Mirador del Cable**, die fantastische Panoramablicke über die Felsriesen des zentralen Massivs der Picos bietet und zugleich Startpunkt für anspruchsvolle Höhenwanderungen ist.

… und asturisches Bergland

Im westlichen Teil des Nationalparks liegt das spanische Nationalheiligtum **Covadonga**, der ›glorreiche‹ Ausgangspunkt der christlichen Reconquista Spaniens. Unter Führung von Don Pelayo triumphierten im Jahr 722 hier erstmals die Christen über die Mauren, denen es gelungen war, innerhalb weniger Jahre (ab 711) fast die gesamte Iberische Halbinsel

Viel verehrt – Asturiens Schutzheilige Virgen de las Batallas in der Hl. Grotte von Covadonga

unter ihre Kontrolle zu bringen. An die Rückeroberung erinnern in dem Wallfahrtsort ein großes *Standbild* Don Pelayos, eine *Basílica* (19. Jh.) und die *Cueva Santa* (Heilige Grotte), der Heiligen Jungfrau geweiht, die den Spaniern 722 zum Sieg verholfen haben soll.

Ein beliebtes Ziel 15 km oberhalb von Covadonga sind die beiden malerischen Gletscherseen **Lago de Enol** und **Lago de la Ercina** (1235 m), von denen mehrere markierte Wanderwege ausgehen.

Östlich von **Cangas de Onís** entführt eine kleine Landstraße in das zauberhafte Tal des **Río Cares**. In seinen Dörfern wird der *Queso de Cabrales* angeboten, ein kräftiger Schimmelkäse, der in Naturhöhlen oder Kellern reift. Wanderern empfiehlt sich die Tour durch die atemberaubend schöne Schlucht *Garganta del Cares* (12 km, einfache Wegstrecke) bei Las Arenas de Cabrales.

Blaue Stunde in Asturiens Hauptstadt – nachts wirkt Oviedos Zentrum doppelt schön

i Praktische Hinweise

Information

Oficina de Turismo, c/ Independencia, 12, Potes, Tel. 942 73 07 87, Fax 942 73 21 28

Oficina de Turismo, Av. de Covadonga, s/n, Covadonga, Tel. 985 84 60 35, Fax 985 84 60 43

Centro de Interpretación Casa Dago, Av. de Covadonga, 43, Covadonga, Tel. 985 84 86 14

Hotel

***__Hotel del Oso__, Cosgaya, Tel. 942 73 30 18, Fax 942 73 30 36, www.hoteldeloso.com. Rustikales Hotel zwischen Potes und Fuente Dé, mit angenehmen Zimmern und gutem Gasthaus.

8 Oviedo

Geschäftige Industrie-, Handels- und Universitätsstadt mit stolzer Vergangenheit.

Oviedo ist eine moderne Großstadt (200 000 Einw.) und vitales Zentrum einer Industrie- und Bergbauregion rund 30 km von der Küste entfernt. Sie liegt auf einer fruchtbaren Hochebene, die von den Ausläufern der Kantabrischen Kordillere gesäumt wird. An die ruhmreichen Jahre der heutigen Hauptstadt Asturiens als Kapitale des **Königreichs Asturien** (810–924) erinnern noch einige hochinteressante Kirchen aus dem 9. Jh.

Den Mittelpunkt der Altstadt bildet die **Plaza de Alfonso II.**, deren Gesicht die spätgotische **Catedral de San Salvador** (Mo–Sa 10–13, 16–18 Uhr) mit ihrem kräftigen, in der Spitze filigran durchbrochenen *Turm* prägt. Im Inneren birgt sie einen monumentalen, fein geschnitzten *Hochaltar* mit Szenen der Vita Jesu (1520), den *Schrein* der hl. Eulalia (11. Jh.) und in einer Seitenkapelle die *Grablege* der asturischen Könige. Glanzpunkt der Kathedrale aber ist die von der UNESCO als Weltkulturerbe ausgezeichnete *Cámara Santa*. In dieser restaurierte Kapelle aus dem 9. Jh. werden kostbarste Reliquien aufbewahrt – erwähnt sei nur das *Siegeskreuz Don Pelayos* von 722. Jakobspilger erwiesen diesen Preziosen oft die Ehre.

Präromanische Kostbarkeit auf Oviedos Hausberg Naranco – San Miguel de Liño

Auf dem Hausberg von Oviedo, dem **Monte Naranco**, thronen zwei der großartigsten präromanischen Kirchen Nordspaniens. Die untere, **Santa María de Naranco** (Tel. 676 03 20 87, Okt.–März Di–Sa 10–13, 15–17, So, Mo 10–13, April–Sept. Di–Sa 9.30–13.30, 15.30–19.30, So, Mo 9.30–13.30 Uhr, Besichtigung nur im Rahmen von Führungen), war um 850, vor ihrer Umwandlung zur Kirche, Teil des Sommerpalastes von König Ramiro I. Beeindruckend ist der zweigeschossige Bau mit den loggienartigen *Vorhallen* an beiden Stirnseiten und den *Säulen* mit dem typischen asturischen Kordelmuster im tonnenüberwölbten Inneren. Ganz anders proportioniert, schmal und hoch, reckt sich wenig oberhalb die einstige Palastkapelle **San Miguel de Liño** (um 860, Öffnungszeiten wie oben) empor. Faszinierend sind hier das filigrane Steinornament der *Fenster und Torbögen*. Etwa 1 km nordöstlich des Zentrums steht die aus der Mitte des 9. Jh. stammende Kirche **San Julían de los Prados** (Okt.–April Di–Sa 9.30–11.30, Mo 10–20, Mai–Sept. Di–Fr 10–12.30, 16–17.30 Uhr). Sie ist die größte präromanische Kirche Asturiens und berühmt für ihre *Wandmalereien*, die ursprünglich den ganzen Innenraum ausschmückten. Alle drei Kirchen wurden von der UNESCO zum Weltkulturerbe erklärt.

i Praktische Hinweise

Information

Oficina de Turismo, Cimadevilla, 4, Oviedo, Tel. 985 21 33 85, Fax 985 22 84 59, www.asturdata.es

Hotel

*****NH Principado**, San Francisco, 6, Oviedo, Tel. 985 21 77 92, www.nh-hotels.com. Sehr komfortabler Hotel-Klassiker gegenüber dem alten Universitätsgebäude.

Restaurant

El Raitan, Pl. Trascorrales, 6, Oviedo Tel. 985 21 42 18. Typisch asturianische Küche (So abends geschl.).

Tour entlang der Costa Verde

Asturiens Küstenlandschaft ist eine der schönsten Spaniens. Idyllische Sandstrände wechseln ab mit kleinen Felsbuchten, die sich zwischen dramatischen Steilküsten verstecken. Neben beschaulichen Fischer- und Badeorten trifft man mit **Gijón** und **Avilés** aber auch auf zwei große, wenig verlockende Industrie- und Hafenstädte.

Erstes Ziel ist das traditionsreiche Fischerstädtchen **Llanes**, das mit schönen Stränden und einer schmucken, unter Denkmalschutz stehenden Altstadt aufwarten kann. **Ribadesella** liegt geschützt an der Mündung des Río Sella. Der Fluss teilt die Stadt in zwei Hälften – westlich lockt ein weiter Sandstrand mit kleinen Hotels, östlich der alte Ortskern mit der Plaza Vieja und gemütlichen Sidrerías, in denen der Apfelwein munter fließt. Die nahe **Cueva de Tito Bustillo** ist dank ihrer prähistorischen Felszeichnungen, wohl bis zu 20 000 Jahre alt, eine der interessantesten Höhlen Nordspaniens. Vorbei an **Villaviciosa**, der Metropole des asturischen Apfelweins Sidra, führt die Küstenstraße über Gijón und Avilés in die reizende Ortschaft **Cudillero**. Malerisch schmiegen sich hier die Häuser an die

Bei Llanes laden hübsche Buchten mit eigenwilligen Felsformationen zum Bad

steilen Hänge der Bucht, um den alten Hafen drängen sich beliebte Fisch-Tavernen. Badelustige fahren zur besonders schönen Strandbucht TOP TIPP **Playa de Concha de Artedo** 5 km weiter westlich. Das ausnehmend weite, von Felsen gerahmte Sandufer verleitet unwillkürlich zum Träumen. Mit herrlichen Fernblicken über die Küste wird ein Abstecher zum **Cabo de Vidio** belohnt. **Luarca** schließlich ist ein sympathisches Fischerstädtchen, das längst auch zahlreiche Badeurlauber anlockt. Wo einst die alte Festung über den Ort und den Hafen wachte, stehen heute eine Friedhofskirche und ein Leuchtturm, geblieben ist die schöne Aussicht.

Galicien

Galicien – Europas Westzipfel am Atlantik – umfasst die äußerste Nordwestecke der Iberischen Halbinsel und bildet im Süden die Grenze nach Portugal. Die **Küste** wird geprägt durch die tief ins Land einschneidenden **Rías**. Diese fjordähnlichen Meeresbuchten, vielfach von schönen Stränden gesäumt, bieten großen Überseehäfen wie **Vigo** oder **La Coruña** Schutz. Fischfang und Muschelzucht sind hier wichtige wirtschaftliche Standbeine. Das Binnenland ist ebenso grün wie die Küste, schickt doch der Atlantik immer wieder **Regenschauer** über die Region. Schirme sind also ein wichtiges Utensil für Besucher. Typisch für ganz Galicien sind die **Cruceiros** (Wegkreuze) und die granitenen **Hórreos** (Getreidespeicher), die zum Schutz vor Nagern und Feuchtigkeit auf Steinstelzen stehen. Das Ackerland ist geprägt von winzigen Feldern, die durch vielfache Erbteilung entstanden sind. Ganze Generationen waren schließlich zur Auswanderung gezwungen, weil sie hier kein Auskommen mehr fanden. Ins Rampenlicht der Geschichte rückte Galicien vor gut einem Jahrtausend durch die Wallfahrt nach **Santiago de Compostela**, denn im Mittelalter entwickelte sich die galicische Hauptstadt neben Rom und Jerusalem zum dritten großen Pilgerziel der christlichen Welt.

Kulturell ist Galicien eine sehr eigenständige Region, angefangen bei der Sprache, dem **Gallego**, die dem Portugiesischen sehr nahe steht. In der Musik finden sich deutlich keltische Spuren. Ein typisches Instrument ist die **Gaita**, der Dudelsack, der bei Volksfesten zum Einsatz kommt.

9 Santiago de Compostela

TOP TIPP *›Jerusalem des Westens‹ – ersehntes Ziel der Jakobspilger.*

Die **Hauptstadt Galiciens** (92 000 Einw.), seit Jahrhunderten weltberühmter Wallfahrtsort, lockt noch immer alljährlich Millionen von Pilgern an. Sie ziehen sommers durch die Altstadt im Schatten der überwältigenden Kathedrale. Santiagos Bild prägen darüber hinaus zahlreiche andere Kirchen und Klöster, stimmungsvolle Plätze und enge Gassen. Dennoch haftet der Stadt, die von der UNESCO zum Weltkulturerbe erklärt wurde, nichts Museales an, wofür allein schon die Studenten der traditionsreichen Universität sorgen.

Dreh- und Angelpunkt Santiagos ist die **Plaza del Obradoiro**. Der großzügig angelegte Platz bildet mit seinen stattlichen Bauten einen würdigen Rahmen für die Kathedrale, dem ersehnten Ziel aller Pilger des Jakobsweges.

Die Nordseite der Plaza nimmt das **Hostal de los Reyes Católicos** ein, eine Stiftung der Katholischen Könige von

Den Pilgern zum Gruß – Jakobus-Statue im Mittelgiebel der Kathedrale Santiagos

Ziel aller Pilger – die großartige Kathedrale von Santiago de Compostela ist ein Kulturdenkmal erster Güte, vom 11. bis 13. Jh. errichtet und barock ummäntelt

1489 zur Betreuung der Jakobspilger. Herrlicher Platereskenschmuck ziert das Portal des vier Patios umschließenden Baus, der heute einen der exklusivsten *Paradores* Spaniens beherbergt. Zur Kathedrale hin schließt das Erzbischöfliche Palais, **Palacio de Gelmírez** (12./13. Jh., Di–Sa 10–13.30, 16–19.30, So 10–14 Uhr), an, dessen Perle der prunkvolle *Festsaal* im oberen Stockwerk ist. Gegenüber, im lang gestreckten, klassizistischen **Palacio de Rajoy** (1777) sind heute das Rathaus und die Regionalregierung Galiciens untergebracht. Und an der Südseite des Platzes steht das ehem. **Colegio de San Jerónimo**, heute Rektorat der Universität von Santiago.

All diese Bauten werden überstrahlt von der verschwenderisch geschmückten spätbarocken *Westfassade* (1738–47) der **Catedral** (tgl. 7–21 Uhr; Museen und Bibliothek, Juni–Sept. Mo–Sa 10–13.30, 16–19.30, So 10.30–13.30 Uhr, sonst Mo–Sa 11–13, 16–18, So 10.30–13.30 Uhr). Ihre himmelstürmenden Zwillingstürme (76 m) rahmen einen altarähnlichen Mittelgiebel, von dessen Spitze eine Jakobus-Figur die Ankommenden grüßt. Hinter dem Hauptportal der Barockfassade blieb das architektonische Juwel der Kathedrale erhalten, der **Pórtico de la Gloria** (12. Jh.). Das dreibogige Portal mit seinen ausdrucksstarken *Skulpturen* – Christus als Erlöser, Apostel, Propheten, himmlische Jubelchöre und allerlei biblisches Personal – ist ein grandioses Meisterwerk der Romanik. Seit alters zieht es die Pilger magisch zum Mittelpfeiler, der von Jakobus präsidiert wird und die Wurzel Jesse verkörpert. Darauf pressen die Gläubigen bei der Ankunft ihre Hände.

Das **Innere** der dreischiffigen romanischen Basilika (11.–13. Jh.) beeindruckt schon allein durch die gewaltigen, erhabenen Ausmaße und eine Fülle sehenswerter Kapellen. Rasch lenkt jedoch der

Magischer Glanz – Jakobus-Figur des 13. Jh. im Hauptaltar der Kathedrale

prachtvolle **Hauptaltar** mit der Holzfigur des hl. Santiago (13. Jh.) alle Aufmerksamkeit auf sich. Die Pilger sind hier am Ziel ihrer Wallfahrt, sie nähern sich über eine Altartreppe dem Heiligen und küssen dessen Mantel. Eine weitere Station der Pilger ist die **Krypta** (9. Jh.) unter dem Chor, in der die Gebeine des Apostels ruhen. Am Jakobstag (25. Juli) und anderen hohen Festtagen wird in der Vierung der Kirche der berühmte **Botafumeiro**, ein riesiges Weihrauchfass, aufgehängt und von acht Männern hin- und hergeschwenkt. Vom südlichen Querhaus der Kathedrale gelangt man in den im Platereskenstil des 16. Jh. gestalteten **Kreuzgang**, der ein *Archäologisches Museum* und im Obergeschoss ein *Teppichmuseum* beherbergt.

In der **Bibliothek** wird der berühmte *Codex Calixtinus* (um 1150) gehütet, ein Vorläufer moderner Reiseführer. Sein Autor, der französische Kleriker Aimeric Picaud, beschreibt darin die Jakobswunder und Reisewege, warnt aber auch vor Gefahren auf dem Jakobsweg.

Durch das figurenreiche **Südportal** von 1103 führt der Weg ins Freie, auf die stimmungsvolle **Plaza de las Platerías**, die bekannt ist für ihre Schmuckgeschäfte. Östlich schließt sich die lebhafte **Plaza de la Quintana** an, ein beliebter Treffpunkt der Studenten. Zum Bummeln unter lauschigen Arkaden laden die Gassen **Rúa do Franco**, **Rúa do Villar** und **Rúa Nueva** mit kleinen Läden, Cafés, Tapas-Bars und Restaurants.

Fröhlich und leger – Pilger des 21. Jh.

Auf den Spuren der Jakobspilger

Die wundersame Entdeckung der Gebeine des **Jakobus des Älteren** (span. Santiago) zu Beginn des 9. Jh. geht der Legende nach darauf zurück, dass ein Stern einem Hirten im Nordwesten Galiciens die Stelle (compostela = campus stellae = Sternenfeld) des Apostelgrabes zeigte. Berichte von ersten Wundern bildeten den Auftakt für die Wallfahrt nach Santiago de Compostela. Zu einer der wichtigsten Pilgerziele im Mittelalter, neben Rom und Jerusalem, entwickelte sich die Stadt, als sich der Apostel im Jahr 844 in der **Schlacht von Clavijo** als Schutzpatron der Reconquista empfahl. Hoch zu Ross und mit gezücktem Schwert soll er den christlichen Truppen unter Ramiro I. zum Sieg gegen die Übermacht der Mauren verholfen haben. Fortan trug er den Beinamen **Santiago Matamoros** – Maurentöter. Im Kampf der Christen gegen die Mauren wurde ›Santiago‹ zum Schlachtruf, die Pilgerfahrt zu seinem Grab zu einer **Glaubensdemonstration**, die der Reconquista wichtige Impulse gab.

Mehr als 800 km legten die Pilger, die aus ganz Europa anreisten, allein auf spanischem Boden zurück. Über die Pyrenäenpässe von Roncesvalles oder Somport führte der **Camino de Santiago** durch die nordspanischen Königreiche Aragón, Navarra, Kastilien und León ins ferne Galicien. **Gelübde** oder der Wunsch nach einem **Ablass** waren damals Motivationen, sich den Gefahren einer so weiten Reise auszusetzen. Etliche Pilger schlossen sich auch aktiv dem Kampf gegen die Mauren an. Über Jahrhunderte war der Jakobsweg nicht nur ein kulturelles Band, sondern auch ein wichtiger **Wirtschaftsfaktor** dieser Regionen im Norden Spaniens.

Der Jakobsweg hat auch heute nichts von seiner **magischen Anziehungskraft** verloren, die Beweggründe der modernen Pilger sind unterschiedlicher Natur: Neben religiöser Motivation oder innerer Sinnsuche spielen für viele sicher auch das **Landschaftserlebnis** und der **Kunstgenuss** eine wichtige Rolle, reihen sich doch entlang des Camino de Santiago viele romanische Kirchen und Klöster von unerhörtem Zauber.

Wer mehr über die Geschichte und die Hintergründe des Jakobuskultes erfahren möchte, sollte das äußerst informative **Museo das Peregrinacións** (Rúa San Miguel, 4, Di–Fr 10–20, Sa 10.30–13.30, 17–20, So 10.30–13.30 Uhr) besuchen.

Ausflug

Für einen Tagesausflug bietet sich das sagenumwobene **Cabo Finisterre** an, das im Mittelalter als Ende der Welt (lat. Finis terrae) galt. Der Weg führt westwärts durch die reizvolle Fjordlandschaft der galicischen Küste zum meist von Wind und Regen umtosten Felsenkap. Schon vor Jahrhunderten standen hier ehrfürchtig die Jakobspilger und blickten auf das Meer, das den Leichnam des hl. Jakobus in einem von Engeln geleiteten Boot an die Küste bei *Padrón* getragen haben soll, ehe er in der Erde Galiciens beigesetzt wurde. Zum Andenken an ihre Wallfahrt und als Symbol der Pilgerfahrt nahmen sie sich von hier eine *Jakobsmuschel*, das Attribut des Heiligen, mit.

Unterwegs zum Kap lohnt ein Stopp in **Carnota**, denn hier findet sich der größte der für Galicien so typischen *Getreidespeicher*: Er wurde im 18. Jh. errichtet, ist 30 m lang und ruht auf Doppelpfeilern.

i Praktische Hinweise

Information

Oficina de Turismo, Rúa do Villar, 30, Santiago de Compostela, Tel. 981 58 40 81, Fax 981 56 51 78, www.turgalicia.es

Hotels

TOP TIPP *****Parador Hostal de los Reis Católicos**, Pl. del Obradoiro, 1, Santiago de Compostela, Tel. 981 58 22 00, Fax 981 56 30 94, www.parador.es. Parador der Luxuskategorie, die einstige Pilgerherberge bietet heute allen erdenklichen Komfort.

*****Hogar de San Francisco**, Campillo de San Francisco, 3, Santiago de Compostela, Tel. 981 58 16 34, Fax 981 57 19 16, www.sanfranciscohm.com. Angenehmes Hotel mit sehr viel Atmosphäre, untergebracht in einem früheren Franziskanerkloster.

Restaurants

Bierzo Enxebre, Rúa de San Pedro, 16, Santiago de Compostela, Tel. 981 58 19 09. Rustikales Lokal mit leckeren Spezialitäten aus der Bierzo-Region.

Toñi Vicente, Rosalia de Castro, 24, Santiago de Compostela, Tel. 981 59 41 00. Gourmettempel mit exquisiter Küche, berühmt für delikate Fischgerichte und fangfrische Mariscos (So geschl.).

La Rioja

Weltruhm erlangte Rioja, die kleinste autonome Region des spanischen Festlandes, als Weinbaugebiet. In mehr als 2000 Bodegas reift hier der berühmte **Tinto** in Eichenfässern heran. Kontrastreich präsentiert sich die Landschaft, flach bis sanft hügelig gestaltet sich das **Ebro-Becken**, während im Süden die Bergregion **La Sierra** Höhen von über 2000 m erreicht. Geschichtlich gehörte das Gebiet zunächst zum **Königreich Navarra**, aber bereits Ende des 11. Jh. wurde es von der kastilischen Krone inkorporiert.

10 Haro

Zentrum des Weinbaus der Rioja Alta.

Rund 40 km nordwestlich von **Logroño**, der eher ernüchternden Hauptstadt der Rioja, findet sich an der Mündung des Río Tirón in den Río Ebro und umgeben von Rebland die lebhafte, kleine Weinstadt Haro (9000 Einw.).

Alljährlich am 29. Juni ist sie Schauplatz der feuchtfröhlichen **Batalla del Vino**, einer Weinschlacht, bei der der edle Saft nicht nur durch die Kehlen rinnt,

In Wein getaucht – Batalla del Vino in Haro

sondern bei der man sich gegenseitig regelrechte Weinduschen verabreicht. Haro erfreut sich durchaus einer hübschen, kleinen **Altstadt**, Hauptanziehungspunkte sind jedoch die **Bodegas**, von denen etliche Führungen durch ihre Weinkeller und natürlich auch deren Produkte zum Kauf anbieten.

i Praktische Hinweise

Information

Oficina de Turismo, Pl. Monseñor Florentino Rodriguez, s/n, Haro, Tel./Fax 941 30 33 66, www.beronia.org. Hier erfährt man auch alles zum Thema Bodega.

11 Santo Domingo de la Calzada

Die Kathedrale mit dem Hühnerkäfig.

Die kleine Ortschaft am Ufer des Río Oja ist eine wichtige Station am Pilgerweg nach Santiago de Compostela. Um den Wallfahrern den Weg zu erleichtern, ließ der hl. Domingo im 11. Jh. eine gepflasterte Straße (span. calzada), eine Steinbrücke und eine Pilgerherberge errichten. Die sehenswerte, im 12. Jh errichtete **Catedral de Santo Domingo** (Mo–Sa 10–13, 16–18.30 Uhr) birgt, neben dem schönen *Hochaltar*, Domingos *Alabastergrab* und – einen *Käfig* mit einem leibhaftigen weißen Hahn und einer Henne, die an ein Wunder des Heiligen erinnern: Ein junger Pilger war zu Unrecht des Diebstahls bezichtigt und auf der Stelle gehenkt worden. Der hl. Domingo nahm sich des Unschuldigen an, sodass die einen Monat später von ihrer Wallfahrt heimkehrenden Eltern ihren Sohn lebend, immer noch am Galgen hängend vorfanden. Sie eilten zum zuständigen Richter, dieser fühlte sich beim Abendessen gestört und soll ungläubig gesagt haben: »So wahr dieses Huhn nie mehr fliegt, so wenig ist euer Sohn unschuldig« – woraufhin seine Mahlzeit gackerte und davonflatterte.

i Praktische Hinweise

Hotel

******Parador Santo Domingo de la Calzada**, Pl. del Santo, 3, Santo Domingo de la Calzada, Tel. 941 34 03 00, Fax 941 34 03 25, www.parador.es. Geräumige Zimmer in der ehem. Pilgerherberge des hl. Domingo.

Navarra

Bereits im 9. Jh. formierte sich in Navarra ein kleines **Königreich**, das zwar viele Höhen und Tiefen erlebte, sich aber selbst nach der Eingliederung in das Königreich Kastilien-Aragón im Jahr 1512 bis ins 19. Jh. hinein **Sonderrechte** sichern konnte, die so genannten Fueros. Wichtig für die Entwicklung Navarras war und ist der **Jakobsweg**, ist doch für die meisten Pilger diese Region die erste große Etappe auf spanischem Boden in Richtung Santiago de Compostela.

Das **Landschaftsprofil** der autonomen Region bestimmen im Norden die **Pyrenäen**, die hier jedoch schon deutlich zum Atlantik hin an Höhe verlieren. Das üppige Grün verdankt die Gebirgsregion dem Einfluss des **atlantischen Klimas**. Die Täler im Nordwesten Navarras sind kulturell dem **Baskenland** so eng verbunden, dass manche Bewohner sich als Basken fühlen. Der immer wieder aufkommenden Forderung nach einer Angliederung ans Baskenland steht die Mehrheit der Bevölkerung Navarras allerdings ablehnend gegenüber. Südlich der Hauptstadt **Pamplona**, die vor allem durch ihre tollkühnen Stierläufe bekannt ist, erstreckt sich das überwiegend trockene, flache **Ebro-Becken**.

12 Pamplona

Stiere sorgen im Herzen Navarras für Nervenkitzel.

Pamplona (baskisch: Iruña; 192 000 Einw.) ist die wirtschaftlich prosperierende Hauptstadt Navarras, Sitz eines Erzbistums und einer privaten Universität, die von dem katholischen Laienorden Opus Dei geführt wird. Ihre Gründung 75 v. Chr. und auch ihren Namen verdankt die Stadt dem römischen Feldherrn **Pompeius**. Wichtige wirtschaftliche und städtebauliche Impulse erhielt die alte **Königsstadt Navarras** als Station auf der Pilgerroute nach Santiago de Compostela.

In der Bar ›Iruña‹ auf der von Arkaden gesäumten **Plaza del Castillo** verbrachte einst Hemingway angenehme Stunden, heute geben sich hier Einheimische und Touristen ein Stelldichein. Von der Plaza

Pamplona im Vogelflug – die alte Königsstadt Navarras birgt Interessantes

geht es leicht bergauf zur **Catedral Metropolitana** (Mitte Juli–Mitte Sept. Mo–Sa 10–19, sonst Mo–Fr 10–14, 16–19, Sa 10–19 Uhr, Zugang über Kreuzgang), einem prächtigen gotischen Bau (15./16. Jh.), dem 1780 eine klassizistische Fassade vorgeblendet wurde. Vor dem *Hauptaltar*, wo einst die Könige von Navarra gekrönt wurden, ist das noble *Alabastergrabmal* der Kirchenstifter – König Karl III. (1387–1425) und seine Frau Eleonore – zu bewundern. Als Kleinod offenbart sich der

Die Kirchenstifter in Alabaster – Karl III. und Eleonore in Pamplonas Catedral

Baskenmützen vor pompöser Rathausfront – Pamplonas Casa Consistorial

Stierattacke auf Spaniens größter Fiesta

TOP TIPP Sanfermines – Pamplona im Fiesta-Rausch

Jedes Jahr zum Fest des San Fermín (6.–14. Juli) verwandelt sich das ansonsten so beschauliche Pamplona in einen Hexenkessel. Den waghalsigen Stierauftrieb, den **Encierro**, der durch die engen Gassen der Innenstadt zur Arena an der Plaza de Toros geht, machte **Ernest Hemingway** durch seinen Roman ›Fiesta‹ weltberühmt. Übermut gepaart mit Alkohol sorgen dafür, dass die Wendigkeit der schnellen, bis zu einer halben Tonne schweren Kampfstiere von den vor ihnen her Rennenden häufig unterschätzt wird. Blessuren sind an der Tagesordnung und so mancher Läufer musste seine Tollkühnheit auch schon mit dem Leben bezahlen.

Kreuzgang, dessen Bögen filigranes Maßwerk ziert. Nördlich der Kathedrale gelangt man zu den hoch über dem Río Arga liegenden **Murallas**, den Stadtmauern, die den Blick auf die nahe Berglandschaft der Pyrenäen frei geben. Von dort her kamen die Jakobspilger, die Pamplona über die alte Pilgerbrücke **Puente de la Magdalena** und durch das Stadttor **Zumalacárregui** betraten.

Auf dem Weg zurück in Richtung Plaza de Castillo lohnt sich rechter Hand ein Abstecher zur **Casa Consistorial**, dem Rathaus mit seiner aufwendigen Barockfassade, sowie zur ältesten Kirche Pamplonas, **San Saturnino** (13./14. Jh.). Etwas weiter nördlich zeigt das interessante **Museo de Navarra** (c/ Santo Domingo, 47, Di–Sa 9.30–14, 17–19, So 11–14 Uhr) seine Schätze von der Vorgeschichte bis zur Moderne.

Ausflug

Bei Yesa, 45 km südöstlich von Pamplona, führt eine Abzweigung von der N-240 hinauf zum **Monasterio de Leyre** (Mo–Fr 10.15–14, 15.30–19, Sa/So 10.15–14, 16–19 Uhr, Gregorianischer Gesang Sa/So 18 Uhr), das einen herrlichen Blick auf die Ebene und den Stausee *Embalse de Yesa* bietet. Das 1954 von französischen Benediktinern wieder belebte Wallfahrtskloster war von großer Bedeutung für Navarra, diente es doch den Bischöfen und Königen des kleinen Königreichs immer wieder als Zuflucht und Residenz. Am *Westportal* der Kirche (11.–16. Jh.) ist reicher romanischer Figurenschmuck zu sehen, in der *Krypta* beeindrucken mächtige Säulen mit archaischen Kapitellen.

Reizvoll ist die Strecke über **Javier**, den Geburtsort des hl. Franz Xaver (1506–1552), zur hübschen Ortschaft **Sangüesa**, deren Kirche *Santa María la Real* (12. Jh.) am Südportal mit einer grandiosen romanischen Skulpturenwand glänzt.

Von hier geht die Reise weiter nach **Sos del Rey Católico**, das bereits zur Nachbarregion Aragón zählt. Unterhalb des Parador, auf dessen Terrasse man eine Erfrischung oder köstliche Mahlzeit genießen kann, gibt es Parkmöglichkeiten. Von hier aus kann man zu Fuß das malerisch verwinkelte, mittelalterliche Städtchen erkunden. Neben dem *Palacio de los Sada*, in dem der spätere aragonesische König Ferdinand – El Rey Católico – 1452 das Licht der Welt erblickte, zieren noch weitere *Adelshäuser* des 16./17. Jh. den schönen Ort, dessen höchsten Punkt die Kirche *San Estéban* (12./13. Jh) krönt.

i Praktische Hinweise

Information

Oficina de Turismo, c/ Eslava, 1, Pamplona, Tel. 848 42 04 20, Fax 848 42 46 30, www.turismo.navarra.es

Hotels

*****AC Cuidad de Pamplona**, Iturrama, 21, Pamplona, Tel. 948 26 60 11, Fax 948 17 36 26, www.ac-hoteles.com. Hotel in guter Lage, freundliche Zimmer, mit Tennisplatz, Sauna und Grünanlagen.

Restaurant

Hartza, c/Juan de Labnit, 19, Pamplona, Tel. 948 22 45 68. Liebevoll von drei Schwestern geführtes Feinschmeckerlokal (So abend, Mo geschl.).

13 Roncesvalles

Ursprung der Rolandssage und die erste Pilgerstation auf spanischem Boden.

Am **Ibañeta-Pass** (1057 m), inmitten eindrucksvoller Pyrenäengipfel, liegt der legendäre Schauplatz der Rolandssage. Hier erinnert ein **Denkmal** an die Schlacht des Jahres 778, in der die Nachhut der Truppen Karls des Großen nach einem Kampf gegen die Mauren beim Rückzug von Basken aufgerieben wurde, die erbittert waren über die Zerstörung Pamplonas. Dieser Kampf lieferte den Stoff für zahlreiche Legenden. So starben der Heerführer Roland und seine Getreuen im altfranzösischen ›**Rolandslied**‹ (11. Jh.) den Heldentod gegen die Mauren. Die Niederlage des abmarschierenden Frankenheeres wurde somit umgedeutet als heroischer Kampf gegen den Islam.

In Roncesvalles, knapp unterhalb des Passes, existiert seit dem 12. Jh. eine von Augustinern betreute Herberge für die Jakobspilger. Dazu gehört die Stiftskirche **Real Colegiata** (13. Jh.), die im Laufe der Jahrhunderte immer wieder umgestaltet wurde. In der gotischen **Capilla Sancti Spíritus** bestattete man seit dem Mittelalter die hier verstorbenen Jakobspilger.

Durch herrlich grüne Berglandschaft, vorbei an kleinen Ortschaften, führt der Pilgerweg durch Navarra weiter nach Pamplona und Puente la Reina.

14 Puente la Reina

Treffpunkt zweier Pilgerrouten mit fotogener romanischer Bogenbrücke über den Río Arga.

In Puente la Reina (baskisch: Gares), 27 km südöstlich von Pamplona, trafen die Pilger, die den ›Weg von Navarra‹ über Roncesvalles und Pamplona eingeschlagen hatten, mit denjenigen zusammen, die den ›Weg von Aragón‹ über den Somport-Pass (1632 m) und Jaca gekommen waren. Gemeinsam überschritten sie die fünfbogige romanische **Brücke** (11. Jh.) über den Río Arga, nur ein Ziel vor Augen: das ferne Santiago de Compostela.

Lohnend ist der Abstecher zur 3 km entfernten **Ermita de Santa María de Eunate** (12. Jh.). Der einsam gelegene achteckige Bau diente einst als Grabeskirche, in der Architektur sind maurische Anklänge unverkennbar.

Praktische Hinweise

Hotel

**El Peregrino, Irunbidea, s/n, Puente la Reina, Tel. 948 34 00 75, Fax 948 34 11 90, www.hotelelperegrino.com. Rustikales, sympathisches kleines Hotel mit Restaurant, Garten und Pool.

Jahrtausendalt – der Jakobsweg führt über die ehrwürdige Brücke von Puente la Reina

15 Estella

Mittelalterliches Kleinod.

König Sancho Ramírez förderte Ende des 11. Jh. das im Tal des Río Ega liegende Estella (baskisch: Lizarra), indem er den Jakobsweg durch den Ort leitete und fränkische Kaufleute ansiedelte. Ein Sternenwunder, mit dem sich die wundersame Auffindung einer Madonnenstatue verknüpfte, untermauerte auch religiös das Vorgehen des Königs. So entwickelte sich Estella bald zum regen Handelszentrum und zur Residenz der Könige von Navarra. Von der damaligen Blüte zeugt heute die reiche historische Bausubstanz.

Zu den spärlichen Zeugnissen romanischer Profanarchitektur zählt der **Palacio de los Reyes de Navarra** (12. Jh.) an der Plaza de San Martín. Von hier führen steile Treppen hinauf zum reich skulptierten *Portal* der Kirche **San Pedro del Rúa** (12. Jh.). Der nur noch in Teilen erhaltene *Kreuzgang* brilliert durch Formenreichtum und Ausdruckskraft seiner romanischen Kapitelle. Am linken Ufer des Río Ega steht die **Iglesia de San Miguel**, deren figurenreiches *Nordportal* eine Glanzleistung romanischer Steinmetzkunst darstellt.

In der Nähe von Estella liegt der **Monasterio de Irache** (Tel. 948 55 44 64, Mitte Jan.–Nov. Di 9.30–13.30, Mi–Fr 9.30–13.30, 17–19, Sa, So 8.30–13.30, 16–19 Uhr) am Fuße des Montejurra. In der Herberge des Benediktinerklosters aus dem 10./11. Jh. konnten einst die Pilger neue Kräfte sammeln. Im 17. Jh. war hier die erste Universität von Navarra untergebracht. Eine relativ junge Attraktion ist dagegen die *Fuente del Vino*, ein Brunnen, aus dem kostenloser Wein für die Pilger sprudelt.

16 Zaragoza

Virgen del Pilar, die Schutzheilige Spaniens, wacht über die Stadt.

Aragóns Hauptstadt ist heute mit rund 647 000 Einwohnern längst nicht mehr nur der Mittelpunkt der umliegenden Agrarregion, sondern auch eine prosperierende Handels-, Industrie- und Universitätsstadt, die 2008 große Bühne für die Weltausstellung EXPO ist.

Da im Spanischen Befreiungskrieg 1808/09 viel historische Bausubstanz der Königsresidenz verloren ging, prägen heute moderne Straßenzüge das Gesicht

Aragón

Aragóns Aufstieg setzte im 12. Jh. nach der endgültigen Vertreibung der Mauren ein. Geschickte Heiratspolitik vereinte das Königreich von Aragón mit Katalonien. Dieses Doppelreich dehnte sich weit bis ins Mittelmeer aus, zeitweilig gehörten neben den Balearen auch Sizilien und Neapel dazu. Die Heirat von Ferdinand von Aragón mit Isabella von Kastilien 1469 legte schließlich den Grundstein für das gesamtspanische Königreich.

Heute ist Aragón eine recht dünn besiedelte Region mit **Zaragoza** als einzigem Ballungszentrum. Der vielerorts aufkeimende ländliche Tourismus gibt den von Abwanderung gezeichneten Dörfern neue Hoffnung. Äußerst facettenreich präsentieren sich Aragóns **Landschaften**: Im Norden türmt sich das grandiose Hochgebirge der Pyrenäen, dessen Herzstück der Nationalpark **Ordesa y Monte Perdido** bildet. Große Teile Aragóns nimmt das riesige, eintönig wirkende Ebro-Becken ein. Der Süden um die turmreiche Mudéjar-Stadt **Teruel** wiederum wird von Hügellandschaft mit ausgedehnten Wäldern geprägt.

von Zaragoza. Dennoch kann die Altstadt am Südufer des Ebro mit einigen Sehenswürdigkeiten aufwarten.

Sofort ins Auge fallen die vier minarettartigen Ecktürme und die reizvollen Azulejo-Kuppeln der **Basílica de Nuestra Señora del Pilar** (tgl. 6–20 Uhr) – eine imposante Silhouette am Ebro-Ufer. In der über mehreren Vorgängerbauten errichteten Kirche (17.–19. Jh.) wird die Schutzpatronin Spaniens, die Jungfrau von Pilar, verehrt. Sie soll an dieser Stelle im Jahr 40 n. Chr. dem hl. Santiago auf einer Säule (span. pilar) erschienen sein. Die Gläubigen suchen als Erstes die prächtig ausgemalte *Capilla de Nuestra Señora del Pilar* auf, um den Fuß der besagten Säule zu küssen. Im klassizistisch geprägten Kircheninneren beeindrucken ferner der *Hauptaltar* aus farbigem Alabaster (1515) und die *Kuppelgemälde*, einige sind Werke Francisco de Goyas. An die Basilika schließen sich das *Rathaus* und die elegante **Lonja** (Börse, 16. Jh.) an, die heute für Kunstausstellungen genutzt wird. Schräg gegenüber vereint die

Markante Turm-Kuppel-Silhouette am Río Ebro – Zaragozas Basílika del Pilar

ab 1119 über einer Moschee errichtete Kathedrale **La Seo** (Di–Fr 10–14, 16–19, Sa/So 10–12, 16–19, im Winter bis 18 Uhr) Architekturelemente von Mudéjarstil, Gotik und Renaissance. Hervorragend ist der *Alabaster-Hochaltar* (15. Jh.) im Inneren, beachtlich sind die wertvollen Teppiche aus Gotik und Renaissance im angeschlossenen *Museo de Tapices y Capitular*.

Gegenüber der Kathedrale kann man im **Museo del Foro de Caesaraugusta** (Di–Sa 10–14, 17–20, So 10–14 Uhr) einen Ausflug in die römische Vergangenheit Zaragozas unternehmen. Neben archäologischen Funden bietet das Museum eine interessante audiovisuelle Show über das Leben in der Stadt vor 2000 Jahren.

Westlich des Zentrums liegt die sehenswerte **Aljafería** (Tel. 976 28 96 83, April–Mitte Okt. Sa–Mi 10–14, 16.30–20, Fr 16.30–20, Mitte Okt.–März Mo–Mi, Sa 10–14, 16–18.30, Fr 16–18.30, So, Fei 10–14 Uhr), die einstige Palastburg der muslimischen Statthalter von Zaragoza. Der Bau geht auf das 11. Jh. zurück. Nach der Reconquista 1118 diente er als Benediktinerkloster, später als Königsresidenz und Inquisitionsgericht, damit einher gingen auch etliche bauliche Veränderungen. Eine Vorstellung von der alten Pracht vermitteln heute noch die kleine *Palastmoschee*, der *Thronsaal* mit prachtvoller Kassettendecke und der *Arkadenhof* mit seinen filigran verschlungenen Fächerbögen.

Eng verbunden ist Zaragoza auch mit **Francisco de Goya** (1746–1828), der hier seine ersten Lehrjahre absolvierte. Einige seiner Werke werden im **Museo de Bellas Artes** (Plaza de los Sitios, Di–Sa 9–14, 17–20, So 10–14 Uhr) ausgestellt. Sein Geburtshaus **Casa Natal de Goya** und das angeschlossene **Museo del Grabado** (Tel. 976 14 38 30, Di–So 11–14, 16–19 Uhr) mit einer reichen Sammlung aus seinem grafischen Werk finden sich 30 km südlich der Stadt in **Fuendetodos**. Im 12 km nördlich gelegenen Kartäuserkloster **Cartuja de Aula Dei**s (Besichtigung jeden letzten Sa im Monat, nur nach Anmeldung: Tel. 976 71 55 83) des 16. Jh. wiederum begeistern seine restaurierten *Fresken* mit Szenen aus dem Leben Jesu und Maria.

i Praktische Hinweise

Information

Oficina de Turismo, Torréon de la Zuda, Glorieta de Pio XII, s/n, Zaragoza, Tel. 902 201 212, www.turismozaragoza.com

Hotel

***NH Hotel Orús**, Escoriaza y Fabro, 45, Zaragoza, Tel. 976 53 66 00, Fax 976 53 61 63, Zaragoza, www.nh-hotels.com. Zentral gelegenes Hotel mit 36 komfortabel ausgestatteten Zimmern.

Restaurants

La Rinconada de Lorenzo, c/ La Salle, 3, Zaragoza, Tel. 976 55 51 08. Köstliche aragonesische Küche, besonders zu empfehlen sind die Lammgerichte.

Montal, Torre Nueva, 29, Zaragoza, Tel. 976 29 89 98. Stilvolles Lokal mit guter Küche in einem zentral gelegenen Renaissancepalast (So geschl.).

17 Jaca

Wichtige Etappe auf dem Pilgerweg, Quartier für Wanderer, Bergsteiger und Skifahrer.

Für die Jakobspilger des Mittelalters, die die Pyrenäen über den **Somport-Pass** (1632 m) querten, war Jaca – die erste Hauptstadt des aragonesischen Königreiches – eine wichtige Anlaufstation. Die bedeutendste Sehenswürdigkeit der angenehmen Kleinstadt auf einem Hügel über dem Río Aragón ist die im 11. Jh. erbaute **Catedral** (tgl. 9–13.30, 17–20 Uhr), eine der ersten romanischen Kirchen Spaniens. Die reiche *Bauplastik* wirkte stilbildend für andere Gotteshäuser des Jakobsweges. Das angeschlossene *Museo Diocesano* zeigt eine beachtliche Sammlung romanischer Fresken, Plastiken und Kruzifixe.

Kloster San Juan de la Peña – romanischer Kreuzgang unter überhängendem Fels

Ausflug

Nach 11 km in westlicher Richtung auf der N-240 erreicht man den kleinen Ausflugsort *Sta. Cruz de la Serós*. Von hier führt eine kurvenreiche Bergstraße zum Kloster **San Juan de la Peña** (tgl. 10–13.30, 16–19 Uhr), das durch seine Lage unter einer überhängenden Felswand (span. Peña) besticht. Die Gründung der Benediktinerabtei geht auf das 9. Jh. zurück. Glanzpunkte sind die kleine, in den Fels gebaute mozarabische *Unterkirche* und der *Kreuzgang* (12. Jh.), auf dessen ausdrucksstarken Kapitellen sich Bibelszenen wie in einem steinernen Buch nachlesen lassen.

i Praktische Hinweise

Hotel

Conde Aznar, Pl. de la Constitución, 3, Jaca, www.condeaznar.com, Tel. 974 36 10 50, Fax 974 36 07 97. Familiäres, kleines Hotel mit gutem Restaurant.

18 Parque Nacional de Ordesa y Monte Perdido

Ein Dorado für Wanderer und Naturliebhaber mitten in den Pyrenäen.

Der 1918 im Herzen der Pyrenäen gegründete Nationalpark fasziniert mit schroffen Berggipfeln und von Gletschern geformten Tälern. Im Norden grenzt er unmittelbar an den französischen Pyrenäen-Nationalpark. Bergkönig ist mit 3355 m der **Monte Perdido**. Südlich des majestätischen Massivs kann man in den vier Tälern *Valle de Ordesa*, *Cañón de Añisclo*, *Garganta de Escuain* und *Valle de Pineta* eindrucksvolle Cañons mit Bergseen, Wasserfällen und idyllische Almen mit Enzianen entdecken. Das Gebiet eignet sich für Wanderungen aller Schwierigkeitsgrade. Eine der beliebtesten Touren (5–6 Std.) führt im Ordesa-Tal entlang des Río Arazas zur **Cola de Caballo**, einem Wasserfall im imposanten Talkessel Circo de Soaso.

i Praktische Hinweise

Information

Centro de Visitantes, Parque Nacional de Ordesa y Monte Perdido, 9 km nördlich von Torla an der Straße zum Valle de Ordesa, Tel./Fax 974 48 64 72, www.mma.es

Mudéjarstil in Teruel – textilartig ist das Muster des Turms von San Salvador (14. Jh.)

19 Teruel

Schatzkammer der Mudéjarkunst.

Teruel (32 000 Einw.), die Hauptstadt der Provinz gleichen Namens, bewahrt Juwelen des Mudéjarstils, die seit 1986 zum UNESCO Weltkulturerbe zählen. Die Stadt war zwar Ende des 12. Jh. bereits wieder in christlicher Hand, doch viele Mauren blieben hier weiterhin ansässig. Die Christen schätzten die hoch entwickelte maurische Baukunst und engagierten immer wieder islamische Architekten für ihre Projekte. So entwickelte sich in Teruel – wie auch andernorts – der **Mudéjarstil**, ein Zusammenspiel islamischer und christlicher Architektur- und Dekorationsformen, geprägt von textilartigen Mustern mit Rauten, Sternen, Rhomben. Paradebeispiele für diesen Stil sind die rostbraunen Backsteintürme der **Catedral Santa María** (13. Jh.; mit herrlicher *Artesonado-Decke* im Inneren, Mo–Sa 11–14, 16–19, So 16–19 Uhr) sowie der Kirchen **San Martín** (14. Jh.; nicht zugängl.) und **San Salvador** (14. Jh.; tgl. 9.30–10.30, 11.30–12.30, 18.30–20.30 Uhr), die alle mit ihrer filigranen Zier, den glasierten Ziegeln und ihren im Sonnenlicht funkelnden, bunten Azulejos begeistern. In **San Pedro** (tgl. 10–14, 16–20 Uhr) – ebenfalls mit mudéjarem Turm – rührt am *Mausoleo de los Amantes de Teruel* das tragische Schicksal eines jener Liebespaare, die zu Lebzeiten nicht zusammen kommen konnten.

Von Teruel lohnt sich ein Ausflug ins 30 km westlich gelegene Städtchen **Albarracín**, das sich gleichfalls als mittelalterliches Kleinod offenbart.

Mächtige Mauern und schluchtenenge Gassen im mittelalterlichen Albarracín

43

Katalonien – Badefreuden und Kulturgenuss im Überfluss

Für Sonnenhungrige ist Katalonien, die Region im Nordosten Spaniens, seit langem ein heiß geliebtes Reiseziel. Wartet doch die **Costa Brava**, die ›wilde Nordküste‹, mit herrlichen Felsbuchten auf, während die **Costa Daurada** im Süden mit langen, feinsandigen Stränden brilliert. Viel besucht wird auch **Barcelona**, die attraktive katalanische Hauptstadt, dagegen ist das gebirgige Landesinnere touristisch noch wenig erschlossen. Die Highlights der Region werden ausführlich in eigenen **ADAC Reiseführern** vorgestellt: die sonnenverwöhnten Küsten im Band **›Costa Brava und Costa Daurada‹** und die Metropole der Kreativen im Band **›Barcelona‹**.

Im wirtschaftlich boomenden Katalonien wird immer wieder mit Stolz auf die eigene **Geschichte** und Sprache verwiesen. Zugleich besteht eine traditionelle Rivalität zu *Kastilien*. Heute wird sie Mann gegen Mann ausgetragen – gottlob aber nur auf dem Fußballfeld, wenn die beiden großen Kontrahenten F. C. Barça und Real Madrid sich gegenüberstehen. Die Wurzeln dieser ›Animositäten‹ liegen natürlich in der Geschichte begründet. Während im Mittelalter noch weite Teile Spaniens unter maurischer Vorherrschaft waren, hatte Katalonien sich als eine der führenden **Handelsmächte** des Mittelmeerraumes etabliert. Die Vereinigung der Königreiche von Kastilien und Aragón im Jahr 1469 aber leitete den Niedergang des starken unabhängigen Katalonien ein.

Auch kulturell nimmt die Region eine Sonderstellung ein. Hier wurde der spanische Jugendstil, **Modernisme**, ›geboren‹, hier kamen die gefeierten Künstler Salvador Dalí und Joan Miró zur Welt. Leidvolle Erinnerungen verbinden sich für die Katalanen mit der Zeit der Franco-Herrschaft (1939–75), denn das zentralistisch ausgerichtete Regime versuchte die **katalanische Kultur** im Keim zu ersticken. So wurde den Katalanen sogar untersagt ihre eigene Sprache, das **Català**, zu sprechen. Das lange Ringen Kataloniens um die Wiedergewinnung seiner Eigenständigkeit erklärt auch die Vehemenz, mit der noch heute häufig postuliert wird: **Catalunya no es España** (Katalonien ist nicht Spanien).

20 Barcelona

hintere Umschlagklappe

TOP TIPP

Kataloniens dynamische Metropole am Mittelmeer – Spaniens Tor zu Europa.

Die weltoffene, elegante Hafenstadt am Mittelmeer setzt in Sachen Kultur, Design und Mode immer wieder neue Akzente.

◁ **Oben:** *Privilegierte Lage im schönsten Teil der Costa Brava – Tossa de Mar*
Unten: *Juwel modernistischer Architektur – Detail der Casa Batlló in Barcelona*

Am augenfälligsten manifestiert sich Barcelonas Offenheit für neue Strömungen in der **Architektur**. Ende des 19. Jh. wurden die alten Stadtmauern eingerissen und das Konzept von Ildefons Cerdà für die **Eixample** (Stadterweiterung) in die Tat umgesetzt. In jener Zeit bahnte sich der Modernisme seinen Weg, getragen von so eigenwilligen Künstlern wie dem Architekten **Antoni Gaudí**. Die Initialzündung für das jüngste Facelifting der ›alternden Diva‹, die lange Jahre der See ihren Rücken zugewendet hatte, gaben die **Olympischen Spiele 1992**. Die Stadt öffnete sich damals wieder zum Meer hin, wo einst verrottete Industrieanlagen standen, kann man heute über Flanier- und Vergnügungsmeilen schlendern. Und auch die Altstadt wurde auf Vordermann gebracht. So ist die Metropole mit ihren bedeutenden Sehenswürdigkeiten, hervorragenden Restaurants und dem aufregenden Nachtleben ein ideales Ziel für eine Städtereise (ausführlich informiert der *ADAC Reiseführer ›Barcelona‹*).

Geschichte Bereits vor über 2000 Jahren siedelten die **Iberer** auf dem Hausberg Montjuïc. Im 3. Jh. v. Chr. gründete der Karthager Hamilkar das antike **Barcino**, das mit der Niederlage im 2. Punischen Krieg (218–201 v. Chr.) an die Römer fiel. Die einstige römische Kolonie lag auf dem 15 m hohen **Mons Taber**, auf dem sich heute die Kathedrale erhebt. Im Zuge der Völkerwanderung eroberten die **Westgoten** Barcelona (415 n. Chr.) und machten die Stadt für über ein Jahrhundert zum Hauptsitz ihres Reiches. Im 8. Jh. hatten auch in Barcelona die **Mauren** das Sagen, lange konnten sie sich jedoch nicht halten. Bereits 801 nahm der spätere Kaiser Ludwig der Fromme die Stadt wieder für die Christen ein und erkor sie zur Hauptstadt der Spanischen Mark des Frankenreiches, aus der sich die unabhängige **Grafschaft Barcelona** (ab 988) entwickelte – die Keimzelle Kataloniens. Die Vereinigung mit dem **Königreich von Aragón** 1137 schuf die Voraussetzung für den raschen Aufstieg Barcelonas zu einer der wichtigsten **Handelsstädte** des Mittelmeers im 13. und 14. Jh. Doch im Doppelkönigreich Kastilien-Aragón geriet Barcelona ins politische und wirtschaftliche Abseits, vor allem als das Monopol für den Amerikahandel 1503 an Sevilla fiel. Fatal für die Stadt war auch der Verlauf des **Spanischen Erbfolgekrieges** (1701–14): An der Seite der Habsburger unterlagen die Katalanen, es triumphierten die Bourbonen, die vom Erzrivalen Kastilien unterstützt worden waren. Jahre schlimmster Repressionen folgten. Von der mehr als 200-jährigen Talfahrt konnte sich Barcelona erst wieder mit der Freigabe des Handelsmonopols im Jahr 1778 erholen. Im Zuge der **Industrialisierung** erlebte die Stadt dann einen rasanten ökonomischen Aufschwung, der das Selbstbewusstsein der Katalanen wieder erstarken ließ. Neuen Glanz verliehen der Stadt auch die **Weltausstellungen** von 1888 und 1929 sowie die Olympiade 1992. Internationale Aufmerksamkeit genießt das Projekt ›**Neue Plätze und Parks**‹, mit dem junge Architekten den verkehrsreichen Stadtraum prägnant umgestalten. Heute zählt die katalanische Metropole 1,7 Mio. Einwohner, im Großraum leben rund 4 Mio. Menschen.

Barri Gòtic und Barri La Ribera

Wenn Steine reden könnten, würden sie im Barri Gòtic und im Viertel La Ribera zweifellos von Barcelonas Blütezeit im Mittelalter erzählen. Das Herz des gotischen Viertels mit seinen verwinkelten Gassen ist die mächtige **Catedral** 1 (www.catedralbcn.org, Mo–Sa 13–17, So 14–17 Uhr) am Pla de la Seu. Von der Grundsteinlegung 1298 bis zu ihrer Weihe vergingen 200 Jahre, der dominante Kuppelturm und die Hauptfassade sind Schöpfungen des 19. Jh. Zu den schönsten Hallen Spaniens gehört der dreischiffige, majestätische Innenraum. Im Zentrum des Langhauses steht das *Chor-*

Gemeinsam Schritt für Schritt – die Sardana ist Symbol des katalanischen Nationalstolzes

Himmelstrebende Gotik - die feingliedrige Chorpartie der Kirche Santa María del Mar

gestühl (1399), das dem Domkapitel vorbehalten ist. Es wird bekrönt von filigran geschnitzten Türmchen, oberhalb der Rückenlehnen prangen Wappen der Ritter des Goldenen Vlieses. Feine Marmorreliefs (1517) an der Außenwand schildern das Martyrium der hl. Eulàlia, der Schutzpatronin Barcelonas. Ihre Gebeine ruhen in der *Krypta* unterhalb des Hauptaltars in einem prächtig skulptierten Alabastersarkophag (14. Jh.). Die große Attraktion im *Kreuzgang* mit seinem Brunnen sind die quicklebendigen Gänse, deren Vorfahren einst den Domschatz zu bewachen hatten.

Auf dem riesigen Vorplatz der Kathedrale treffen sich am Wochenende (Sa 18.30, So 12 Uhr) viele Barcelonesen, um gemeinsam die **Sardana** zu tanzen. Dieser Reigentanz steht für das Selbstbewusstsein und den Nationalstolz der Katalanen.

Durch das römische Stadttor führt die schluchtenartige Carrer Bisbe Irurita vorbei am *Palau Episcopal* (Bischofspalast) zur **Plaça de Sant Jaume** 2, dem antiken Forum des römischen Barcino. Nach wie vor ist der repräsentative Platz mit dem lang gestreckten *Palau de la Generalitat de Catalunya*, dem Sitz der Autonomen Regierung Kataloniens, und der *Casa de la Ciutat* (Rathaus) die Schaltstelle der Politik. In der nahen Carrer Paradis (Nr. 10), im Innenhof des **Centre Excursionista de Catalunya** 3, sind imposante Überreste des römischen *Augustustempels* (1.–2. Jh.) erhalten. Die Apsis der Kathedrale passierend, gelangt man zur mittelalterlichen Plaça del Rei, einem der stimmungsvollsten Plätze der Stadt. Im wuchtigen **Palau Reial Major** 4 (April–Sept. Di–Sa 10–20, So 10–15, Okt.–März Di–Sa 10–14 und 16–19, So 10–15 Uhr) mit seinem markanten fünfstöckigen Wachturm – 1162 erbaut, später mehrfach umgestaltet – residierten einst die Grafen von Barcelona und die Könige von Aragón. Extrem weit gespannte Rundbögen überwölben den *Saló de Tinell*, den Fest- und Thronsaal von 1370. Hier wurde Christoph Kolumbus 1493 nach seiner ersten Amerikareise von den Katholischen Königen empfangen. Zum Palast gehört ferner die königliche Kapelle *Santa Àgata* (13./14. Jh) mit ihrem prächtigen Dreikönigsaltar. Im benachbarten gotischen Palais ist das **Museu d'Història de la Ciutat** 5 (Öffnungszeiten wie Palau Reial Major) untergebracht, das Exponate zur Stadtgeschichte bis zum 19. Jh. ausbreitet. Im Untergeschoss wandelt man auf transparenten Böden über freigelegte Gebäudefundamente des römischen Barcino.

Jenseits der viel befahrenen Via Laietana liegt das volkstümliche **Barri La Ribera**, das sich inzwischen zu einem In-Viertel entwickelt hat. Im Mittelalter waren hier Händler, Handwerker und Hafenarbeiter zu Hause. Die Seele von La Ribera ist die Kirche **Santa María del Mar** 6 (Mo–Sa 9–13.30, 16.30–20, So 10–14 Uhr) aus dem 14. Jh., ein Meisterwerk der katalanischen Gotik, das außen durch seine architektonische Strenge, innen mit einem hohen, lichten Hallenraum beeindruckt. In der vornehmen **Carrer Montcada** 7 stehen die schönsten gotischen Adelspaläste, die heute vor allem Museen und Kunstgalerien beherbergen. Unbestrittene Nummer Eins unter ihnen ist das **Museu Picasso** 8 (www.museopicasso.bcn.es, Di–So 10–20 Uhr), das in einem prächtigen mittelalterlichen Gebäude vornehmlich das Frühwerk des Meisters präsentiert. Glanzpunkte sind der ›*Arlequi*‹ (1917), die Variationen zu Velázquez' ›*Las Meniñas*‹ und die grafische Serie der Stierkämpfe, die ›*Tauromaquia*‹ von 1957.

Absolut lohnend ist ein Abstecher westwärts in die Carrer de Sant Pere Mès Alt, eine Seitenstraße der Via Laietana. Hier trifft man auf das originelle, im Stil des Modernisme von Domènech i Montaner 1905–08 erbaute Konzerthaus **Palau de la Música** 9 (www.palaumusica.org, Führungen tgl. 10–15.30, Aug. bis 18 Uhr alle 30 Min.), das 1997 in die Liste des UNESCO-Weltkulturerbes aufgenommen wurde. Schon das Äußere glänzt durch üppig buntes Dekorwerk, die Innenausstattung jedoch ist wahrhaft überwältigend. Vor allem beeindruckt der Große Saal, über dem eine riesige Glaskuppel im Tiffanystil schwebt.

Dekor im Stil des Modernisme – geblümte Kachelsäulen am Palau de la Música, 1908

Entlang der Rambles zum Hafen

Flaniermeile par excellence sind die **Rambles** 10, ein mehr als 1 km langer Straßenzug zwischen Plaça de Catalunya und Hafen. Mitunter verwandelt sich die von Platanen gesäumte Promenade in ein Freilufttheater, wenn Pantomime-Künstler, Jongleure und Musikanten die Passanten unterhalten. In aller Ruhe lässt sich das bunte Treiben von einem der zahlreichen Straßencafés aus genießen. Doch Vorsicht ist geboten, auch für Taschendiebe sind die Rambles bevorzugtes Revier.

Die Promenade gliedert sich in fünf unterschiedliche Abschnitte – *Rambla de Canaletes* mit ihren Brunnen, *Rambla dels Estudis* mit dem Vogelmarkt, *Rambla de Sant Josep* mit Blumenpracht und Gourmetmarkt, *Rambla dels Caputxins* mit dem Gran Teatre del Liceu und die am Hafen endende *Rambla de Santa Mónica*. Ausgangspunkt für einen Spaziergang ist die großzügig angelegte Plaça de Catalunya, die Nahtstelle zwischen den Rambles und dem Stadtteil Eixample [s. S. 46]. Westlich des Boulevards zieht Barcelonas jüngster Museumstempel **Museu d'Art Contemporani** 11 (Plaça dels Angels, 1, www.macba.es, Juli–Sept. Mo, Mi–Fr 11–20, Do 11–24, Sa 10–20, So 10–15 Uhr, Okt.–Juni Mo–Fr 11–19.30, Sa 10–20, So 10–15 Uhr) Besucher in Scharen an. Der Amerikaner Richard Meier schuf hier 1995 der Kunst des 20. und 21. Jh. (u. a. Lichtenstein, Tàpies, Rauschenberg) ein lichtes avantgardistisches Zuhause. Ein abwechslungsreiches Programm mit interessanten Ausstellungen bietet auch das angrenzende **Centre de Cultura Contemporània de Barcelona** (www.cccb.org, Di, Mi, Fr–So 11–20, Do 11–22 Uhr). Verführerisch und opulent zugleich ist das Angebot des **Mercat de la Boquería** 12, Barcelonas größte Markthalle an der Rambla de Sant Josep. Unter einer Gusseisenkonstruktion aus dem Jahr 1836 bieten über 800 Stände alles, was das Herz eines Gourmets begehrt. Ein paar Meter weiter schmückt ein buntes *Pflastermosaik* von Joan Miró die Promenade. Östlich davon

Beliebter Treffpunkt am Rande der Rambles – Barcelonas palmenbestandene Plaça Reial

liegt die lauschige **Plaça del Pi** 13, wo sich im Umfeld der *Kirche Santa María del Pi* (14. Jh.) nette Bars und Cafés zum Verweilen anbieten. Zurück auf den Rambles erhebt sich rechter Hand das **Gran Teatre del Liceu** 14, eines der großen Opernhäuser Europas. Nach verheerendem Brand im Jahr 1994 präsentiert sich heute der Musentempel wieder in neuem Glanz, ausstaffiert mit modernster Bühnentechnik. Mediterrane Eleganz versprüht die palmenbestandene **Plaça Reial** 15, unter ihren rundum verlaufenden Arkaden finden sich zahlreiche Cafés und Restaurants, die attraktiven *Straßenlaternen* schuf Antoni Gaudí. Auf der anderen Seite des Boulevards, in der Carrer Nou de la Rambla, 3, errichtete Barcelonas berühmtester Architekt 1885–89 für seinen Mäzen Graf Eusebi Güell den **Palau Güell** 16 (bis Jan. 2009 wegen Restaurierung geschl.). Die originale *Einrichtung* wie auch die ausgefallene *Dachterrasse* des Stadtpalais zeugen mit ihren fantasievollen vegetabilen Formen vom künstlerischen Genie Gaudís. Hier in Hafennähe beginnt das berüchtigte *Barrí Xinès*, das Rotlichtviertel der Stadt. Am Ende der Rambles fällt der Blick auf die Kolumbussäule **Monument a Colom** 17, das 60 m hohe Wahrzeichen der Stadt. Seinen Rücken wendet Kolumbus der mittelalterlichen Werft **Reials Drassanes** 18 zu. In deren altehrwürdigen gotischen Hallen ist heute das eindrucksvolle **Museu Marítim** (www.museumaritimbarcelona.org, tgl. 10–20 Uhr) mit seinen Schätzen zur Geschichte der Seefahrt untergebracht.

Schräg gegenüber öffnet sich die Hafenanlage, die anlässlich der Olympiade 1992 komplett umgestaltet wurde. So verwandelte sich die **Moll de la Fusta** 19, der einstige Umschlagplatz für Holz, in eine ansprechende Palmenpromenade, geblieben sind die *Golondrines*, kleine Barkassen, die zur Hafenrundfahrt einladen. Eine moderne Fußgängerbrücke führt zur **Moll d'Espanya** 20, auf der das Einkaufs- und Erlebniszentrum *Maremágnum* mit Boutiquen, Restaurants und IMAX-Kino liegt. Besuchermagnet ist das **Aquàrium** (www.aquariumbcn.com, Juli, Aug. tgl. 9.30–23, Juni, Sept. tgl. 9.30–21.30, Okt.–Mai Mo–Fr 9.30–21, Sa, So 9.30–21.30 Uhr), ein 86 m langer Glastunnel, der das ›Eintauchen‹ in die spektakuläre Unterwasserlandschaft mit mehr als 8000 Meerestieren ermöglicht. Gegenüber, wo einst Industrieanlagen und Lagerhallen den Blick aufs Meer versperrten, ist an der **Moll de la Barceloneta** 21 eine elegante Promenade mit schicken Cafés und Restaurants entstanden. Die neue Attraktivität des alten Hafens kommt auch den zahlreichen kleinen Fischlokalen im früheren Hafenarbeiterviertel **Barceloneta** zugute. Entlang dem Stadtstrand, der *Platja de la Barceloneta*, gelangt man zum Olympischen Dorf **No-**

Blickfang am Port Olímpic – Frank O. Gehrys Wal-Skulptur aus Kupferdraht

va Icària 22 und zum **Port Olímpic**, einem noblen Viertel mit viel Schick, das sich zum Szenerevier Barcelonas gemausert hat. Nachtschwärmer ziehen hier durch die aufregenden Bars und Diskotheken. Shoppingwütige hingegen finden in dem nordöstlich angrenzenden neu erschlossenen Gebiet **Diagonal de Mar** ihr Dorado: das größte Centro Comercial Spaniens, umgeben von Parkanlagen und Bürotürmen. In unmittelbarer Nachbarschaft erstreckt sich auf 25 ha das im Zuge des UNESCO Welt-Kultur-Forums entstandene Viertel **Fòrum 2004** mit seinen modernen Kongressbauten.

Spazieren unter Gaudís skurrilen Jugendstilfantasien – Dachterrasse der Casa Milà

Eixample – dem Modernisme auf der Spur

Ein Blick auf den Stadtplan genügt – Eixample, die Stadterweiterung des 19. Jh., hebt sich mit seinem schachbrettartigen Raster großer, quadratischer Wohnblocks klar vom Gassengewirr der Altstadt ab. In der Neustadt ließen sich ab 1880 vor allem die wohlhabenden Bürger nieder, sie kehrten der Altstadt wegen der äußerst beengten Wohnverhältnisse den Rücken. Für ihre neuen Domizile beauftragten sie vielfach Architekten des Modernisme, des katalanischen Jugendstils. Die berühmtesten unter ihnen waren Antoni Gaudí (1852–1926), Lluís Domènech i Montaner (1850–1923) und Josep Puig i Cadafalch (1867–1957).

Die Top-Adresse, den eleganten Prachtboulevard **Passeig de Gràcia** 23, zieren prächtige Palais, verspielte Jugendstillaternen und ein kunstvolles, von Antoni Gaudí entworfenes Mosaikpflaster. Die schickste Einkaufsmeile der Stadt bietet nicht nur Designermode, sondern auch ein originelles Häuserensemble, bekannt als *Mançana de la Discòrdia* (Block der Zwietracht), eine Anspielung auf die unbekümmerte Stilmixtur der drei Palais. Das erste Haus, die **Casa Lleó Morera** (Nr. 35), schmückte Lluis Domènech i Montaner mit Elfen in flatternden Gewändern und Abbildungen der technischen Errungenschaften seiner Zeit wie Glühbirne oder Grammophon. Das Innere offenbart sich als heiter-duftiges Ambiente voller blumiger Ornamente und schwungvoller Jugendstilformen. Die **Casa Amatller** (Nr. 41), von Josep Puig i Cadafalch entworfen, mit ihrem flämisch inspirierten Stufengiebel wirkt auf den ersten Blick konventionell neogotisch, doch der bunte Fliesenschmuck belegt, dass es sich hier um eine weitere Spielart des Modernisme handelt. Ein wahres Kleinod ist schließlich die fantastische **Casa Batlló** (Nr. 43), deren mit Kachelziegeln ›geschupptes‹, steil gekrümmtes Dach dem Rücken eines Drachen nachempfunden ist. Mit dem Ungeheuer erinnert Antoni Gaudí an den Schutzpatron Kataloniens, den Drachentöter Sant Jordi (hl. Georg). Pas-

Ewig unvollendet? – Antoni Gaudís Sagrada Família ist Barcelonas Wahrzeichen

send zum Thema zieren die Fassade knochenartige Erker und Reptilienaugen-Fenster sowie ein Mosaik aus Keramikbruchstücken. Weiter nördlich steht die von Gaudí 1905–10 errichtete, nicht weniger unkonventionelle **Casa Milà** (Nr. 92; www.lapedrera.org, tgl. 9–20 Uhr). Die Dekoration tritt hier hinter den eigenwilligen Konstruktionsprinzipien zurück. Auf tragende Wände wurde verzichtet, das Gewicht lastet stattdessen auf Steinsäulen und Stahlträgern. Die wellenförmige Fassade erinnert an ausgewaschene Felsformationen, weshalb der Volksmund das Mietshaus *La Pedrera* (Steinbruch) nennt. Maßstäbe setzte Gaudí schon damals hinsichtlich des Wohnkomforts: verstellbare Wände, ein ausgefeiltes Be- und Entlüftungssystem, Tiefgaragen und sogar Müllschlucker wurden in die Planung miteinbezogen. Mittlerweile kann neben der bizarren *Dachlandschaft* und dem Museum *Espai Gaudí* im Dachgeschoss auch eine Wohnung besichtigt werden.

Hauptanziehungspunkt und Wahrzeichen Barcelonas ist die Kirche **La Sagrada Família** 24 (www.sagradafamilia.org, April–Sept. tgl. 9–20, Okt.–März 9–19 Uhr) in der Carrer Mallorca. Eine ›Predigt aus Stein‹ nannte Gaudí sein spektakuläres

Höhepunkt romanischer Kunst – ›Christus Pantokrator‹ im Museu Nacional d'Art de Catalunya

Werk, an dem er die letzten zwölf Jahre seines Lebens arbeitete. Die drei der Geburt und der Passion Christi sowie dem Jüngsten Gericht gewidmeten Fassaden mit je vier, die zwölf Apostel symbolisierenden Türmen sollen einmal überragt werden von einem 170 m hohen Christusturm. Tatsächlich wird noch immer an der Fertigstellung des Mammutprojekts gearbeitet, das nach wie vor nur aus Spenden finanziert wird. Als Gaudí 1926 starb, standen die *Apsis*, die *Krypta*, in der er begraben liegt, und der größte Teil der Ostfassade. Die Natur war für Gaudí oberste Leitlinie dieses Kirchenbaus, dem eine komplexe religiöse Symbolik zu Grunde liegt. Wie Bäume verzweigen sich die abenteuerlich schräg gestellten Stützen, die künftig das Dach des Gotteshauses tragen sollen. Auch bei der farbenfrohen *Ostfassade* – sie hat die Geburt Christi zum Thema – scheinen die Grenzen zwischen Architektur und Plastik zu verschwimmen. Die Front wirkt, als sei sie aus flüssigen Substanzen geschaffen.

Ein neues architektonisches Highlight ist der **Torre Agbar** 25, der ›phallische‹ Büroturm der Wassergesellschaft von Barcelona. Das 2005 eingeweihte 142 m hohe Gebäude auf der Plaça de les Glòries Catalanes kreierte der französische Stararchitekt Jean Nouvel.

Montjuïc – der olympische Berg

Der südlich des Hafens 213 m hoch aufsteigende Montjuïc ist ein beliebtes Naherholungsgebiet mit *Fernsicht* über die Millionenstadt und das Meer, bevorzugt vom **Castell de Montjuïc** 26 (17. Jh.; April–Okt. Di–So 9.30–20 Uhr, März, Nov. Di–So 9.30–18.30, Sa, So 9.30–20, Dez. Di–Fr 9.30–17, Sa, So 9.30–20, Jan., Febr. Di–Fr 9.30–17, Sa, So 9.30–19 Uhr) aus, das heute das *Museu Militar* beherbergt. Aber auch die olympischen Sportstätten und die weltberühmten Museen locken zahlreiche Besucher auf den Hausberg Barcelonas.

Zu seinen Füßen liegt gleichsam als Entrée die **Plaça d' Espanya** 27 mit ihren venezianisch inspirierten *Backsteintürmen*, die das Tor zur Weltausstellung von 1929 bildeten. Aufsehen erregend und viel bestaunt sind die Wasserspiele der *Font Mágica*. Dahinter führt eine breite Freitreppe hinauf zum monumentalen *Palau Nacional*, dem spanischen Pavillon der Weltausstellung, in dem heute (TOP TIPP) das **Museu Nacional d'Art de Catalunya** 28 (Di–Sa 10–19, So 10–14.30 Uhr) als Hauptattraktionen die einzigartige Sammlung *romanischer Fresken* aus Kirchen der Pyrenäen sowie *gotische Tafelmalerei* zeigt. Unweit davon steht der **Pavelló Mies van der Rohe** 29 (originalgetreuer Nachbau; tgl. 10–20 Uhr) als deutscher Beitrag der Weltausstellung. Damals heftig umstritten, wird der klarlinige, fast schwerelose Bau aus Marmor, Glas und Edelhölzern heute als Paradebeispiel der Bauhausarchitektur gepriesen. Weiter westlich kann man im 1929 entstandenen Freizeitpark **Poble Espanyol** 30 (Mo 9–20, Di–Do 9–2, Fr 9–4, Sa 9–5, So 9–24 Uhr) einen Kurztrip durch ganz Spanien unternehmen. Zwischen die verkleinerten Nachbauten berühmter spanischer Gebäude sind Restaurants, schicke Bars und Geschäfte mit Kunsthandwerk eingestreut. Musik- und Tanzveranstaltungen runden das Angebot ab. Magischer Anziehungspunkt für Liebhaber moderner Kunst wiederum ist die **Fundació Joan Miró** 31 (www.bcn.fjmiro.es, Juli–Sept. Di, Mi, Fr, Sa 10–20, Do 10–21.30, So 10–14.30 Uhr, Okt.–Juni Di, Mi, Fr, Sa 10–19, Do 10–21.30, So 10–14.30 Uhr). Die knallbunten Kreationen des Katalanen Miró (1893–1983) werden in dem lichtdurchfluteten Museumsbau von Josep Lluís Sert, einem Schüler Le Corbusiers, hervorragend in Szene gesetzt.

Ins Rampenlicht rückte der Montjuïc 1992, als in Barcelona die Olympiade ausgetragen wurde. Die Eröffnungsfeierlichkeiten wurden im funktionell erneuerten **Estadi Olímpic** 32 abgehalten. Davor erhebt sich elegant geschwungen und einer Grammophonnadel gleich der vom spanischen Stararchitekten Santiago Calatrava gestaltete Fernsehturm **Torre de Calatrava** 33. Die Olympiahalle **Palau Sant Jordi** 34 mit ihrem eigenwilligen Schildkrötendach schuf der Japaner Arata Isozaki.

Interessantes am Stadtrand

Eine bunte Traumwelt erwartet den Besucher im **Parc Güell** 35 (Okt.–März tgl. 10–19 Uhr, April–Sept. tgl. 10–20 Uhr) am Carrer Olot. Im Auftrag von Eusebi Güell konzipierte Antoni Gaudí im Jahr 1900 die exzentrische Gartenstadt am Nordrand von Barcelona. Doch dieses ehrgeizige Projekt blieb in den Kinderschuhen stecken, da sich für die ursprünglich 60 geplanten Häuser keine Käufer fanden.

Zur offenen, von stark geneigten Säulen getragenen *Markthalle* führt eine geschwungene *Treppenanlage* mit fantasievollen Wasserspielen. Oben auf dem Dach windet sich die berühmte, mit farbigen Kachelbruchstücken bedeckte *Schlangenbank*. Neben dem Pförtner- und Verwaltungsgebäude wurde nur ein weiteres Haus fertig gestellt, das Gaudí damals selbst bezog. Es beherbergt heute die **Casa Museu Gaudí** (www.casamuseugaudi.org, April–Sept. tgl. 10–20 Uhr, Okt.–März 10–18 Uhr), in der außer dem Originalmobiliar und privaten Gegenständen auch Pläne und Skizzen des genialen Architekten zu sehen sind.

Nordwestlich vom Stadtzentrum wacht die Votivkirche *Sagrat Cor* (1962) auf dem 532 m hohen **Tibidabo** 36 über Barcelona. Die nostalgische *Tramvia Blau* und eine Standseilbahn versüßen den Aufstieg zu Barcelonas zweitem Hausberg. Neben den traumhaften Ausblicken auf die Stadt sorgt hier auch ein großer *Vergnügungspark* für Unterhaltung. Auf dem Abstieg bietet sich ein Ausflug in das auch für Kinder interessante Wissenschaftsmuseum **Cosmocaixa** (c/ Teodor Roviralta, 47–51, www.cosmocaixa.com, Di–So 10–20 Uhr) an. Interaktiv lassen sich hier wichtige Erkenntnisse der Menschheit erfahren. Entdeckungstouren führen durch einen Miniatur-Regenwald oder ins Planetarium zur Betrachtung des nächtlichen Himmelszelts. Nicht in die Sterne, wohl aber auf die Dächer der Stadt blickt man vom 1992 eingeweihten Funk- und Aussichtsturm *Torre de Collserola* (Mi–So 11–19 Uhr) des Architekten Norman Foster.

Für Kunstinteressierte lohnt sich der Weg zum 1326 erbauten Klarissinnenkloster **Monestir de Pedralbes** 37 (www.museuhistoria.bcn.cat, April–Sept. Di–Sa 10–17, So 10–15, Okt.–März Di–Sa 10–14, So 10–15 Uhr), einem Kleinod der katalanischen Gotik am Rande des luxuriösen Wohnviertels Pedralbes.

i Praktische Hinweise

Information

Turisme de Barcelona, Tel. 932 85 38 34, Fax 932 85 38 31. Büros u. a.: Plaça de Catalunya 17, Plaça de St. Jaume I, Estació Central Sants. Hier kann man u. a. die 2–5 Tage gültige **Barcelona Card** kaufen. Sie berechtigt zu freier Nutzung der öffentlichen Verkehrsmittel und bietet Rabatte, etwa beim Eintritt in Museen und Theater oder Preisnachlässe in Restaurants, Geschäften oder Parkhäusern.

Heiter ist die Welt Mirós – ›La Defense‹ (1975) in der Fundació Joan Miró

Officina de Información Turística de la Generalitat de Catalunya, Passeig de Gràcia 107, Tel. 932 38 80 91, Fax 932 38 40 10, www.catalunyaturisme.com

Flughafen

Barcelonas Flughafen **El Prat** (BNC, Tel. 902 40 47 04, www.aena.es) liegt 13 km südlich vom Stadtzentrum entfernt. Ins Zentrum fahren zahlreiche Taxen, empfehlenswert sind der preiswerte Flughafenzug R10 und der moderne, behindertengerechte Aerobus.

Öffentlicher Verkehr

5 Metrolinien verkehren Mo–Do 5–24, Fr/Sa 5–2, So 6–24 Uhr, **Busse** tgl. 4.30–22 Uhr, **Nachtbusse** ab Plaça de Catalunya tgl. 23–4 Uhr. Neben Einzelkarten, werden auch Zehner- und Tageskarten (T-Dia) für 1, 3 oder 5 Tage verkauft, die für Bus und Metro gültig sind.

Stadtbesichtigung

Mit den Hop on hop off-Bussen von **Barcelona Tourist Bus** (www.tmb.net) und **Julia Travel** (www.juliatravel.com) gelangt man auf verschiedenen Routen bequem zu den bedeutendsten Sehenswürdigkeiten. Tickets erhält man direkt im Bus oder in den Oficinas de Turisme. Zustiegsmöglichkeiten bestehen z. B. an der Plaça de Catalunya oder am Monument a Colom.

Einkaufen

Die schickste Einkaufsmeile ist der **Passeig de Gràcia**, wo exklusive Designerläden die neuesten Mode-Trends präsentieren. In der **Avenida Portal de l'Ángel** (führt geradewegs auf die Plaça de Catalunya zu) finden sich Schuhgeschäfte und die Trend-Shops mit junger Mode.

Nachtleben

Torres de Ávila, Av. del Marquès de Comillas, s/n (Poble Espanyol), Barcelona, Tel. 934 24 93 09. Angesagte Diskothek, das Interieur schufen die Stardesigner Javier Mariscal und Alfred Arribas, die Dachterrasse bietet eine grandiose Aussicht über Barcelona.

Mirablau, Pl. del Doctor Andreu, s/n (Tibidabo), Barcelona, Tel. 934 18 58 79. Schicker Tanztempel, leckere Cocktails und herrliche Panoramaterrasse.

Hotels

*******Arts Barcelona**, Marina, 19–21, Barcelona, Tel. 932 21 10 00, Fax 932 21 10 70, www.ritzcarlton.com. Modern durchgestylter Luxus-Hotelturm direkt am Port Olímpic. Reservieren Sie ein Zimmer in der oberen Etage.

TOP TIPP ******Rivoli Ramblas**, La Rambla, 128, Barcelona, Tel. 934 81 76 76, Fax 933 17 50 53, www.rivolihotels.com. Charmantes Hotel im Jugendstil-Design im Herzen Barcelonas.

Hotel Jardí, Pl. Sant Josep Oriol, 1, Barcelona, Tel. 933 01 59 00, Fax 933 42 57 33, www.hoteljardi-barcelona.com. Einfaches, aber sauberes Haus mitten in der Altstadt, unbedingt frühzeitig reservieren.

Restaurants

El Gran Café, Avingo, 9, Barcelona, Tel. 933 18 79 86. Hier wird katalanische Küche untermalt von Pianomusik serviert.

La Venta, Plaça Dr. Andreu, Barcelona, Tel. 932 12 64 5. Die Perle unter den Gartenrestaurants der Stadt. Man speist unter Palmen, auf halber Höhe des Tibidabo. Im Winter genießt man Kaminfeuer im Jugendstil-Interieur (So geschl.).

TOP TIPP **Set Portes**, Paseo de Isabel II, 14, Barcelona, Tel. 933 19 30 33. Gediegenes Traditionslokal, Paella gibt es hier in vielen Variationen.

Preisgünstige Tapas-Lokale finden sich im Barri La Ribera.

21 Montserrat

Kataloniens wichtigster Wallfahrtsort.

Eingebettet in eine bizarre Berglandschaft rund 60 km nordwestlich von Barcelona liegt das traditionsreiche **Monestir de Montserrat** (Okt.–Juni tgl. 8–18.30 Uhr, Juli–Sept. tgl. 7.30–20.30 Uhr, Auskunft und Konzertkartenreservierung Tel. 938 77 77 77, Fax 938 77 77 24, www.montserratvisita.com) auf einer Höhe von 725 m. Wer die reizvolle, aber kurvenreiche Zufahrt zum Benediktinerkloster scheut, kann die Schwebebahn **Aerí de Montserrat** bei der gleichnamigen Zugstation benutzen. Die eigentümlichen, von Wind und Wetter zernagten Felstürme brachten dem Gebirgszug den Namen ›zersägter Berg‹ (Mont serrat) ein. Die heutige Klosteranlage stammt aus dem 19. Jh., vom ursprünglichen Komplex blieben lediglich ein romanisches *Portal* (11. Jh.) und der gotische *Kreuzgang* (14. Jh.) erhalten. Alles andere fiel 1808 der Zerstörungswut der napoleonischen Truppen zum Opfer.

Heiligtum der Katalanen – Monestir de Montserrat in zerklüftetem Felsmassiv

Scharen von Pilgern aus ganz Spanien kommen zur Madonna von Montserrat, der **Schutzheiligen Kataloniens**. Geduldig reihen sie sich in die Schlange vor der rekonstruierten Klosterkirche ein, um der **Moreneta**, wie die vom Kerzenruß geschwärzte Madonna des 12. Jh. liebevoll genannt wird, nahe zu sein. Dicht besetzt sind die Kirchenbänke, wenn der berühmte Knabenchor der **Escolanía** seine Lobgesänge erklingen lässt (Mo–Fr 13, So 12 Uhr). Vom Kloster aus laden gut markierte Wege zu aussichtsreichen Spaziergängen in der herrlichen Bergwelt ein.

22 Sant Sadurní d'Anoia

Die Metropole des prickelnden Cava.

Das Städtchen inmitten der renommierten Weinbauregion **Penedes**, etwa 30 km westlich von Barcelona, ist das Zentrum der spanischen Cava-Produktion. Die meisten der über 100 **Sektkellereien** bieten Führungen an, die auch eine Kostprobe einschließen.

Das Mekka der Kenner ist die Firma **Can Codorníu**, die sich seit mehr als 120 Jahren der Cava-Herstellung verschrie-

Cava – Kataloniens temperamentvoller Schaumwein

Immer mehr tritt der Cava, das **Lieblingsgetränk** der Katalanen mit inzwischen weltweiter Anhängerschaft, aus dem langen Schatten des französischen Champagner hervor. Wie in der Champagne so hält man sich auch in Katalonien an die **Méthode champagnoise**, die ein französischer Mönch im 17. Jh. erfand.

Um einen guten Cava zu erzielen, benötigt man vorzügliche Trauben, ein gutes Fingerspitzengefühl und ein gehöriges Maß an Geduld. Nach der ersten Gärung wird der Wein auf Flaschen gezogen, in denen er mindestens neun Monate lagern muss. Dies ist der zweite, langsame Gärungsprozess. Damit sich die Hefe absetzt, werden die Flaschen in regelmäßigen Abständen **gerüttelt**, was die Kellereien, die heute rund **40 Mio. Flaschen** pro Jahr produzieren, maschinell erledigen.

Um Näheres über die unterschiedlichen Sorten **brut** (sehr trocken), **sec** (trocken), **semisec** (halbtrocken) und **dolç** (süß) zu erfahren und diese zu verkosten, empfiehlt sich der Besuch einer der traditionsreichen Sektkellereien.

ben hat. Die erste Kellerei – gleichermaßen die ›heiligen Hallen‹ des Unternehmens – wurde 1896–1906 unter der Regie des katalanischen Jugendstilarchitekten Josep Puig i Cadafalch erbaut und steht heute unter Denkmalschutz.

i Praktische Hinweise

Sektkellereien

Can Codorníu, Avda. Jaume Codorníu, s/n, Sant Sadurní d'Anoia, Tel. 938 91 01 25, www.codorniu.com, Mo–Fr 9–17, Sa/So 9–13 Uhr

Freixenet, Carrer Joan Sala, 2, Sant Sadurní d'Anoia, Tel. 938 91 70 00, Fax 938 18 30 95, Mo–Do 10–13, 15.30–17, Fr–So 10–13 Uhr

23 Poblet und Santes Creus

Bedeutende Zisterzienserklöster mit königlichen Grablegen und ein Spaziergang durchs Mittelalter.

Das **Monasterio Santa María de Poblet** (tgl. 10–12.30, 15–17.30 Uhr) ist das größte der einstigen Königsklöster Aragóns und gilt als die besterhaltene Zisterzienserabtei Europas. Ramón Berenguer IV. stiftete Poblet im Jahr 1151 nach seinem Triumph über die Mauren. Dank der königlichen Gunst gedieh es im Laufe der Jahrhunderte zu einem weitläufigen, ummauerten Repräsentationskomplex mit zahllosen Gebäuden, Plätzen, Toren und Türmen – eine regelrechte, noch heute bestehende *Klosterstadt*. In der Kirche faszinieren die herrlichen gotischen *Königsgräber* (12.–15. Jh.) beiderseits der Vierung und die prächtige alabasterne *Hochaltarwand* der Renaissance. Eindrucksvoll ist auch das 87 m lange *Dormitorium*, der Schlafsaal der Mönche.

Auf dem Weg nach Santes Creus bietet sich ein Abstecher in das mittelalterliche Städtchen **Montblanc** an. Hinter der Stadtmauer mit ihren imposanten Wehrtürmen verbergen sich die malerischen Gassen einer alten Herzogsstadt.

Etwas bescheidener als Poblet gibt sich **Santes Creus** (tgl. 10–13, 15.30–19, Nov.–März nur bis 18 Uhr), das 1150 gegründete *Kloster der heiligen Kreuze* im Tal des Riu Gaià. In der schlichten Zisterzienserkirche mit großer Fensterrose beeindrucken die schönen *Grabmäler* (13./14. Jh.) der Könige von Aragón. Im prachtvollen gotischen Kreuzgang sind *Figurenkapitelle* (1331) und *Maßwerkfüllungen* im frühen Flamboyantstil sehenswert.

Monasterio Santa María de Poblet – Alabaster-Hochaltarwand von 1527

24 Sitges

Unkonventionelles Seebad mit dem Charme des späten 19. Jh.

Die vielen Vorzüge des beliebten Seebades Sitges (23 000 Einw.) an der **Costa de Garraf**, dem Küstenabschnitt um Barcelona, wurden bereits Ende des 19. Jh. von einer bunten Künstlerschar entdeckt. Auf deren Gemälden tauchen immer wieder die ausgedehnten, hellen **Sandstrände** vor der Kulisse der charmanten Altstadt und der alles beherrschenden Barockkirche San Bartomeo (18. Jh.) auf. Im Schlepptau der Künstler erkoren auch die wohlhabenden Bürger Barcelonas Sitges als *Sommerfrische*. Ihre Hinterlassenschaft sind einige schmucke Jugendstilvillen entlang der attraktiven Strandpromenade. Kunstinteressierte werden im **Museu Cau Ferrat** (Carrer Fonollar, s/n, sommers tgl. 10–14, 17–21 Uhr, winters Di–Fr 10–13.30, 15–18.30, Sa 10–19, So 10–15 Uhr), dem früheren Atelier des renommierten katalanischen Jugendstilkünstlers *Santiago Rusiñol* (1861–1931), auf ihre Kosten kommen. Zu der umfangreichen

Rusiñol-Sammlung zählen auch Werke von Picasso und El Greco. Vielseitig ist das **Kulturprogramm** der Stadt. Weithin bekannt ist das *Festival Internacional da Cinema* (Oktober). Im September bildet die *Festa de la Verema* (Weinfest) einen weiteren Höhepunkt. Für besonders viel Furore sorgt schließlich der *Tunten-Karneval* im Februar – der weltoffene Badeort hat sich auch als ein beliebter Treffpunkt der **Gay-Szene** etabliert.

i Praktische Hinweise

Information

Oficina de Turismo, Sínia Morera, 1, Sitges, Tel. 938 94 50 04, Fax 938 94 43 05, www.sitgestour.com

Hotel

****Romàntic**, Carrer Sant Isidre, 33, Sitges, Tel. 938 94 83 75, Fax 938 94 81 67, www.hotelromantic.com. Kleines Hotel in der Altstadt mit nostalgischer Note und liebevoll ausstaffierten Zimmern.

Beach Life mit Volleyball – Sitges hat helle Sandstrände direkt vor der Tür

25 Girona

Lebhafte und sympathische Stadt mit langer Geschichte.

Girona (90 000 Einw.), im Hinterland der Costa Brava gelegen, kann mit einer ausgesprochen attraktiven Altstadt aufwarten. Im Laufe seiner Geschichte wurde der Ort immer wieder angegriffen. Schon die Römer errichteten daher eine Mauer zum Schutz der blühenden Handelsstadt an der Via Augusta. Auf dem Verteidigungsring lädt heute der **Passeig Arqueològic** zum Spaziergang mit Aussicht auf das malerische Gewinkel enger Straßen und Treppengassen ein.

Als Ausgangspunkt für die Besichtigung bietet sich die **Plaça Independencia** in der Neustadt an. Nur ein paar Schritte sind es von hier zum **Riu Onyar**, wo Girona sich von einer besonders schönen Seite präsentiert: Im Fluss spiegeln sich die ockerfarbenen Hausfassaden der Altstadt. Mehrere Brücken schaffen Verbindung zum historischen Zentrum, das sich hügelwärts erstreckt. Eine pompöse *Treppenanlage* weist den Weg hinauf zum barocken Hauptportal der **Catedral** (tgl. 10–20 Uhr). Im Innern wird schnell ersichtlich, dass die Bischofskirche weit älter ist, als ihr Äußeres vermuten lässt. Der Grundstein wurde bereits 1312 gelegt, die Vollendung erfolgte fast 400 Jahre später. Das Raumerlebnis ist kolossal. Äußerst gewagt überspannt ein gigantisches stützenloses *Gewölbe* (1416) das einzige Kirchenschiff (23 m breit, 34 m hoch, 65 m lang) – ein Geniestreich des Architekten Guillem Bofill, der damit das größte gotische Gewölbe Europas schuf. Ein Relikt der romanischen Vorgängerkirche ist der stimmungsvolle *Kreuzgang*. Im **Museu Capitular** (Di–Sa 10–19, So 10–14 Uhr) der Kathedrale wird ein kostbarer romanischer Bildteppich mit der gestickten Darstellung der Schöpfungsgeschichte gehütet – der 16 m² große *Tapís de la Creació* ist das einzige fast vollständig erhaltene Textilkunstwerk aus dem 11./12. Jh.

Nordwestlich der Kathedrale liegen die Arabischen Bäder, **Els Banys Àrabs** (April–Sept. Mo–Sa 10–19, So 10–14 Uhr, sonst Mo–Sa 10–14 Uhr), die allerdings nicht während der kurzen maurischen Periode im 8. Jh., sondern erst im 12./13. Jh. unter christlicher Herrschaft errichtet wurden: ein Juwel der Romanik samt Hufeisenbogen.

Eine große Rolle im geistigen und wirtschaftlichen Leben der mittelalterlichen Stadt spielte die sephardische Gemeinde, die in den engen Gassen des Judenviertels **Call** um die Carrer de la Força südlich der Kathedrale beheimatet war. Auf dem Platz der Synagoge befindet sich heute das **Centre Bonastruc ça Porta** (Nov.–April Mo–Sa 10–18, So 10–15 Uhr, Mai–Okt. Mo–Sa 10–20, So 10–15 Uhr), das über das Schicksal der Juden Gironas bis zu ihrer Vertreibung im Jahr 1492 informiert.

Zum Ausklang des Stadtbesuchs schlendert man in Richtung Fluss zur lebhaften Hauptgeschäftsstraße **Rambla de la Llibertat**. Ihre hübschen Laubengänge beherbergen Cafés, Restaurants und nette, kleine Läden.

i Praktische Hinweise

Information

Oficina de Turismo,
Rambla de la Llibertat, 1, Girona,
Tel. 972 22 65 75, Fax 972 22 66 12,
www.ajuntament.gi/turisme

Hotels

****__Carlemany__, Pl. Miquel Santaló, s/n, Girona, Tel. 972 21 12 12, Fax 972 21 49 94, www.carlemany.es. Eines der besten Häuser am Platz, komfortable, moderne Zimmer, eigene Garage.

**__Pension Bellmirall__, Bellmirall, 3, Girona, Tel. 972 20 40 09. Charmante, liebevoll eingerichtete kleine Pension inmitten der Altstadt.

Restaurant

Albereda, Albereda, 7, Girona, Tel. 972 22 60 02. Feine katalanisch-französische Küche in einem eleganten Stadtpalais (So/Mo abends geschl.).

Malerisches Girona – bunte Altstadthäuser stehen am Riu Onyar Spalier

26 Figueres

Im Banne Salvador Dalís.

Figueres (35 000 Einw.) ist das politische und wirtschaftliche Zentrum der Provinz Alt Empordà im Hinterland der nördlichen Costa Brava. Vermutlich wären die Einwohner, abgesehen von den Tagesausflüglern aus Frankreich, die zum Einkaufen kommen, weitgehend unter sich, wäre da nicht das **Teatre-Museu Dalí** (Pl. Gala-Salvator Dalí, www.salvador-dali.org, März–Mai, Okt. Di–So 9.30–18, Juni tgl. 9.30–18, Juli–Sept. tgl. 9–20, Nov.–Febr. Di–So 10.30–18 Uhr). Dieser Tempel des Malers und Meisters der Selbstdarstellung ist nach dem Prado in Madrid und dem Guggenheim-Museum in Bilbao das meistbesuchte Museum Spaniens. *Salavador Dalí* (1904–1989) ist der berühmteste Sohn der Stadt, im Alter von 14 Jahren präsentierte er erstmals einige seiner Werke im hiesigen Stadttheater. Dieses stand 1939 im Spanischen Bürgerkrieg in Flammen, wurde dann aber unter der Regie Dalís als ›surrealistisches Gesamtkunstwerk‹ wieder aufgebaut. Überdi-

Dalí-Stadt Figueres – ein wunderliches Gebilde ist das Teatre-Museu Dalí mit seinem gigantischen Hühnergelege ▷

mensionale Eier bekrönen den Kunsttempel, steinerne Brote zieren die blutroten Wände. Eine riesige Glaskuppel überdacht den Zuschauerraum, unter der Bühne hat Dalí seine letzte Ruhestätte gefunden. Den Auftakt für den etwas ›anderen‹ Museumsrundgang – vielfach streikt der Orientierungssinn – bildet der schwarze Cadillac des Meisters. Nach Münzeinwurf regnet es im Wageninneren und die Blumen auf dem Hintersitz richten sich auf. Gemälde aus den verschiedenen Schaffensphasen, skurrile Skulpturen und verblüffende Installationen, wie die Hommage an die Schauspielerin Mae West, runden das surreale Erlebnis ab.

Ausflug

TOP TIPP Rund 30 km südwestlich liegt der reizvolle Ort **Besalú**. Sein Entrée bildet die stimmungsvolle romanische Brücke über den Riu Fluvià. Das intakte mittelalterliche Stadtbild kündet von längst vergangenen Zeiten, als Besalú noch das Zentrum einer Grafschaft (9.–12. Jh.) war, die sich weit über die Pyrenäen erstreckte. Wenige Kilometer östlich verheißt der weit geschwungene Sandstrand am **Golf de Roses** Badespaß pur.

27 Platja d'Aro und S'Agaró

Badefreuden – mal trubelig, mal eher beschaulich.

Am kilometerlangen hellen *Sandstrand* von **Platja d'Aro** herrscht in den Sommermonaten dichtes Gedränge. Abends setzt sich der Trubel auf der Flaniermeile, in Bars und Diskotheken fort – wer solcherlei Unterhaltung sucht, ist in Platja d'Aro also sehr gut aufgehoben.

Eine ganz andere Welt tut sich nur wenig weiter südlich in **S'Agaró** auf, wo hübsche Ferienvillen mit üppigen Gartenanlagen das Bild bestimmen. In traumhafter Lage über dem Meer verbringen hier wohlhabende Katalanen ihren Sommer.

i Praktische Hinweise

Information

Oficina de Turisme, Calle Verdaguer, 4, Platja d'Aro, Tel. 972 81 71 79, Fax 972 82 56 57, www.platjadaro.com

28 Tossa de Mar

TOP TIPP *Ein Juwel der südlichen Costa Brava, von Stränden verwöhnt.*

Eine 22 km lange, kurvenreiche **Panoramastraße** führt von Sant Feliu de Guíxols entlang der Steilküste nach Tossa de Mar. Unterwegs eröffnen sich immer wieder herrliche Blicke hinab zum tiefblauen Meer und auf kleine, verwunschene Buchten.

Tossa (3000 Einw.) selbst ist ein wahres Kleinod der Costa Brava. Von der Lage des Städtchens in einer malerischen Sandbucht schwärmte schon Marc Chagall, dessen Bilder Glanzstücke des **Museu Municipal** (Juni–Sept. Di–Sa 10–20, So, Mo 10–14, 16–20, Okt.–Mai Di–Sa 10–14, 16–18, So 10–14 Uhr) sind. Von mittelalterlichen Mauern umgeben, schmiegt sich die schmucke **Vila Vela**, die schon früh unter Denkmalschutz gestellte Altstadt, auf einen ins Meer ausgreifenden Felsrücken.

Die ausgedehnten weißen **Sandstrände** Tossas, alle sehr sauber, ziehen in erster Linie junge Leute und Familien an.

i Praktische Hinweise

Information

Oficina Municipal de Turisme, Avinguda del Pelegrí, 25, Tossa de Mar, Tel. 972 34 01 08, www.tossademar.com

29 Lloret de Mar

Strandvergnügen und reges Nachtleben.

In der Hochsaison wächst die Zahl der 15 000 Einwohner von Lloret de Mar auf das Zehnfache an. Die **Tourismushochburg** hat das einstige Fischerdorf längst geschluckt. Zahlreiche Hoteltürme säumen die Strandpromenade, unterhalb verläuft der gepflegte, fast 1,5 km lange Sandstrand **Platja de Lloret**. Unterhaltung total versprechen Restaurants, Geschäfte, Spielsalons und Discos zuhauf.

Praktische Hinweise

Information

Oficina de Turisme, Passeig Camprodon i Arrieta, 1–2, Lloret de Mar, Tel. 972 36 47 35, Fax 972 36 05 40, www.lloretdemar.org

30 Blanes

Beliebter Badeort mit einer traumhaften Gartenanlage.

Blanes (26 000 Einw.), der südlichste Ort der Costa Brava, ist eine lebhafte Hafenstadt an einer lang gestreckten Bucht mit dem breiten, viel frequentierten Hauptstrand **Platja de S'Abanell**. Das kulinarische Aushängeschild der Stadt sind ihre bodenständigen Fischlokale im Hafenviertel. In der **Llotja**, der Fischauktionshalle, kann man beobachten, wie der tägliche Fang versteigert wird (Mo–Fr ab 17 Uhr). Die Hauptattraktion ist jedoch der in schöner Hanglage über dem Meer positionierte **Jardí Botànic Marimurta** (Carrer de l'Esperança, April, Mai, Okt. tgl. 9–18, Juni–Sept. tgl. 9–20, Nov–März tgl. 10–17 Uhr). Der 5 ha große Garten Eden mit seinen über 4000 mediterranen und tropischen Pflanzenarten wurde in den 1920er-Jahren von dem deutschen Kaufmann Karl Faust angelegt.

Praktische Hinweise

Information

Patronat Municipal de Turisme, Pl. de Catalunya, 2, Blanes, Tel. 972 33 03 48, Fax 972 33 46 86, www.blanes.net

31 Tarragona

Einst römische Metropole, heute dynamische Provinzhauptstadt.

Die uralte Hafenstadt Tarragona (128 000 Einw.) an der **Costa Daurada** ist heute nach Barcelona die zweitgrößte Stadt Kataloniens. Während der Römerherrschaft allerdings stand Barcelona noch im Schatten Tarracos, das als Hauptstadt der Provinz **Hispania Citerior** zu den großen Metropolen des Imperiums zählte und etliche Privilegien genoss. Ihr Niedergang begann mit der Völkerwanderung ab dem 3. Jh., in deren Verlauf Tarragona mehrfach zerstört wurde, zum letzten Mal 1811 von den Franzosen. Das heutige Tarragona ist in erster Linie Industriestadt mit Schwerpunkt auf Petrochemie, doch haben sich glücklicherweise zahlreiche Bauwerke erhalten, die eindrucksvoll an die große römische Vergangenheit erinnern.

Kataloniens Highlight für Botaniker – Jardí Botànic Mar i Murta in Blanes

Besichtigung Die reizvoll auf einem Hügel gelegene Altstadt ist noch weitgehend von Mauern umschlossen. Vom römischen *Portal del Roser* an der Plaça del Pallol führt der **Passeig Arqueològic** (sommers Di–Sa 9–21, So 10–15 Uhr, winters Di–Sa 10–17, So 9–15 Uhr) durch Gartenanlagen entlang dieser gut 2000 Jahre alten ›Zyklopenmauern‹. Ihre riesigen, roh behauenen Grundsteine wurden bereits im 3. Jh. v. Chr. gesetzt, während die aufliegenden sorgfältig bearbeiteten Quaderblöcke römischer Machart sind.

Wo einst der Jupitertempel stand, erhebt sich heute die prächtige, vom 12.–14. Jh. im Übergangsstil von Romanik zu Gotik errichtete **Catedral Santa Tecla** (16. März–Mai tgl. 10–18 Uhr, Juni–15. Okt.

Platz für Lebenskünstler – Cadaqués

Vom Golf de Roses zum Cap de Creus

Etwa 2 km nördlich des Fischerortes L'Escala liegt direkt an der Küste **Empúries** (Okt.–Mai tgl. 10–18, Juni–Sept. tgl. 10–20 Uhr), die Ruinenstätte der größten griechisch-römischen Siedlung auf spanischem Boden. Im 5. Jh. v. Chr. war hier eine neue griechische Handelsstadt namens Emporion entstanden, von der noch die Reste des Asklepios-Tempels sowie die Lage der Agora und der Markthalle zu erkennen sind. Westlich davon breitete sich die wesentlich größere römische Stadt Emporiae (gegr. 100 v. Chr.) aus, die aus einem Militärstützpunkt hervorging. Freigelegt wurden bisher das Forum, das Amphitheater und zwei Villen. Ein kleiner Spaziergang führt weiter ins schmucke Dorf **Sant Martí de Empúries**, in dem Cafés und Restaurants zum Verweilen einladen.

Vorbei an den touristischen Tummelplätzen der nördlichen Costa Brava – die Retortensiedlung **Empúriabrava** und der Ferienkomplex **Roses** mit seiner hinter der Hafenpromenade aufragenden Skyline – führt ein Bergsträßchen ins charmante, abseits gelegene **Cadaqués**. In der malerischen Meeresbucht sind die Bademöglichkeiten zwar eher bescheiden, dennoch führt der wohl schönste Ort der Costa Brava längst keinen Dornröschenschlaf mehr. Von der Idylle des alten Fischerdorfes wurden schon zu Beginn des 20. Jh. Künstler und Literaten wie Pablo Picasso, Federico García Lorca, Henri Matisse, Max Ernst und Thomas Mann angezogen. Der Tradition als Künstlertreffpunkt fühlt sich der Ort bis heute verpflichtet, zahlreiche Galerien und Ausstellungen bieten Künstlern die Chance, ihre Werke zu präsentieren. Dass Cadaqués von größeren Bausünden verschont blieb, verdankt es nicht zuletzt auch dem Engagement von Salvador Dalí, der seine Sommer im benachbarten **Port Lligat** verbrachte. Dort können Dalí-Liebhaber das von riesigen Betoneiern bekrönte Sommerhaus **Casa-Museu Dalí** (15. März–14. Juni und 16. Sept.–7. Jan.Di–So 10.30–18 Uhr, 15. Juni–15. Sept. tgl. 9.30–21 Uhr, Reservierung erforderlich, Tel. 972 25 10 15, www.salvador-dali.org) besichtigen, in dem der Künstler und seine nicht minder exzentrische Gattin Gala wohnten.

Nur 11 km trennen Cadaqués vom meerumtosten **Cap de Creus**, dem östlichsten Punkt der Iberischen Halbinsel. Zu Fuß oder auf einer schmalen Fahrstraße ist das Kap zu erreichen, das einen herrlichen Ausblick auf die wild zerklüftete Felslandschaft bietet. Nördlich des Kaps, oberhalb des kleinen Fischer- und Feriendorfes **Port de la Selva**, ragen die imposanten Ruinen des romanischen Klosters **Sant Pere de Rodes** aus dem 11. Jh. auf (Juni–Sept. Di–So 10–20 Uhr, Okt.–Mai Di–So 10–17.30 Uhr). Die Benediktinerabtei zählte im Mittelalter zu den großen religiösen Zentren Kataloniens. Von der früheren Pracht künden der lombardische Glockenturm, der doppelstöckige Kreuzgang und die fulminante dreischiffige Kirche.

tgl. 10–19 Uhr, 16. Okt.–15. Nov. tgl. 10–17 Uhr, 16. Nov.–15. März tgl. 10–14 Uhr). Ihr *Kreuzgang* bewahrt fantasievolle romanische Kapitelle wie jenes in der Südgalerie mit einer Ratten-Prozession, die eine erlegte Katze zu Grabe trägt. Sehenswert ist auch das *Kircheninnere* mit üppiger Ausstattung und zahlreichen Kapellen.

An der Plaça del Rei dokumentiert das **Museu Nacional Arqueològic** (Juni–Sept. Di–Sa 9.30–20.30, Fei 10–14, Okt.–Mai Di–So 9.30–13.30, 15.30–19, Fei 10–14 Uhr) höchst anschaulich mit wertvollen Fundstücken wie Mosaiken, Skulpturen und Keramik den Glanz des antiken Tarraco. Ganz in der Nähe sieht man die spärlichen Überreste des römischen Zirkus **Circ romà**, in dem die populären Wagenrennen ausgetragen wurden. Recht gut erhalten ist hingegen das **Amfiteatre** (Ostern–Sept. Di–So 9–21, Fei 9–15 Uhr, sonst Di–So 9–17, Fei 10–15 Uhr) über dem Hausstrand **Platja del Miracle**. Mit Blick auf das Mittelmeer konnten sich hier gut 12 000 Zuschauer an den grausamen Gladiatoren- und Tierkämpfen ergötzen. Nur einen Katzensprung entfernt ist die Aussichtspromenade **Balcó del Mediterrani**, Endpunkt der Flaniermeile **Rambla Nova** zu Füßen des Altstadthügels.

6 km außerhalb Tarragonas (N 240, Richtung Lleida) lohnt sich ein Besuch des **Acueducto de las Ferreras** (um 25 v. Chr.). Der zweistöckige Aquädukt ist 26 m hoch und hat eine Länge von 217 m.

i Praktische Hinweise

Information

Oficina de Turismo, c/ Major, 39, Tarragona, Tel. 977 25 07 95, Fax 977 24 55 07, www.tarragonaturisme.es

Römische Spuren in Tarragona – Mosaik der Medusa im Museu Nacional Arqueològic

Hotel

*****Alexandra Aparthotel**, Rambla Nova, 71, Tarragona, Tel 977 24 87 01, Fax 977 24 56 72, www.ah-alexandra.com. Modernes, geschmackvoll eingerichtetes Hotel in zentraler Lage.

Restaurant

Les Coques, Sant Llorenç, 5, Tarragona, Tel. 977 22 83 00. Gepflegte katalanische Küche (So geschl.).

32 Salou

Ferienzentrum mit goldfarbenem Sandstrand.

Das Gesicht des gut besuchten Badeorts prägen lieblos hochgezogene Hotel- und Apartmenthäuser. In den Sommermonaten herrscht an dem kilometerlangen feinen **Sandstrand** Hochbetrieb. Das breit gefächerte Sportangebot lässt keine Langeweile aufkommen, für das nächtliche Vergnügen sorgen hippe Diskotheken. Ein Besuchermagnet ist auch der **Port Aventura** (tgl. 10–20 Uhr, Juli–Sept. bis 24 Uhr), ein 115 ha großer Länder-Themenpark mit vielfältigem Showprogramm.

i Praktische Hinweise

Information

Oficina de Turisme, Passeig Jaume I, 4, Salou, Tel. 977 35 01 02, Fax 977 35 19 86, www.salou.org

33 Tortosa

Stolze, geschäftige Stadt am Río Ebro.

Tortosa (31 000 Einw.) verdankt seine wirtschaftliche Prosperität der verkehrsgünstigen Lage am Unterlauf des Ebro sowie dem ertragreichen Anbau von Obst und Gemüse im fruchtbaren Flusstal.

Über Stadt und Fluss wacht auf einer Anhöhe das unter Abd ar Rahman III. im 10. Jh. errichtete **Castell de la Zuda**. Heute beherbergen die altehrwürdigen Mauern einen *Parador*, der den Gästen außer einer noblen Unterkunft auch herrliche Ausblicke auf Tortosa und die Umgebung bietet. Im Herzen der Altstadt erhebt sich die **Catedral**, eine dreischiffige Basilika des 14. Jh., die mit ihrem eleganten Chorumgang zu den Meisterwerken der katalanischen Gotik zählt. Trubel

Tortosa am Ebro – im Maurenkastell über der Stadt logiert heute ein nobler Parador

herrscht in der **Markthalle**, die die Stadtväter im Stil des katalanischen Jugendstils erbauen ließen. Von einer langen Handelstradition zeugt nicht zuletzt die **Llotja** (Börse) aus dem 14. Jh.

i Praktische Hinweise

Information

Oficina de Turisme, Pl. del Carrilet, 1, Tortosa, Tel. 977 44 96 48, Fax 977 51 08 16, www.turismetortosa.com

Hotel

******Parador de Tortosa**, Castell de la Zuda, Tortosa, Tel. 977 44 44 50, Fax 977 44 44 58, www.parador.es. In den alten Burgmauern bietet das staatliche Luxushotel viel Atmosphäre, das rustikale Restaurant verwöhnt seine Gäste mit typischer Kost der Region.

34 Ebro-Delta

Ein Vogelparadies, umgeben vom wichtigsten Reisanbaugebiet Kataloniens.

Das 320 km² große Ebro-Delta, eine einzigartige Landschaft mit Lagunen, Sandbänken, Reisfeldern, Marsch- und Sumpfgebieten, ist das wichtigste **Feuchtgebiet** Kataloniens. Um Flora und Fauna zu schützen, wurde 1983 eine 7736 ha große Fläche des Deltas als Naturschutzgebiet **Parc Natural del Delta de L'Ebre** ausgewiesen. Zu den Vögeln, die ständig das Delta bevölkern, gesellen sich im Winterhalbjahr Zugvögel, die entweder hier überwintern oder eine Zwischenstation auf dem Weg nach Afrika einlegen. Fast 300 verschiedene Arten wurden gezählt, darunter Kuhreiher, Korallenmöwen und Säbelschnäbler.

i Praktische Hinweise

Information

Informació del Parc Natural del Delta de L'Ebre, Plaça del 20 de Maig s/n, Deltebre, Tel. 977 48 96 79, Fax 977 48 15 97, www.ebre.info. Das Ökomuseum bietet auch Bootsausflüge in den Naturpark an.

Überfluss im Ebro-Delta – Bewässerungskanäle durchziehen die Reisfelder

Spanische Levante – Dorado der Sonnenanbeter

Das große Plus der Spanischen Levante im Südosten der Iberischen Halbinsel ist ihr mildes mediterranes Klima. Wenn sich in nördlicheren Gefilden der Winter allmählich verabschiedet, legt sich über die Levante bereits der süße, schwere Duft der **Orangen-** und **Zitronenblüte**. Nach wie vor ist der Export von Obst- und Gemüse neben dem Tourismus das wichtigste wirtschaftliche Standbein der Region. In den Sommermonaten bevölkern Millionen von Touristen die schönen Strände der **Costa del Azahar** und der **Costa Blanca**. Romantische Fischerdörfer sucht man an der Küste vergebens, aber neben den **Ferienhochburgen** wie etwa *Benidorm* finden sich durchaus noch beschauliche Urlaubsorte. Ein reizvolles bergiges Hinterland und die historisch gewachsenen Städte **València** und **Alicante** bieten Abwechslung vom Strandleben.

Costa del Azahar – Küste der Orangenblüte

Seinen klangvollen Namen verdankt der Küstensaum zwischen dem Ebro-Delta und dem Cabo de la Nao den ausgedehnten Orangenhainen. Die weitläufige, besonders flache Uferzone mit ihren ansehnlichen Stränden dient der Massenerholung, wobei das Geschehen überwiegend von spanischen Urlaubern bestimmt wird. Zum Baden ist der nördliche Bereich bis Castellón de la Plana dem südlichen Abschnitt um València vorzuziehen.

◁ **Oben:** *Peñíscola – viel Trubel am Strand vor der Kulisse einer ehem. Papstresidenz*
Unten: *Altea – gepflegte Idylle an der Costa Blanca*

35 Peñíscola

Fels in der Brandung.

Vom Meer umspült klammert sich das schmucke Städtchen (3500 Einw.) auf einen Felsrücken, mit dem Festland nur durch eine schmale Landzunge verbunden. In die Geschichte ging Peñíscola als Refugium des **Gegenpapstes Benedikt XIII.** ein. Bedrängt von seinen Gegenspielern war er 1411 aus Avignon in diese abgelegene Inselfestung geflohen. Bis zu seinem Tod 1423 im Alter von 95 Jahren hielt der gebürtige Katalane daran fest, dass er der einzig rechtmäßige Papst sei. Sein Starrsinn brachte ihm, der mit bürgerlichem Namen Pedro Martínez de Luna hieß, den wenig schmeichelhaften Titel *Papa Luna* (Papst auf dem Mond) ein. Die Gemächer samt Kapelle und Bibliothek, die sich Benedikt XIII. in dem von Tempelrittern im 13. Jh. erbauten **Castillo** (sommers tgl. 9.30–14.30, 16.30–21.30 Uhr, winters tgl. 10–13, 15–18 Uhr) einrichten ließ, können besichtigt werden.

Peñíscola selbst ist längst über seine meterdicken **Festungsmauern** (16. Jh.) hinaus gewachsen, am gepflegten **Strand** reihen sich Hotelbauten aneinander. Wer das alte stimmungsvolle Peñíscola in Ruhe genießen möchte, sollte die sommerliche Hochsaison möglichst meiden.

Praktische Hinweise

Information

Oficina de Turismo, Paseo Marítimo, s/n, Peñíscola, Tel./Fax 964 48 02 08, Fax 964 48 93 92, www.peniscola.es

Hotel

******Hostería del Mar**, Av. Papa Luna, 18, Peñíscola, Tel. 964 48 06 00, Fax 964 48 13 63, www.hosteriadelmar.net. Komfortables Haus mit rustikaler Einrichtung direkt an der Strandpromenade.

Restaurant

Casa Jaime, Av. Papa Luna, 5, Peñíscola, Tel. 964 48 00 30. Das Lokal am Strand ist bekannt für seine guten Paella-Kreationen (Mi und So abends geschl.).

36 El Maestrat

Gebirgiges Hinterland der Costa del Azahar.

Nur wenige Kilometer hinter der Küste erhebt sich die bis zu 1300 m hohe Bergwelt der El Maestrat. Kleine Landstraßen erschließen die Region, in der einige urtümliche Dörfer wie *Forcall*, *Mirambel*, *Cantavieja*, *La Iglesuela del Cid* oder *Ares del Maestre* eingebettet sind.

Einen Ausflug lohnt das 1000 m hoch gelegene, mittelalterliche Bergnest **Morella** (3000 Einw.). Der unter Denkmalschutz stehende Ort wird überragt von den Resten einer gewaltigen *Zitadelle* und umschlossen von einer intakten *Stadtmauer* aus dem 14. Jh. Im Ortskern erhebt sich die *Iglesia de Santa María la Mayor*, eine der schönsten gotischen Kirchen der Region.

Lecker aufgetischt – Paella isst man am besten à la Valènciana

Praktische Hinweise

Hotel

****Cardenal Ram**, Cuesta Suñer, 1, Morella, Tel. 964 17 30 85, www.cardenalram.com. Stilvolle Zimmer in historischem Gemäuer. Das Restaurant bietet rustikale Küche.

37 València

Plan Seite 64

›Stadt der Freude‹.

Spaniens drittgrößte Stadt (850 000 Einw.) wird verwöhnt vom milden Mittelmeerklima. Kein Wunder, dass in der **Huerta**, der fruchtbaren Gartenlandschaft rund um die Hafen- und Industriestadt, das Gros der spanischen Zitrusfrüchte gedeiht. Vom Hafen Grao östlich des Stadtzentrums werden die landwirtschaftlichen Produkte – neben Zitrusfrüchten vor allem Reis und Wein – exportiert. Darüber hinaus hat sich València als bedeutendes **Messe-** und **Kongresszentrum** des Landes etablieren können. Geht es nach dem Willen der Stadtväter, dann wird auch das Dasein als touristisches Aschenbrödel – im Schatten der Metropolen Madrid und Barcelona – schon bald der Vergangenheit angehören. Neue attraktivitätssteigernde Initiativen wurden bereits durchgeführt, darunter das ehrgeizige Projekt *Ciutat de les Arts i des les Ciènces* (Stadt der Künste und der Wissenschaften) mit einer interaktiven Museums- und Erlebnislandschaft auf einem Areal von 350 000 m². Und auch die **Altstadt** von València hat ihren Reiz, wenn auch noch etliche Gebäude der Sanierung harren. Mediterranes Flair verbreiten die großzügig angelegten Promenaden und die schönen Plätze mit ihren Terrassencafés. Nicht zuletzt ist València in ganz Spanien bekannt als Heimat des Nationalgerichts **Paella**. Wer die Wahl hat, hat die Qual – nirgendwo sonst in Spanien werden so viele originelle Varianten dieses köstlichen Reisgerichts angeboten.

Geschichte Griechen und Karthager siedelten als Erste am **Río Turia**, ehe die Römer 138 v. Chr. die Kolonie Valentia gründeten. Im 8. Jh. triumphierten hier die **Mauren** über die Westgoten. Dank eines ausgeklügelten **Bewässerungssystems** verwandelten sie Valèncias Umland in einen blühenden Garten, der mit Zitrusfrüchten und Reis bis heute üppig gedeiht. Der christliche Feldherr El Cid

Valencias Plaza de la Reina rahmen die Catedral de Santa María und der Glockenturm El Micaclet

eroberte die maurische ›Stadt der Freude‹ 1094. Nach seinem Tod fiel València 1102 erneut in die Hände der Muslime, bis sie Jaime I. von Aragón 1238 endgültig für die Christen einnahm. Als der Krone Aragóns unterstelltes Königreich erlebte València eine wirtschaftliche Blütezeit mit Höhepunkt im 15. Jh. Im **Spanischen Erbfolgekrieg** (1701–13) stand die Stadt mit den Habsburgern auf der Verliererseite und büßte deshalb unter den Bourbonen zahlreiche Privilegien ein. Letzte Bastion der Republik war València im **Spanischen Bürgerkrieg** (1936–39), die Stadt fiel am 30. März 1939 in die Hände Francos – zwei Tage nach Madrid.

Heute präsentiert sich València als selbstbewusste Metropole der *Comunidad Valenciana*, in der neben dem Castellano auch das **Valenciano**, ein katalanischer Dialekt, gesprochen wird.

Besichtigung Der Rundgang beginnt im Süden der Altstadt, am Hauptbahnhof **Estación del Norte** 1, dessen stattliche Eingangshalle *Jugendstildekor* vom Feinsten bietet. Über die Avenida Marqués de Sotelo erreicht man die **Plaza del Ayuntamiento** 2, den eleganten Hauptplatz mit der Stadtinformation, und noch weiter nördlich an der Plaza de la Reina die **Catedral de Santa María** 3 (Mo–Sa 10–18, So 10–17.30 Uhr). Die Ursprünge der Kirche gehen auf das 13. Jh. zurück, das Innere wurde im 18. Jh. barockisiert. Hoch verehrt wird der ›Heilige Kelch‹ in der *Capilla del Santo Cáliz*, den Christus beim Letzten Abendmahl benutzt haben soll. Wer den achteckigen gotischen Kirchturm *El Micalet*, das Wahrzeichen der Stadt, erklimmt, kann València aus der Vogelperspektive betrachten. Von der Aussichtsplattform (51 m hoch) eröffnen sich zudem Fernblicke auf die Huerta und das Meer. Vor dem gotischen Hauptportal, der *Porta dels Apòstols*, wiederholt sich jeden Donnerstag um 12 Uhr die gleiche Szene – es tagt das *Tribunal de las Aguas* (Wassergericht). Acht in Schwarz Gewandete entscheiden dabei über Streitfragen der Bewässerung in der Huerta. Die Tradition reicht zurück bis in die Tage der Maurenherrschaft.

Mit der Kathedrale durch einen Bogen verbunden ist die **Basílica de Nuestra Señora de los Desamparados** 4 (tgl. 7–14, 16.30–21 Uhr) von 1667, früher die Kirche einer Laienbruderschaft, die sich um Findelkinder und psychisch Kranke kümmerte. Die Schnitzfigur *Jungfrau der Schutzlosen* (1416) am Hauptaltar gilt als Patronin Valèncias und wird besonders während der Fallas mit Blumen reich beschenkt.

Westlich davon fällt der prächtige **Palau de la Generalitat** 5 (15./16. Jh.) auf, in dem einst die Ständeversammlung *(Cortes)* des Königreichs València tagte und heute die Landesregierung ihren Sitz hat.

An der Plaza del Mercado, südlich der Kathedrale, trafen sich einst die Händler in der **Llotja de la Seda** 6 (Di–Sa 10–14, 16.30–20.30, So 10–15 Uhr), der alten Seidenbörse von 1498, die heute zum UNESCO Weltkulturerbe zählt. Sie wickelten ihre Geschäfte im spätgotischen Börsensaal unter einem reichen, von eleganten spiralförmigen Säulen getragenen Sterngewölbe ab. Eine Augenweide ist auch die schräg gegenüber gelegene kachelgeschmückte Markthalle des **Mercat Central** 7 (1928), nicht nur ihres appetitlichen Obst-, Gemüse-, Fisch- und Meeresfrüchteangebots wegen, sondern auch wegen der Architektur: Mit ihren Eisen-Glas-Kuppeln ist sie eine der schönsten *Jugendstil-Markthallen* Europas.

Ein Abstecher führt über die volkstümliche Plaza Redondo mit ihren kleinen Läden und urigen Bars zum **Museu Nacional de Cerámica** 8 (mnceramica.mcu.es, Di–Sa 10–14, 16–20, So 10–14, Juli/Aug. Sa bis 24 Uhr), untergebracht im stattlichen Palau del Marqués de Dos Agües (18. Jh.). Die umfassende Sammlung reicht von Werken der frühen iberischen Töpferkunst bis hin zu Arbeiten von Picasso. Das **Colegio del Patriarca** 9 (tgl. 11–13.30 Uhr), ein Priesterseminar des 16. Jh. östlich des Museums, besitzt einen wunderschönen zweistöckigen *Renaissance-Patio* und zudem eine beachtliche *Sammlung* mit Werken *Alter Meister* wie Rogier van der Weyden, Ribalta und Juan de Juanes.

Am Rande des Stadtzentrums

Durch das Gassengewirr des Barri del Carme, des ältesten Viertels von València, gelangt man zum **Institut València d'Art Moderno** 10 (IVAM, Di–So 10–20 Uhr), wo die Moderne ihren Platz gefunden hat. Im Neubau sind Arbeiten des spanischen Bildhauers *Julio González* (1876–1942) zu sehen, während im ehem. Karmeliterkloster (13. Jh.) Wechselausstellungen zeitgenössische Kunst vorstellen. Durch das doppeltürmige Stadttor **Torres de Serrans** 11 (13. Jh.), ein wuchtiges Relikt der alten Stadtumwallung, führt eine Brücke über das Bett des trockengelegten Río Turia zum **Museu de Belles Arts** 12 (www.cult.gva.es/mbav, Di–So 10–20 Uhr), das Werke valencianischer Künstler – etwa von Joaquín de Sorolla oder Antonio Muñoz Degrain –, aber auch der großen spanischen Meister, wie Goya, Velázquez, El Greco und Murillo, präsentiert.

Vorbei an der modernen Konzerthalle, dem **Palau de la Música** 13 (Programm-

Meisterwerk moderner Architektur – die 2006 vollendete Ciutat de les Arts i de les Ciènces

Infos Tel. 963 37 50 20), trifft man ganz im Südosten in Richtung Hafen auf Valèncias ambitioniertes Vorhaben der **Ciutat de les Arts i des les Ciènces** 14 (Stadt der Künste und Wissenschaften, Tel. 902 10 00 31, www.cac.es, Museen tgl. 10–19 Uhr). Dieser informative Themenpark, dessen planerische Umsetzung in Händen der renommierten Architekten Santiago Calatrava und Félix Candela lag, soll zum spielerischen Umgang mit Kunst und Wissenschaft animieren. Abgeschlossen wurde die Bauphase mit der Einweihung des Schauspiel- und Konzerthauses *Palau de les Arts* 2006. Ferner umfasst die futuristische Stadt in der Stadt das interaktive Wissenschaftsmuseum *Museo de las Ciències Prinicipe Felipe* sowie *L'Hemisfèric*, eine spektakuläre Gebäudekonstruktion in Form eines menschlichen Auges mit Planetarium, IMAX-Kino und Lasershow. Auch Europas größter Meerespark *L'Oceanogràfic* (Jan.–15. Juni, 16. Sept.– Dez. So–Fr 10–18, Sa 10–20, 16. Juni–17. Juli, 1.–15. Sept. tgl. 10–20, 18. Juli–Aug. tgl. 10–24 Uhr) ist Teil des Themenparks.

Ausflug

18 km südlich von València liegt der naturgeschützte Süßwassersee **Albufera**. Ein Rückzugsgebiet für zahlreiche Vogelarten – u. a. Purpur- und Seidenreiher, Zwergdommeln, Haubentaucher –, das bedroht ist durch die intensive landwirtschaftliche Nutzung der Umgebung, in erster Linie Reisanbau, sowie durch zunehmende Verlandung. Das ursprünglichste Örtchen der Albufera ist **El Palmar** am Südostzipfel der Lagune. Am Wochenende bevölkern die Valencianos die vielen kleinen Restaurants, die vorzügliche *Paellas* zaubern. Populär seiner Paellas wegen ist auch **Racó de l'Olla**, wo sich zugleich das Informationszentrum des Naturschutzgebietes (Ctra. El Palmar, s/n, Info-Tel. 961 62 73 45) befindet.

i Praktische Hinweise

Information

Oficina de Turismo, Plaza del Ayuntamiento, s/n, Valencia, Tel 346 18 18 35 00, www.turisvalencia.es. Zweigstellen an

Handelsstadt València – die Seidenbörse prunkt mit Sterngewölbe und Spiralsäulen

Fallas – im Rausch des Feuerzaubers

TOP TIPP

Grandioser Höhe- und Schlusspunkt der Fallas de València, des Stadtfestes vom 15. bis 19. März, ist die **Nit del Foc** (Nacht des Feuers). Etwa 350 **Ninots** werden durch die Gassen getragen, riesengroße Figurenensembles aus Pappmaché mit karikaturhaften Zügen, die mit bissiger Ironie und viel Humor geschäftstüchtige Politiker, arbeitsscheue Bürokraten und habgierige Bankiers aufs Korn nehmen. Wenn sie am Ende den lodernden Flammen übergeben werden, geht ein wahrer Freudentaumel durch die Menge.

Stierkämpfe, Umzüge, Musikkapellen, Feuerwerke und eine tägliche **Böller-Salve** (Despertà) gehören zu der vier Tage und ebenso viele Nächte dauernden Fiesta. Die gesamte Organisation und die aufwendige Herstellung der Ninots obliegen den Festkomitees der einzelnen Stadtteile. Jedes Jahr aufs Neue versucht man sich gegenseitig mit noch Spektakulärerem zu übertreffen, denn nur eine der Pappmachéfiguren, die Allerschönste, wird nicht dem Feuer übergeben, sondern erhält einen Ehrenplatz im **Museu Faller** (Pl. Monteolivete, Mo–Fr 10–14, 16–19, Sa 10–13.30 Uhr). Dort sind die preisgekrönten Kreationen der letzten Jahrzehnte zu bestaunen. Über die Ursprünge der feurigen Fiesta wird übrigens noch immer gerätselt, doch vieles deutet darauf hin, dass die Fallas auf ein vorchristliches **Frühlingsfest** zurückgehen.

der Plaza de la Reina, am Bahnhof *Estación del Norte*, am *Paseo de Neptuno* und am Flughafen *Manises* (8 km westlich). Hier kann man u. a. die 1–3 Tage gültige **Valencia Card** kaufen. Sie berechtigt zu freier Nutzung der öffentlichen Verkehrsmittel und bietet Rabatte, etwa beim Eintritt in Museen und Theater oder in Restaurants und Geschäften.

Hotels

******Reina Victoria**, c/ Barcas, 4, València, Tel./Fax 963 52 04 87, www.husareina victoria.com . Valèncias Spitzenhotel mit noblem Ambiente, zentral gelegen.

*****Ad Hoc**, c/ Boix, 4, València, Tel. 963 91 91 40, Fax 963 91 36 67, www.adhoc hoteles.com. Geschmackvoll eingerichtetes Hotel mit empfehlenswertem Restaurant in einem Stadtpalais.

Restaurants

Agricultura, Comedias, 12, València, Tel. 963 94 12 26. Fischgerichte in Salon des 19. Jh. unweit des Colegio del Patriarca.

Marisqueria Chivera, Lleida, 11, València, Tel. 963 47 59 17. In ganz València bekannt für seine guten Meeresfrüchte (So abends und Mo geschl.).

Rías Gallegas, c/ Cirilo Amorós, 4, València, Tel. 963 51 21 25. Die hervorragende galizische Küche wurde mit einem Michelin-Stern prämiert (Mo abends geschl.).

38 Gandía

Wasserspaß und Schlossbesuch bei Borjas.

Neben dem lebhaften Badeort *Cullera* (20 000 Einw.) an der Mündung des Río Júcar hat sich auch Gandía (63 000 Einw.) mit seinem kilometerlangen **Sandstrand** zu einem quirligen Ferienzenturm der südlichen Costa del Azahar entwickelt. Berühmt ist die Stadt als einstiger Sitz der Herzöge von Borja (ital. *Borgia*). Aus diesem Geschlecht ging auch Rodrigo, Bischof von València, hervor, der als **Papst Alexander VI.** (1492–1503) im Vertrag von Tordesillas 1494 die Aufteilung der Neuen Welt zwischen Spanien und Portugal besiegelte. Um den Ruf des

Palacio Ducal in Gandía – die Prunksuite ist ein Meisterwerk des valencianischen Barock

Papstes war es wegen seiner Ausschweifungen und Bereicherungen nicht besonders gut bestellt. Sein Urenkel **Francisco de Borja** (1510–1572) rückte die Familie wieder in ein besseres Licht: Er war General des Jesuitenordens und wurde später heilig gesprochen.

Vom Reichtum der Borja zeugt noch immer der **Palacio Ducal** aus dem 16./17. Jh. (Besichtigung im Rahmen von Führungen sommers Di–Sa 10–14, 17–19 Uhr, winters 16–18 Uhr), der heute im Besitz der Jesuiten ist. In den pompös ausgestatteten *Prunksälen* werden Leben und Taten des hl. Francisco de Borja verherrlicht, der hier das Licht der Welt erblickte.

i Praktische Hinweise

Information

Oficina de Turismo, Marqués de Campo, s/n, Gandía, Tel./Fax 962 87 77 88, www.gandiaturismo.com

39 Xàtiva

Liebenswerte Kleinstadt, umgeben von Orangen- und Weingärten.

Einen Abstecher von 35 km ins Hinterland lohnt das geschichtsträchtige Städtchen Xàtiva (30 000 Einw.). Während der Maurenherrschaft (ab dem 11. Jh.) war es berühmt als eines der ersten europäischen Zentren der **Papierherstellung**. Noch vor Gandía war Xàtiva Sitz der Borjas, und hier kamen die späteren **Borja-Päpste** Calixtus III. und Alexander VI. zur Welt. Ein weiterer berühmter Spross der Stadt ist der Maler **José de Ribera** (1591–1652). Der ›El Españoleto‹ (der kleine Spanier) Genannte sorgte in Italien durch seine Kunstfertigkeit für Furore.

Xàtiva war die zweitgrößte Stadt des Königreichs València, bis Philipp V. sie 1707 im Zuge des Spanischen Erbfolgekriegs niederbrennen ließ. Was man ihm übrigens bis heute nicht verziehen hat – im **Museu Municipal** (sommers Di–Fr 10–14, 16–18, Sa/So bis 14 Uhr, winters Di–So 10–14 Uhr) hängt sein Porträt noch immer kopfüber. Plätze mit schönen Brunnen und alte Adelspaläste prägen das Bild der malerischen **Altstadt**. Auf der Plaza Calixto III. befindet sich die mächtige Stiftskirche **La Colegiata** (16. Jh.), vor der die modernen *Bronzebüsten* der beiden Borgia-Päpste die Blicke auf sich ziehen. Wer den Aufstieg zum imposanten **Castillo** (sommers Di–So 10–19 Uhr, sonst bis 18 Uhr) mit seinen imposanten Wehrmauern nicht scheut, wird mit einem herrlichen Panoramablick belohnt.

i Praktische Hinweise

Information

Oficina de Turismo, Calle Alameda Jaume I, 50, Xàtiva, Tel. 962 27 33 46, Fax 962 28 22 21

Hotel

****Hostal La Hostería Montsant**, Subida al Castillo, s/n, Xàtiva, Tel. 962 27 50 81, Fax 962 28 19 05, www.mont-sant.com. Landhaus mit wenigen, liebevoll eingerichteten Zimmern. Gutes Restaurant.

Costa Blanca – die Weiße Küste von Alicante

An der Costa Blanca regiert das Strandleben mit Spiel und Sport. Sie ist 160 km lang, vom Cabo de la Nao im Norden bis zum Cabo de Palos bei Cartagena. Es ist die Küste der Provinz Alicante, daher wird das Städtchen Dénia noch zur Costa Blanca gerechnet. Den vielen Erholungssuchenden werden flache Sandstrände geboten, es gibt aber auch Küstenabschnitte mit malerischen Klippen. Neben freundlichen Ferienorten wie Dénia und Xàbia findet sich hier auch das Mekka der Pauschalurlauber, Benidorm.

40 Dénia

Strandvergnügen, eine lebhafte Altstadt und ein bedeutender Hafen.

Attraktive Strände wie die **Playa Les Rotes** mit ihrer Klippenkulisse und die feinsandige **Playa les Marines** machen Dénia (42 000 Einw.) zu einem beliebten Urlaubsort. Ein weiterer Pluspunkt ist, dass sich die Stadt ihren eigenen Charme bewahren konnte. Die **Altstadt** mit ihren verwinkelten Gässchen liegt unterhalb des Burgbergs, der eine mächtige **Festung** trägt. Auf viel Lokalkolorit und jede Menge Bars trifft man im Viertel am **Hafen**, wo moderne Sportboote ankern, von dem aber auch Fähren nach Ibiza, Formentera und Mallorca abgehen.

Im Umfeld Dénias sind, wie im benachbarten Xàbia, Villenkolonien als Al-

Perfektes Costa-Blanca-Feeling – Erholung am Prachtstrand beim Cabo de la Nao

tersruhesitze wohlhabender Sonnenanbeter aus ganz Europa entstanden.

i Praktische Hinweise

Information

Oficina de Turismo, Pl. del Oculista Buigues, 9, Dénia, Tel. 966 42 23 67, www.denia.net

Hotels

***Rosa**, Ctra. las Marinas, Dénia, Tel. 965 78 15 73, Fax 966 42 47 74, www.hotelrosadenia.com. Nettes kleines Hotel in Strandnähe mit Terrasse und Garten.

****La Racona**, Camí Ample, 19, Las Rotas, Dénia, Tel. 965 78 79 60, Fax 965 78 78 61, www.hotel-laracona.com. Charmantes Haus in der Nähe der Playa Les Rotes, einer der schönsten Strände der Costa Blanca.

41 Xàbia

TOP TIPP *Verlockende Buchten und eine Altstadt in malerischer Hügellage.*

Vom **Cap Sant Antoni** hat man einen schönen Blick südwärts Richtung Xàbia. Der attraktive Küstenabschnitt mit seinen zwischen Felsen versteckten **Badebuchten** wie der *Cala de la Barraca* (Kiesstrand), der *Cala de la Granadella* (Sand- und Kiesstrand) und der *Platja de l'Ambolo* (Nudistenstrand) ist längst kein Geheimtipp mehr. Dennoch hebt sich das Gebiet um Xàbia mit seinen kleinen, im mediterranen Stil errichteten **Ferienwohnungen** angenehm von der vielfach dicht bebauten Küstenlandschaft der Levante ab.

Der alte Ortskern von Xàbia befindet sich etwas landeinwärts zu Füßen der Sierra de Montgó. Die Lage sollte einst Schutz bieten vor der stets präsenten Piratengefahr. Gesichert wurde der Ort mit mächtigen **Stadtmauern**, und selbst die gotische **Iglesia de San Bartolomé** (tgl. 11–13, 17–19.30 Uhr) wurde als trutzige Wehrkirche errichtet, um im Ernstfall als Zufluchtsstätte für die Bevölkerung zu dienen.

i Praktische Hinweise

Information

Oficina de Turismo, Plaza de la Iglesia, 4, Xàbia, Tel 965 79 43 56, Fax 965 79 63 17, www.xabia.org

Hotel

*****Villa Mediterránea**,
c/ León, 5 (Richtung Jesús Pobre), Xàbia, Tel. 965 79 52 33, Fax 965 79 45 81. Luxuriöses kleines Traumhotel in einer ehem. Finca. Hübsche Zimmer und eine schöne Gartenanlage mit Pool.

42 Calpe und Altea

Ein Eckpfeiler im Meer und ein Künstlerrefugium auf einem Hügelrücken.

Mit kilometerlangem Strand, Jachthäfen, vielen Hotels, Restaurants und Diskotheken gesegnet, ist **Calpe** ein typischer Ort des Badetourismus. Seine Attraktivität wird optisch gesteigert durch den vor der Küste steil aus dem Meer aufragenden **Penyal d'Ifach**. 332 m hoch ist dieser viel fotografierte, majestätische Felsmonolith, das Wahrzeichen der Costa Blanca, der seinen Besteigern herrliche Aussicht auf die Küste bis zum wildromantischen Cabo de la Nao, auf das Küstengebirge und manchmal sogar bis nach Ibiza schenkt.

Viel Atmosphäre strahlt das auf einem Hügel etwas weiter südlich thronende, schmuck herausgeputzte Städtchen **Altea** (17 500 Einw.) aus. Blickfang über den kleinen, weißen Häusern ist die mit blauen Kacheln gedeckte Kuppel der *Pfarrkirche*. Künstler haben Altea schon lange als Freiluftstudio entdeckt. Folglich wird in den malerischen Altstadtgassen allerlei Kunst von unterschiedlicher Qualität zum Verkauf angeboten.

43 Benidorm

Ferientotalprogramm im Manhattan der Costa Blanca.

Zur Metropole des Massentourismus entwickelte sich Benidorm (69 000 Einw., rund 3 Mio. Besucher jährlich) bereits in den 1960er-Jahren und von dem einst beschaulichen Fischerdörfchen ist längst nichts mehr übrig geblieben. Hochhausburgen säumen die beiden schönen Sandstrände **Playa de Poniente** und **Playa de Levante**, zwischen die sich ein kleines Kap mit der Aussichtsplattform **Balcón del Mediterráneo** schiebt. 2002 eröffnete das mit 210 m höchste Hotel Europas, im Jahr 2010 soll das von Roberto Perez Guerras entworfene höchste Wohngebäude des Kontinents mit 55 Stockwerken fertig sein.

Im Sommer liegt man dicht an dicht im Sand und nach Sonnenuntergang boomt das Nachtleben, denn an Bars, Szene-Treffs und Diskotheken herrscht wahrlich kein Mangel. Ergänzt werden diese Vergnügungsstätten durch den Themenpark **Terra Mítica** (tgl. 10–22 Uhr, Juli/Aug. bis 1 Uhr, Tel. 902 02 02 20, www.terramiticapark.com) mit seinen zahllosen Fahrgeschäften, durch den Wasserpark **Aqualand** (tgl. 10–20 Uhr) und das **Aquascope** (tgl. 10–17 Uhr), ein U-Boot, mit dem man vom Hafen aus Unterwasserexkursionen unternehmen kann.

Praktische Hinweise

Information

Oficina de Turismo, Avenida Europa, s/n, Benidorm, Tel. 965 86 00 95, www.benidorm.org

44 Guadalest

Viel besuchte Bergfestung mit herrlicher Aussicht.

Abenteuerlich – in luftiger Höhe bekrönen eine maurische **Burgruine** und der freistehende **Glockenturm** von Guadalest bizarre Felsformationen. Das 20 km

Ferienparadies der besonderen Art – Benidorm is different

In den Fels gebaut – entzückend ist das Festungsdorf Guadalest

hinter der Küste gelegene Bergdorf (190 Einw.) ist nur durch einen in den Fels gehauenen Tunnel zu erreichen, ringsherum fällt das Gelände steil ab, vor Angriffen war man so gefeit. Heutzutage weiß das Dorf sich mit seinen modernen Invasoren zu arrangieren, schließlich lockt Guadalest jährlich rund 2 Mio. Ausflügler an, die alle von der phänomenalen Aussicht auf die gebirgige Umgebung schwärmen.

45 Alicante

Die Stadt mit dem besonderen Licht.

Dem wohl schon von den Griechen gegründeten Ort gaben die Römer des besonderen Lichts wegen den Namen Lucentum, die Mauren nannten ihn Al-Lucant. Die mediterrane Atmosphäre verleiht der gepflegten Stadt (320 000 Einw.) in der Tat einen besonderen Reiz. Ihr Herz schlägt auf der von Palmen gesäumten, parallel zum Hafen verlaufenden **Explanada de España**. Auf dieser Promenade flanieren die Alicantinos über ein Bodenmosaik mit schönem Wellenmuster, hier trifft man sich zum Kaffee oder zum sonntäglichen Konzert. Nördlich schließt der saubere Stadtstrand **Playa del Postiguet** an. Oberhalb, am Paseo Gómiz, führt ein Aufzug zum 16 m hoch gelegenen **Castillo de Santa Bárbara** (tgl. 10–20 Uhr). Prachtvoll sind die Fernblicke von hier oben. Unterhalb des Burgbergs liegt das enge Altstadtviertel mit der im strengen Renaissancestil errichteten **Catedral San Nicolás de Bari** (17. Jh.; tgl. 9–12.30, 17.30–20 Uhr) und dem barocken **Ayuntamiento** (17./18. Jh.). Eine Tafel auf der Höhe der ersten Treppenstufe bezeichnet hier die *Meereshöhe ›Null‹*, woran sich sämtliche Höhenangaben Spaniens orientieren. Nahebei, an der Plaza Santa María, 3, sei Kunstfreunden das **Museo de Arte Contemporáneo La Asegurada** (voraussichtlich bis Sommer 2007 geschl., Tel. 965 14 07 68) empfohlen, das im ältesten Patrizierhaus der Stadt eine exquisite Sammlung von Kunstwerken des 20. Jh. – von Dalí, Picasso, Miró, Chillida und Tàpies, um nur einige zu nennen – präsentiert.

Auch lohnt der Besuch des Archäologischen Museums der Provinz Alicante, **MARQ** (Pl. Dr. Gómez Ulla, s/n, Di–Sa 10–19, So 10–12, 14–19 Uhr), das seiner abwechsungsreichen Ausstellungsgestaltung den Titel ›Europäisches Museum des Jahres 2004‹ verdankt. Neben den Funden aus vorgeschichtlicher, iberischer und römischer Zeit sowie dem Mittelalter kann man hier auf anschauliche Weise die Arbeit von Archäologen, etwa unter Wasser, kennen lernen.

In Festtagslaune ist die ganze Stadt Ende Juni während der **Hogueras (Fogueres) de San Juan**. Dann werden fantastisch gestaltete Großfiguren aus Holz und Pappe durch die Straßen getragen und in der Johannesnacht zum 24. Juni unter großem Jubel verbrannt. Während des restlichen Jahres können Besucher des **Museo de Fogueres** (Rambla Méndez Núnez, 29, Di–Sa 10–14, 17–20 Uhr) mithilfe von Fotos, Kostümen und vom Feuer verschonten Figuren dem Zauber der Johannesnacht nachspüren.

i Praktische Hinweise

Information

Oficina de Turismo, Rambla Méndez Núnez, 23, Alicante, Tel. 965 20 00 00, www.comunitatvalenciana.com

Hotels

******Eurostars Mediterránea Plaza**, Pl. del Ayuntamiento, 6, Alicante, Tel. 965 21 01 88, Fax 965 20 67 50, www.eurostarmediterraneaplaza.com. Komfortables Hotel mit herrlicher Dachterrasse.

******Holiday Inn Alicante**, Playa de San Juan, Alicante, Tel. 965 15 61 85, Fax 965 15 39 36, Alicante, www.ichotelsgroup.com. Gepflegte Ferienanlage (126 Zimmer), 400 m vom Strand entfernt.

Auf Wellen flanieren – Alicantes Palmenpromenade Explanada de España

Restaurant

Jumillano, César Elguezábal, 64, Alicante, Tel. 965 21 2964. Rustikales Traditionslokal mit günstigen Tagesgerichten (So abends geschl.).

46 Elche

Palmen über Palmen.

Schlanke, hoch gewachsene **Dattelpalmen** (Phoenix dactylifera), etwa 200 000 Stück, verteilt auf die verschiedenen Parks und Gärten, bilden einen grünen Saum um die Industriestadt Elche (215 000 Einw.), eine der Hochburgen der spanischen Schuh- und Lederproduktion. Europas größter Palmenhain – **El Palmeral de Europa** – ist ein Erbe der phönizischen Kultur und heute UNESCO Weltkulturerbe. Besonders schöne Exemplare dieser himmelstrebenden Pflanzen finden sich im **Huerto del Cura** (April–Sept. tgl. 9–20.30 Uhr, sonst bis 18 Uhr), begehrtestes Fotoobjekt ist hier die rund 200 Jahre alte *Palmera Imperial*. Zusätzlich kann man im **Museu del Palmerar** (c/ Porta del Morera, 12, tgl. 10–14, 17–21 Uhr) alles über die historische und wirtschaftliche Bedeutung des Palmenwaldes erfahren.

In ganz Spanien ist Elche auch bekannt als der Fundort der **Dama de Elche**, einer steinernen *Frauenbüste* aus iberischer Zeit, die heute im Museo Arqueológico Nacional von Madrid zu sehen ist. Ein ›Relikt‹ aus längst vergangenen Tagen ist zudem das Mysterienspiel **Misteri d'Elx** (TOP TIPP) (UNESCO-Weltkulturerbe). Das ins 13. Jh. zurückreichende religiöse Drama um den Tod und die Himmelfahrt Mariens wird alljährlich Mitte August ausschließlich mit männlichen Darstellern aufgeführt. Schauplatz ist die sehenswerte Kirche **Santa María** (tgl. 7–13.30, 17.30–21 Uhr) aus dem 17. Jh.

i Praktische Hinweise

Information

Oficina de Turismo, Pl. del Parque, Elche,Tel. 966 65 81 96, Fax 966 65 81 97, www.turismedelx.com

Hotel

******Huerto del Cura**, Porta de la Morera, 14, Elche, Tel. 966 61 00 11, Fax 966 61 20 60, www.huertodelcura.com. Inmitten von Palmen liegen die charmanten Bungalows, das gepflegte Restaurant hält, was das Ambiente verspricht.

METROPOLIS
PIAGET
OCASO
PISO BAJO
OCASO HOGAR

Kastilien – das stolze Burgenland

Spaniens Kernland, fernab der Küsten, zeichnet sich durch den herben Charme seiner Landschaft aus. Die **Meseta** bildet eine weite, dünn besiedelte Tafellandschaft, überzogen von einem Meer von Getreidefeldern, in dem sich die Städte und kleinen Dörfer wie Inseln ausnehmen. Das **Klima** ist gekennzeichnet von großen Gegensätzen. Die Kastilier selbst sagen, in ihrer Heimat herrsche ›neun Monate der Winter und drei Monate die Hölle‹. In der Tat, im Winter ist es grau und oft bitterkalt, während im Sommer die Sonne unbarmherzig vom Himmel brennt.

Kastilien ist das spanische Burgenland, denn um die Grenzlinien gegen die Mauren zu sichern, wurde die Region während der Reconquista mit zahllosen **Kastellen** befestigt. Seit dem Mittelalter wurden die entscheidenden politischen Weichen in Kastilien gestellt. Mit der Hochzeit von Isabella von Kastilien und Ferdinand von Aragón wurde im Jahr 1469 die Grundlage für die Vereinigung der beiden wichtigsten spanischen Königreiche geschaffen und zugleich auch der Keim für die **Einheit Spaniens** gelegt.

Philipp II. erkor 1561 **Madrid** zur Hauptstadt des Landes, von hier aus regierte er sein Weltreich ›in dem die Sonne nicht unterging‹. Heute lockt die quirlige Metropole mit ihren herrlichen Sehenswürdigkeiten und hochkarätigen Museen Besucher aus aller Welt an. Ebenfalls zu Höhepunkten jeder Spanienreise zählen die historisch bedeutsamen, prachtvollen Städte **Toledo**, **Segovia**, **Ávila** und **Salamanca**.

47 Madrid

Plan Seite 74/75

Hauptstadt der Lebenslust, Metropole für Kunstliebhaber und Nachtschwärmer.

Spaniens Hauptstadt ist unbestritten das politische, wirtschaftliche und kulturelle Zentrum der Iberischen Halbinsel. Die höchstgelegene Metropole Europas (640 m) durchlief in den letzten Jahrzehnten eine rasante Entwicklung. Die graue Tristesse der Franco-Ära gehört längst der Vergangenheit an und die einst behäbige Beamtenhochburg hat sich zu einer dynamischen **Kulturmetropole** gemausert. Grandiose Museen wie der Prado oder die Thyssen-Bornemisza-Sammlung allein lohnen den Besuch. Längst hat sich auch herumgesprochen, dass das **Nachtleben** der Drei-Millionen-Stadt seinesgleichen sucht.

Geschichte Dass **Philipp II.** 1561 ausgerechnet Madrid zur Hauptstadt Spaniens auserkor, lag keineswegs auf der Hand. War es doch nicht viel mehr als eine ärmliche Ansiedlung von Lehmhütten im Herzen der kastilischen Hochebene, die von den maurischen Eroberern um 850 auf den Namen **Mayrit** (Ort der vielen Wasser) getauft worden war. Altehrwürdige Residenzstädte wie Toledo, Valladolid und Segovia hatten damals das Nachsehen. In erster Linie war es wohl die zentrale Lage, die für Madrid sprach, eine Rolle spielten vielleicht auch die dichten Wälder, heute längst verschwunden, in denen der König seiner Jagdleidenschaft frönte. Die finanziellen Mittel für den repräsentativen Ausbau der Stadt flossen unter Philipp II. jedoch in erster Linie in die Errichtung des *Escorial*. Erst unter seinen Nachfolgern wurde der Stadt mit Projekten wie der **Plaza Mayor** nach und

◁ **Oben:** *Boulevard einer Weltstadt – der geflügelte Metrópolis-Bau an der Gran Vía*
Unten: *Festsaal im Freien – Madrids elegante Plaza Mayor*

nach hauptstädtischer Glanz eingehaucht. Unter den Herrschern der Bourbonen, die ab 1700 die Habsburger ablösten, tat sich vor allem der aufgeklärte Reformkönig **Karl III.** (1759–88) hervor, er gilt noch heute als ›Madrids bester Bürgermeister‹. Der Monarch belebte die Wirtschaft durch die Einrichtung von Manufakturen, sorgte mit dem Bau der Kanalisation für Hygiene und holte Madrid mit der ersten Straßenbeleuchtung aus dem nächtlichen Dunkel.

Ein schwarzer Tag in der Stadtgeschichte war der **Volksaufstand** am 2. Mai 1808 gegen die französischen Besatzer, der in einem Blutbad endete. Erst nach einem sechsjährigen Krieg konnte Spanien seine Unabhängigkeit zurückgewinnen.

Mit der **Industrialisierung** wuchs Madrid über seine alten Stadtgrenzen hinaus. In den 1950er-/60er-Jahren zogen Spanier aus allen Landesteilen auf der Suche nach Arbeit in die Metropole. Heute kommen vor allem Zuwanderer aus Lateinamerika und Afrika in das wirtschaftlich aufstrebende Madrid.

Besichtigung Der Altstadtrundgang beginnt an der vitalen **Puerta del Sol** 1 (Sonnentor), deren Name auf ein nicht mehr existentes Stadttor zurückgeht. Heute ist das Halbrund des im 19. Jh. bebauten Platzes das Herz der Metropole und einer ihrer wichtigsten Verkehrsknotenpunkte. Zum Uhrturm des ehem. *Postgebäudes* (Casa de Correos, 1766), heute Sitz der Regierung der Autonomen

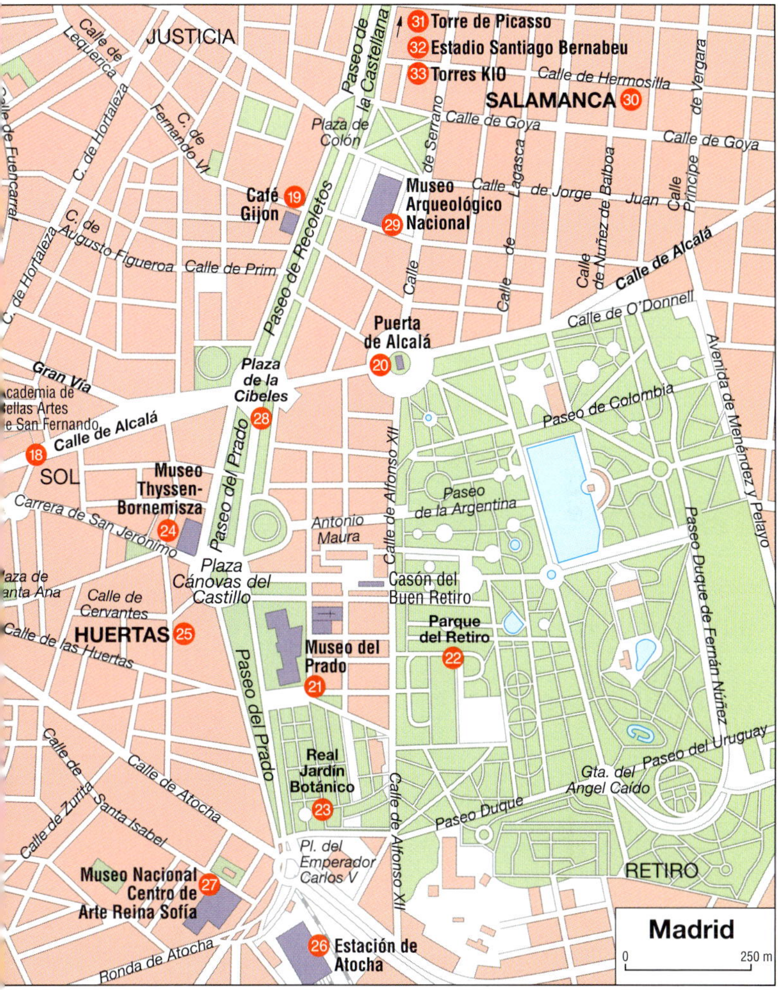

Region Madrid, blickt in der Silvesternacht ganz Spanien auf. Wer zu jedem der zwölf Glockenschläge eine Traube verzehrt, dem bleibt – so heißt es – das Glück das ganze Jahr über hold. Nur ein paar Schritte weiter westlich öffnet sich hinter Arkaden die weiträumige, in sich geschlossene **Plaza Mayor** 2, die Juan de Gómez de la Mora, ein Schüler Juan de Herreras, unter Philipp III. 1619 vollendete. Der ›Festsaal im Freien‹ diente als Bühne für Stierkämpfe, Turniere, Theateraufführungen, Heiligsprechungen – während der Inquisition auch für Schauprozesse und Hinrichtungen. Heute wird Madrids schönste Plaza, in deren Mitte ein bronzenes *Reiterdenkmal* Philipps III. (Giovanni Bologna und Pietro Tacca, 1613) steht, von Straßencafés gesäumt. Unter den Arkaden finden sich kleine Läden und im Umkreis urige Tavernen. Die Gasse Ciudad Rodrigo führt zum **Mercado de San Miguel** 3, einer kleinen Markthalle in filigraner Eisenglaskonstruktion vom Beginn des 20. Jh. Über die Calle Mayor, zur Zeit der Habsburger die Hauptstraße Madrids, erreicht man die beschauliche **Plaza de la Villa** 4. Das älteste Gebäude ist hier die *Casa de los Lujanes* (frühes 15. Jh.), in deren Turm Franz I. von Frankreich nach der Schlacht bei Pavia 1525 gefangen gehalten wurde. Gegenüber fällt die strenge Barockfassade der *Casa de la Villa* (Rathaus, 17. Jh.) auf, die wiederum verbunden ist mit der *Casa de Cisnero* (16. Jh.), dem Amtssitz des Bürgermeisters. Jenseits der Calle Mayor ist mit **San Nicolás** 5 das älteste Gottes-

Macht und Pracht der spanischen Könige – Palacio Real von 1764 in Madrid

haus Madrids zu entdecken. Die relativ unscheinbare Kirche des 12. Jh. ziert ein Turm im Mudéjarstil. Ungleich stattlicher wirkt südöstlich der Plaza de la Villa die 1664 vollendete Jesuitenkirche **Colegiata de San Isidro** 6 (tgl. 7.30–13.30, 18–21 Uhr), die von 1885 bis 1993 als provisorische Kathedrale diente. Nach Vertreibung der Jesuiten 1767 wurde sie dem Stadtpatron San Isidro geweiht, dessen Gebeine am Altar in einer kostbaren Silberurne ruhen. Sonntags bietet sich von hier ein Abstecher zum **Rastro** 7 (9–15 Uhr) an, Madrids bekanntestem Trödelmarkt. Südlich der Plaza de Cascorro, im Straßendreieck zwischen Calle de Toledo, Ronda de Toledo und Calle de Embajadores, herrscht dann dichtes Gedränge zwischen Antiquitäten, Kunsthandwerk, Kitsch und Ramsch. Nordwestlich davon, auf der **Plaza de la Paja** 8, steht man im Herzen des mittelalterlichen Madrid. Der volkstümliche Platz wird gesäumt von der barocken Parroquia *San Andrés* und der spätgotisch plateresken *Capilla del Obispo* (16. Jh.). Von hier führt nun die Carrera de San Francisco hinunter zur 1785 fertig gestellten **Basílica de San Francisco el Grande** 9 (Di–Fr 11–12.30, 16–18.30 Uhr), ein Rundbau mit mächtiger Kuppel, die mit ihrem Durchmesser von 33 m ein architektonisches Wagnis darstellte. Unter den Kunstwerken im Inneren ragt Francisco de Goyas frühes Werk ›Predigt des hl. Bernhard‹ heraus. Etwas weiter nördlich lockt schließlich die kleine Parkanlage **Jardines de las Vistillas** mit ihren beliebten Terrassenlokalen und einem schönen Blick auf die Madrider Kathedrale.

Königliches Madrid

Auf einer Anhöhe oberhalb des Río Manzanares thront das Königsschloss der Bourbonen, der imposante **Palacio Real** 10 (Mo–Sa 9.30–17, So 9–14 Uhr, bei offiziellen Empfängen geschl.). Er nimmt die Stelle des maurischen Alcázar ein, den schon die Habsburger zur Königsresidenz hatten ausbauen lassen. Nach deren Brand 1734 gab Philipp V., der erste Herrscher der Bourbonendynastie, den Auftrag zum Neubau. 30 Jahre später, unter Karl III., war die barocke, mit Pilastern, Säulen und Brüstungen rhythmisch gegliederte Vierflügelanlage fertig gestellt. Heute wird der Palacio Real für offizielle Empfänge und festliche Staatsakte genutzt, während König Juan Carlos I. den bescheideneren Zarzuela-Palast nördlich von Madrid als Wohnsitz vorzieht. Zu den Höhepunkten eines Schlossbesuchs zählen die farbenprächtigen *Deckenfresken* – darunter z. B. Tiepolos ›Apotheose der spanischen Monarchie‹ im rot-goldenen *Salón del Trono* –, die prunkvollen königlichen Gemächer, die *Biblioteca Real* mit 300 000 Büchern, die *Real Farmacia* und die *Real Armería* mit Waffen und Rüstungen berühmter Monarchen und Konquistadoren.

Gegenüber dem Waffenhof präsentiert sich die junge Madrider Kathedrale **Nuestra Señora de la Almudena** 11 (tgl. 10–19.30 Uhr) in einer historisierenden, bis heute umstrittenen Stilmixtur. Ihre Weihe nahm nach 100-jähriger Bauzeit Papst Johannes Paul II. 1993 vor. Dem Königspalast wie auch dem östlich gelegenen **Teatro Real** (Oper, 1850) schafft die **Plaza de Oriente** 12 einen würdigen Rahmen. Statuen spanischer Könige flankieren die halbrunde Platzanlage um die berühmte *Reiterstatue Philipps IV.* (Statik: Galileo Galilei, Entwurf: Diego Velázquez; 1640).

Nahebei liegt der **Convento de la Encarnación** 13 (Di–Do, Sa 10.30–12.45, 16–17.45, Fr 10.30–12.45, So 11–13.45 Uhr), ein Augustinerinnenkloster, das die Gattin Philipps III., Margarete von Österreich, zu Beginn des 17. Jh. stiftete. Das Kloster birgt neben einer Kollektion von Gemälden der Madrider Schule auch eine beachtliche *Reliquiensammlung*. Über die Plaza de Isabel II erreicht man die zweite königliche Klostergründung, das **Monasterio de las Descalzas Reales** 14 (Di–Do 10.30–12.30, 16–17, Fr 10.30–12.30, So 11–13.30 Uhr). Johanna, eine Tochter Karls V., gründete 1554 das ›Kloster der königlichen Barfüßerinnen‹, das sie sich als Witwensitz auserkoren hatte. Für viele Frauen der Habsburgerdynastie und des spanischen Hochadels wurde das Kloster die religiöse Wahlheimat. Damit gelangten wertvolle Kunstschätze – darunter herrliche *Gobelins* und eine *Gemäldesammlung* mit Werken von Tizian, Breughel d. Ä., Zurbarán und Murillo – in den Besitz des Ordens. Eine Augenlust ist auch das über und über bemalte *Treppenhaus*.

Westlich des Palacio Real, jenseits des Nordbahnhofs, kann man in der **Ermita de San Antonio de la Florida** 15 (Mo–So 8.30–13, 17–20.30, sommers bis 18 Uhr) Francisco de Goya seine Referenz erweisen, der die Kuppel dieser klassizistischen Einsiedelei mit einem faszinierenden Fresko auskleidete und hier auch seine letzte Ruhestätte fand.

Prachtmeilen – Gran Vía und Calle de Alcalá

König Alfonso XIII. ließ 1910 die **Gran Vía** 16 anlegen, sie markierte Madrids städtebaulichen Aufbruch in die Moderne. Um Platz für die heute beliebte Flanier- und Kinomeile zu schaffen, wurde damals mitten durch die dicht bebaute Altstadt eine Schneise geschlagen. Mit aufwendigen Hausfassaden und vielfach originellen Dachskulpturen bildet die Gran Vía ein Freilichtmuseum spanischer Architektur des frühen 20. Jh. Auffallend sind das 1929 nach amerikanischen Vorbildern erstellte Bürohaus *Edificio Telefónica* (Nr. 28), mit 89 m Höhe seinerzeit das höchste Gebäude Europas, und das *Metrópolis*, das mit seiner viel fotografierten Turmkuppel, bekrönt von einer geflügelten Victoria, im Osten des Boulevards einen eleganten Schlusspunkt setzt. Im Westen mündet die Gran Vía auf die **Plaza de España** 17, mit der Franco sich ein architektonisches Denkmal schaffen wollte. Die Stirnseite nimmt hier das 107 m hohe *Edificio España* (1953) mit dem Plaza Hotel ein, schräg gegenüber wurde 1957 mit dem Bürogebäude *Torre de Madrid* (124 m) ein neuer Höhenrekord erzielt. Die Platzmitte akzentuiert das *Cervantes-Denkmal* mit den Figuren der Romanhelden Don Quijote und Sancho Pansa.

Ein Pendant zur Gran Vía ist die **Calle de Alcalá** 18, die in ihrem Verlauf noch einem alten Viehtrieb aus dem 15. Jh. folgt. Die Avenida zieht von der Puerta del Sol in nordöstlicher Richtung, kreuzt beim Cibeles-Brunnen die Castellana und führt zur berühmten Madrider Stierkampfarena **Las Ventas** (1934). Banken und Versicherungen bestimmen das Straßenbild bis zum Cibeles-Brunnen, doch mit der **Academia de Bellas Artes de San Fernando** (Nr. 13; Di–Fr 9–19, Sa–Mo 9–14.30 Uhr) ist hier auch die Kunst zu Hause. Glanzlichter dieser opulenten Sammlung sind die Werke von Francisco de Goya. Im repräsentativen Gebäude des **Círculo de Bellas Artes** (Nr. 42), in dem ein vielfältiges kulturelles Programm geboten wird, befindet sich auch ein traditionsreiches Kaffeehaus, das wie das **Café Gijon** (Nr. 21) 19 auf dem Paseo de Recoletos zu den Institutionen der Stadt zählt. Jenseits der Castellana ragt die **Puerta de Alcalá** 20 auf, ein Stadttor des 18. Jh.

Boulevard der Musen – Paseo del Prado

Madrids grüne Kunstpromenade Paseo del Prado wurde im 18. Jh. unter Karl III. entworfen. Sie bildet die südliche Fortsetzung von Paseo de Recoletos und Paseo de la Castellana, der wichtigsten Verkehrsachse der Stadt. Das Prado-Museum, die Thyssen-Sammlung und das Centro de Arte Reina Sofía formen hier ein phänomenales Kunst-Dreieck.

TOP TIPP Hauptanziehungspunkt ist das **Museo del Prado** 21 (www.museodelprado.es, Di–So 9–20 Uhr). Mit sei-

Muße im Musentempel – unter einem königlichen Reiterbild von Velázquez

ner fast 10 000 Werke umfassenden Sammlung, die Kunstschätze des 12.–19. Jh. birgt, zählt der Prado zu den bedeutendsten Pinakotheken der Welt. Zu danken ist dies den kunstliebenden und sammelbegierigen Habsburger- und Bourbonenkönigen. Juan de Villanueva hatte ab 1785 den lang gestreckten Bau mit Säulenportikus errichtet, der 1819 als ›Königliches Museum der Gemälde und Skulpturen‹ eingeweiht wurde. 1971 kam das nahe gelegene *Casón del Buon Retiro* (Mi–So 10–20 Uhr) als Dependance für Kunst des 19. Jh. hinzu. Mit dem *modernen Anbau* des Stararchitekten Rafael Moneo, der hinter einer nüchtern wirkenden Ziegelsteinfassade den Kreuzgang des Jeronimo-Klosters integrierte, wurde die Ausstellungsfläche des Prado im Oktober 2007 um die Hälfte vergrößert.

Die bedeutendsten Maler Spaniens – Velázquez, Murillo und Goya –, in Bronze nachgebildet, empfangen die Besucher vor den Portalen des Musentempels. Nirgendwo sonst ist die **spanische Malerei** so eindrucksvoll vertreten wie im Prado. Dazu kommen zahlreiche prominente flämische, holländische und italienische Meisterwerke. Angesichts dieser brillanten Bilderflut muss jeder Besucher für sich Schwerpunkte bei der Besichtigung setzen. Doch allein die Highlights unter all diesen Schätzen aufzuzählen, wäre entschieden rahmensprengend, daher hier nur einige Schlaglichter: Spaniens goldenes Zeitalter der Kunst beginnt mit Domenicus Theotokopoulos, genannt *El Greco* (1541–1614): Visionär erscheinen seine lang gestreckten Figuren, betont wird deren Vergeistigung durch extreme Farbgebung, etwa in der erregenden ›Anbetung der Hirten‹. *Francisco de Zurbarán* (1598–1664) beeindruckt mit seinen schönen, eleganten Mönchs- und Heiligenbildern. *Diego Rodriguez Velázquez* (1599–1660) ist der Hauptmeister des 17. Jh. In Sevilla geboren, war er seit 1623 als Hofmaler Philipps IV. tätig. Das bedeutendste seiner Porträts der königlichen Familie ist ›Las Meninas‹, ein wahrer Mythos des Rausches sein ›Bacchus‹. Anrührend sind *Esteban Murillos* (1617–1682) Madonnen in ihren warmen, duftigen Farben im ›Estilo vaporoso‹. *Francisco de Goya y Lucientes* (1746–1828) schließlich hat in seinen Werken das Spanien des 18. Jh. kommentiert: Schonungslos offenbart er mit der ›Familie Karls IV.‹ die Dekadenz, mit ›El Tres de Mayo de 1808‹ die Grausamkeit seiner Zeit.

Stilbildend in der **europäischen** Kunstgeschichte wirkte *Rogier van der Weydens* (1399/1400–1464) ›Kreuzabnahme‹. ›Der Garten der Lüste‹ von *Hieronymus Bosch* (um 1450–1516), ein Lieblingsbild Philipps II., ist eine fantastische Spukfantasie und *Albrecht Dürers* (1471–1528) ›Adam und Eva‹ von 1507 eines der frühesten Aktbilder nördlich der Alpen. Unter den Italienern ragen Raffael, Tintoretto und besonders *Tizian* (1488/90–1576) heraus, der mit ›Karl V. in Mühlberg‹ eines der genialsten Reiterbilder schuf. Von den vielen Hauptwerken des *Peter Paul Rubens* (1577–1640) seien nur seine ›Drei Grazien‹ genannt.

Erholung findet man im nahen **Parque del Retiro** 22, der grünen Lunge der Stadt. Sonntags flanieren hier die Madrilenen, für Kurzweil sorgen die *Caféterrassen*, die Wechselausstellungen im gläsernen *Palacio de Cristal* und die Ruderboote auf dem künstlichen *See* vor der Kulisse einer mächtigen Säulenhalle mit der *Reiterstatue* Alfonsos XII. im Zentrum.

Blumenfreunde besuchen an der Südseite des Prado den **Real Jardín Botánico** 23 (tgl. 10 Uhr bis zur Dämmerung), den Karl III. zum Studium heimischer und überseeischer Pflanzen anlegen ließ, ehe sie sich dem nächsten Kunstereignis auf der Höhe der Plaza Cánovas del Castillo zuwenden. Hier ist im klassizistischen Palacio Villahermosa das **Museo Thyssen-Bornemisza** 24 (www.museothyssen.org, Di–So 10–19 Uhr) untergebracht. Der spanische Staat erstand 1992 rund 800 Gemälde der einzigartigen Sammlung des Barons aus Lugano. Verteilt auf drei Stockwerken wird ein exzellenter Überblick über das abendländische Kunstschaffen des 13.–20. Jh. geboten, wobei die großen Meister aller Epochen mit Werken vertreten sind. Bestens repräsentiert werden auch der französische Impressionismus und der deutsche Expressionismus – der Museumsbesuch wird so zu einem grandiosen Spaziergang durch die Kunstgeschichte. Seit 2004 können im Erweiterungsbau weitere 220 Gemälde, darunter Werke von Paul Gauguin und Alfred Sisley, aus dem Besitz der Witwe Carmen Thyssen-Bornemisza bewundert werden. Neben der permanenten Sammlung locken auch interessante Wechselausstellungen.

Für die Tapas zwischendurch bieten sich die urigen Tavernen und Bars im Literatenviertel **Huertas** 25 an, das sich südlich des Museums bis zur Calle de

Fruchtbarkeitsgöttin in magischem Licht – die Plaza de la Cibeles mit ihrem grandiosen Brunnen vor dem Palacio de las Comunicaciones, der einer Kathedrale gleicht

Atocha erstreckt. Während Spaniens *Siglo de Oro* lebten hier so berühmte Dichter wie Miguel de Cervantes, Lope de Vega, Tirso de Molina und Francisco de Quevedo. Das Herz des Viertels ist die *Plaza de Santa Ana*, die gesäumt wird vom Teatro Español, dem Hotel Reina Victoria und vielen Straßencafés.

Den Endpunkt des Paseo del Prado markiert die Plaza del Emperador Carlos V, an dem die **Estación de Atocha** 26 steht, Madrids schönster Bahnhof, eine Ziegel-, Gusseisen- und Glaskonstruktion. In den 1980er-Jahren wurde er von dem spanischen Stararchitekten Rafael Moneo erweitert und die alte *Jugendstil-Bahnhofshalle* in einen tropischen Palmengarten verwandelt. Gegenüber der nächste Paukenschlag in Sachen Kunst: das 2005 nach Plänen von Jean Nouvel erweiterte **Museo Nacional Centro de Arte Reina Sofía** 27 (Mo, Mi–Sa 10–21, So 10–14.30 Uhr), das sich der Kunst des 20./21. Jh. widmet. Glanzstück des Museums ist ohne jeden Zweifel Pablo Picassos weltberühmtes Gemälde ›*Guernica*‹ (1937), das an die Gräueltaten der deutschen Fliegerstaffel ›Legion Condor‹ im Spanischen Bürgerkrieg erinnert und grundsätzlich die sinnlose Grausamkeit der Kriege anprangert. Auch Werke von Joan Miró, Salvador Dalí, Juan Gris, Antoni Tàpies und Eduardo Chillida vermitteln einen hervorragenden Überblick über die moderne und zeitgenössische Kunst in Spanien.

Paseo de la Castellana

In der Franco-Ära wurde der Paseo del Prado Richtung Norden erweitert. Mittlerweile reicht der Ausbau des Paseo de la Castellana, im ersten Abschnitt heißt er Paseo de Recoletos, von der Plaza de Cibeles bis nach Chamartín. Den Auftakt für die belebte Avenida bildet die vom Verkehr umtoste **Plaza de la Cibeles** 28, wo Kybele, Göttin der Fruchtbarkeit, inmitten einer herrlichen *Brunnenanlage* (18. Jh.) mit einem Löwengespann erscheint. Hinter diesem Wahrzeichen Madrids baut sich im monumentalen Zuckerbäckerstil das Hauptpostamt, Palacio de las Comunicaciones, auf. An der Plaza de Colón mit ihrer imposanten *Kolumbussäule* lädt im rückwärtigen Gebäudetrakt der *Biblioteca Nacional* das **Museo Arqueológico Nacional** 29 (Di–Sa 9.30–20.30, So 9.30–14.30 Uhr) zum Besuch. Eine seiner großen Attraktionen ist die Sammlung iberischer Großplastiken, darunter die berühmte ›Dame von Elche‹ (4./3. Jh. v. Chr.). Nahebei locken die *Calle de Serrano* und die *Calle de Goya*, die eleganten Einkaufsmeilen des im 19. Jh. erbauten großbürgerlichen Geschäfts- und Wohnviertels **Salamanca** 30.

Nördlich des massigen Ministerialgebäudes *Nuevos Ministerios* verwandelt sich die Castellana in eine Bühne der Architektur des 20. Jh. Kühn ragen die Wolkenkratzer in den Himmel, der eleganteste unter ihnen ist der 150 m hohe **Torre de**

Picasso 31, ein Werk des Japaners Minoru Yamasaki, in dem 4500 Menschen arbeiten. Der Büroturm zählt zu den höchsten Bauten Europas. Schräg gegenüber liegt das 105 000 Fußballfans fassende **Estadio Santiago Bernabeu** 32, die Heimat des Traditionsclubs Real Madrid. Den Abschluss der Castellana bilden an der Plaza de Castilla die **Torres KIO** 33, abenteuerlich gegeneinander geneigte Türme, die das ›Tor nach Europa‹ symbolisieren.

Ausflüge

Von der klösterlichen Königsresidenz **El Escorial** (Di–So 10–18 Uhr, winters bis 17 Uhr) am Fuße der Sierra de Guadarrama, rund 50 km nordwestlich von Madrid, regierte Philipp II. das spanische Weltreich. Mit dem gewaltigen Renaissancebau erfüllte er auch den Wunsch seines Vaters, Karl V., nach einer würdigen königlichen *Grablege*. Im Gedenken an seinen Sieg über die Franzosen in der Schlacht von St-Quentin 1557 gelobte der Monarch das Kloster dem hl. Laurentius zu weihen. Zunächst unter der Leitung von Juan Bautista de Toledo († 1567), dann unter der von Juan de Herrera wurde die Anlage 1563–84 errichtet. Der rechteckige Grundriss (206 x 161 m) erinnert mit seinen 16 Höfen an einen Eisenrost und damit an das Martyrium des hl. Laurentius. Die endlos langen granitgrauen Fassaden des Bauwerks stehen für asketische Strenge und imperiale Größe. Höhepunkte der Besichtigung sind die *Privatgemächer* Philipps II., die *Königsgruft*, die doppeltürmige *Klosterkirche* und die freskengeschmückte *Bibliothek*.

Ganz in der Nähe (15 km nördlich) ließ Diktator Franco für die nationalistischen Gefallenen des Bürgerkriegs die monströse Gedenkstätte **Valle de los Caídos** (›Tal der Gefallenen‹; tgl. 10–18 Uhr, winters 10–17 Uhr) errichten. Weithin sichtbar thront ein 150 m hohes *Kreuz* auf einem Berg, darunter liegt die in den Fels gesprengte, fast 300 m lange *Basilika*, in der Franco beigesetzt wurde. Jedes Jahr marschieren hier am 20. November, seinem Todestag, die Ewiggestrigen auf.

50 km südlich von Madrid schmiegt sich **Aranjuez** ans Ufer des Río Tajo. ›Spanisches Versailles‹ wird der barocke dreiflügelige **Palacio Real** (Di–So 10–17.15 Uhr, sommers bis 18.15 Uhr) mit seinen prunkvollen Gemächern und schönen Gärten genannt. Über die Landesgrenzen hinaus bekannt ist der als UNESCO Weltkulturerbe ausgezeichnete Palast als Schauplatz von Schillers Drama ›Don Carlos‹. Dem prächtigen *Schlosspark* widmete der blinde Komponist Joaquín Rodriguez mit dem ›Concierto de Aranjuez‹ eine musikalische Hommage. Berühmt ist Aranjuez auch für seine köstlichen Erdbeeren. An den Sommer-Wochenenden verkehrt die nostalgische Dampfeisenbahn *Tren de las Fresas* (Erdbeerzug) zwischen dem Atocha-Bahnhof von Madrid und Aranjuez.

Spannungsreiche Schieflage – die Torres KIO an Madrids Plaza de Castilla

i Praktische Hinweise

Information

Centro de Turismo, Pl. Mayor, 27, Madrid, Tel. 915 88 16 36, www.esmadrid.com. Zweigstellen auch an der Plaza de la Cibeles, am Flughafen im neuen Terminal 4 und am Bahnhof Chamartín. In den Informationsstellen ist die Madrid Card erhältlich, die freien Eintritt in über 40 Museen, freie Fahrt mit den Bussen ›Madrid Vision‹ und die Teilnahme an diversen Stadtführungen ermöglicht.

Flughafen

Barajas, 13 km vom Zentrum entfernt, Flughafeninformation Tel. 902 40 47 04. Ein Shuttle-Bus fährt im 10-Min.-Takt vom Flughafen zur Pl. de Colón, außerdem führt auch die Metro-Linie 8 (mit Umsteigen in die Linie 4) ins Stadtzentrum.

Öffentlicher Verkehr

11 Metrolinien, tgl. 6–1.30 Uhr, zusätzlich existiert ein dichtes **Busnetz**. Ein Stadt-

Klosterschloss und Pantheon der Könige Spaniens – El Escorial am Fuß der Sierra Guadarrama ist ein strenger Renaissancebau von titanischen Ausmaßen

plan mit Bus- und Metronetz ist in den Fremdenverkehrsämtern erhältlich. Neben Einzelfahrkarten (Billete Sencillo) gibt es auch preiswerte Zehnerkarten, gültig für Bus und Metro (Billete de 10 viajes, metrobús). Taxis sind vergleichsweise günstig.

Hotels

*******Santo Mauro**, Zurbano, 36, Madrid, Tel. 913 19 69 00, Fax 913 08 54 77, www.ac-hoteles.com. Luxusherberge und Oase inmitten der Großstadt, alle Zimmer des Stadtpalais mit gepflegtem Garten sind individuell eingerichtet.

******Tryp Ambassador**, Cuesta de Santo Domingo, 5 u. 7, Madrid, Tel. 915 41 67 00, Fax 915 59 10 40, www.solmelia.com. Einstiger Stadtpalast in zentraler Lage, die Zimmer sind durchweg komfortabel.

****Hostal Residencia Matute**, Pl. Matute, 11, Tel./Fax 914 29 55 85, Madrid, www.hmatute.com. Einfaches, freundliches Hostal in großem Bürgerhaus.

Restaurants

Cornucopia, Navas de Tolosa, 9, Madrid, Tel. 915 21 38 96, Liebevoll dekoriertes Restaurant mit origineller Küche.

El Espejo, Paseo Recoletas, 31, Madrid, Tel. 913 08 23 47. Gepflegt Speisen in Jugendstilambiente.

TOP TIPP **La Bola**, c/ Bola, 5, Madrid, Tel. 915 47 69 30. Bekannt für die Eintopfgerichte ›Cocido madrileño‹ (So abends geschl.).

Lhardy, Carrera de San Jerónimo, 8, Madrid, Tel. 915 21 33 85. Nostalgisches Edelrestaurant.

Taberna del Alabadero, c/ Felipe V, 6, Madrid, Tel. 915 47 25 77. Tapas und gehobene baskische Küche.

48 Toledo

Plan Seite 82

TOP TIPP *Auf den Spuren El Grecos in der Stadt der drei Kulturen.*

Entlang der Panoramastrecke **Carretera de Circunvalación** eröffnen sich herrliche Blicke auf den Felshügel von Toledo, dreiseitig vom Río Tajo umschlungen. Die hervorragend erhaltene Altstadt wurde mit Recht von der UNESCO zum Kulturerbe der Menschheit auserkoren. Das stimmungsvolle mittelalterliche Gassengewirr wird dominiert von der Kathedrale und dem Alcázar. Auf das Engste ist Toledo mit **El Greco** verbunden, der sich hier niederließ. Seine Werke schmücken zahlreiche Kirchen, Klöster und Museen der Stadt.

Geschichte Toledo zählt zu den ältesten Orten Spaniens. Die **Westgoten** wählten es im 6. Jh. zu ihrer Hauptstadt, die nach deren Übertritt zum katholischen Glauben (589) religiöser Mittelpunkt Spaniens wurde. 711 fiel Toledo in die Hände der **muslimischen Eroberer** und stand fortan im Schatten von Córdoba, der Metropole von Al-Andalus. 1085 aber entriss König Alfonso VI. den Mauren die Stadt und gab ihr den Status als politisches und religiöses Zentrum des christlichen Spanien wieder zurück. An das Klima religiöser Toleranz, das unter den Omaijaden geherrscht hatte, knüpften die **Kastilischen Könige** zunächst an. So war es möglich, dass muslimische, jüdische und christliche Gelehrte der berühmten **Übersetzerschule** von Toledo (12. Jh.) gemeinsam daran arbeiteten, das Wissen der Antike zu bewahren. Toledo konnte sich damals als Stadt der drei Kulturen rühmen. Das friedliche Miteinander währte nicht allzu lange, bereits im 14. Jh. kam es zu ersten Pogromen gegen die jüdische Gemeinde. Der letzte Funke religiöser Toleranz erlosch mit dem Kriegszug gegen die Muslime von Granada und der Vertreibung der Juden durch die **Katholischen Könige** im Jahr 1492. Als Philipp II. 1561 seine Residenz nach Madrid verlegte, setzte Toledos Niedergang ein.

Heute lebt die *Provinzhauptstadt* (73 000 Einw.) in erster Linie vom Tourismus, in den Geschäften werden noch traditionelle Produkte wie Damasquinado-Schmuck oder die berühmten Toledaner Klingen angeboten. Nicht entgehen lassen sollte man sich das köstliche Toledaner Marzipan.

Besichtigung Toledo ist noch umgürtet von seinen alten Stadtmauern, Einlass gewähren die beiden Stadttore **Puertas de Bisagra** 1. Auf dem ersten Tor, der *Puerta Nueva* von 1550, prangt das Wappen der Habsburger mit dem Doppeladler, das zweite, die *Puerta Vieja* mit einem Hufeisenbogen, stammt noch aus der Maurenzeit (10. Jh.). Vorbei an der Mudéjarkirche **Santiago del Arrabal** 2 (13. Jh.), kurz hinter dem Torbau **Puerta del Sol** 3 (14. Jh.), verbirgt sich rechter Hand eine kleine ehem. Moschee aus dem 10. Jh. Mit ihren neun Kuppeln gilt sie als Juwel der hispanoarabischen Baukunst, nach der Reconquista von Toledo wurde sie in die Kirche **Cristo de la Luz** 4 (tgl. 10–18.30 Uhr, winters bis 17.30 Uhr) umgewandelt. Weiter bergauf liegt Toledos Hauptplatz Zocodover, ein Durchgang auf der linken Seite führt zum ehem. Hospital de Santa Cruz mit seinem schönen frühplateresken Portal. Heute beherbergt es das **Museo Santa Cruz** 5

Toledo, die alte Königsstadt Spaniens, thront auf steilem Steinsockel über dem Río Tajo

(Mo–Sa 10–18.30, So 10–14 Uhr), zu den wertvollsten Schätzen zählen die im Westflügel präsentierten Werke von El Greco und das Banner der spanischen Lepanto-Flotte (16. Jh.). Auf der höchsten Stelle der Stadt thront mächtig-streng der **Alcázar** 6, in dem heute ein *Militärmuseum* (Di–So 9.30–14.30 Uhr) untergebracht ist. Das Kastell des 11. Jh. brannte mehrfach ab, stieg jedoch immer wieder wie Phönix aus der Asche empor. Zuletzt stand der Alcázar 1936 im Bürgerkrieg in Flammen, als er Schauplatz einer dramatischen Belagerung war. Der Duchhaltewille von Oberst Moscardó und seinen Mannen, die sich im Gebäude verschanzt hatten, wurde in der Franco-Zeit zum Heldenmythos stilisiert.

Etwas weiter unterhalb ragt mit himmelstürmendem Turm an der Stelle der einstigen Hauptmoschee die als Triumphzeichen zwischen 1226 und 1493 errichtete **Catedral** 7 (Mo–Sa 10–18.30, So 16–18.30 Uhr, winters bis 17.30 Uhr) auf. Seit alters ist sie der Sitz des spanischen Primas. In seinen Ausmaßen wird das fünfschiffige Gotteshaus in Spanien lediglich von der Kathedrale Sevillas übertroffen.

Stadttor an der Nordseite Toledos – Puerta Nueva mit Habsburger-Wappen, 1550

Höhepunkte der reichen Ausstattung sind der filigran geschnitzte, spätgotische *Hochaltar* (1500–04) und das *Chorgestühl* (15. Jh). Der deutschstämmige Rodrigo Alemán hielt auf den Rücklehnen der unteren Sitzreihe auf 54 Hochreliefs ähnlich einer Bildreportage die Einnahme von Granada fest. Hinter dem Retablo Mayor glänzt ein hochbarocker Altar, der mittels geschickter Lichtführung die Verherrlichung der Eucharistie kunstvoll in Szene setzt. Die *Sakristei* wartet mit zahlreichen Werken von El Greco sowie Gemälden von Goya, Velázquez, Rubens, Raffael und Tizian auf. In der *Schatzkammer* wird die kostbare Monstranz (16. Jh.) von Enrique de Arfe gehütet, die an Fronleichnam durch die Stadt getragen wird.

Vorbei am Rathaus führen die engen Gassen nach **Santo Tomé** 8 (tgl. 10–17.45 Uhr, sommers bis 18.45 Uhr). Meist herrscht drangvolle Enge im Inneren der Mudéjarkirche (12.–14. Jh.), denn sie birgt mit dem großformatigen ›*Begräbnis des Grafen von Orgaz*‹ (1586) ein phänomenales Hauptwerk El Grecos. Zwar hatte der Künstler im angrenzenden ehem. Judenviertel gelebt, doch es ist nicht gesichert, ob die nahe **Casa y Museo de El Greco** 9 (Di–Sa 10–14, 16–18, So 10–14 Uhr) tatsächlich sein Wohnhaus war. Im Museum sind jedenfalls die dritte und letzte der ›Apostelfolgen‹ sowie eine ›Ansicht von Toledo‹ von seiner Hand zu sehen. Nur wenige Schritte entfernt liegt die ehem. **Sinagoga del Tránsito** 10 (Di–Sa 10–14, 16–20 Uhr, sommers bis 21, So 10–14 Uhr), die im 14. Jh. Samuel Levi, der Schatzmeister des Kastilischen Königs Pedro I., im Mudéjarstil erbauen ließ. Den Versammlungsraum zieren Arabesken mit hebräischen Inschriften und eine kunstvolle *Artesonado-Decke*. Angeschlossen ist ein kleines *Museum*, das sich der Geschichte und Kultur der Sephardim, der spanischen Juden, annimmt. Ganz in der Nähe befindet sich die zweite erhaltene Synagoge Toledos: **Sinagoga Santa María la Blanca** 11 (tgl. 10–18.45 Uhr, winters bis 17.45 Uhr) aus dem 12./13. Jh. Den Raumeindruck prägen das Gleichmaß der hell getünchten *Hufeisenbögen* und die feinen *Stuckdekorationen*. Beide Synagogen wurden nach Pogromen in christliche Kirchen umgewandelt, heute sind sie Kultur- und Gedenkstätten. Das benachbarte Kloster **San Juan de los Reyes** 12 (tgl. 10–19, winters bis 18 Uhr) gaben die Katholischen Könige Isabella und Ferdinand 1476 in Auftrag. Ursprünglich wollten sie hier begraben werden, aber auf eigenen Wunsch wurden sie dann in Granada, dem Ort ihres höchsten Triumphes, beigesetzt. In der spätgotischen Kirche und dem schönen doppelstöckigen *Kreuzgang* tauchen immer wieder ihre Initialen und Embleme auf: Das Pfeilerbündel steht für die Einheit Spaniens, das Joch für die gleichberechtigte Herrschaft des Königspaares in Personalunion. Die Ketten an den Außenmauern sollen von Christen stammen, die aus muslimischer Gefangenschaft befreit wurden. Nordöstlich und hügelaufwärts liegt etwas versteckt die Mudéjarkirche **San Román** 13 (Di–Sa 10–14, 15.30–18, So 10–13.45 Uhr) aus dem 13. Jh., die heute das *Museo de los Concilios y de la Cultura Visigótica* beherbergt. Jedoch weit mehr als das Museum mit seinen Exponaten aus westgotischer und arabischer Zeit beeindruckt die Kirche selbst, deren Gewölbe auf elegant geschwungenen Hufeisenbögen ruht, die Wände kleiden spät-romanische *Fresken*.

Sinagoga Santa María la Blanca – die imponierendsten Hufeisenarkaden Toledos

i Praktische Hinweise

Information

Oficina de Turismo, Puerta de Bisagra, s/n, Toledo, Tel. 925 22 08 43, Fax 925 25 26 48, www.castillalamancha.es

Hotels

****Parador de Toledo, Cerro del Emperador, s/n, Toledo, Tel. 925 22 18 50, Fax 925 22 51 66, www.parador.es. Auf der Südseite des Tajo, die Aussicht auf die Stadt ist fantastisch. Rustikale Eleganz gibt hier den Ton an.

TOP TIPP ***Hostal del Cardenal, Paseo de Recaredo, 24, Toledo, Tel. 925 22 49 00, Fax 925 22 29 91, www.hostaldelcardenal.com. Die Zimmer der ehem. Kardinalsresidenz des 18. Jh. sind im kastilischen Stil eingerichtet. Sehr gutes Restaurant.

Restaurants

Casa Aurelio, Pl. del Ayuntamiento, 4, Toledo, Tel. 925 22 77 16. Eines der Traditionslokale in Toledo, auf den Tisch kommen lokale Spezialitäten wie Rebhuhn in Weißweinsoße (Mo geschl.).

Cervecería Gambrinus, c/ Santo Tomé, 10, Toledo, Tel. 925 21 44 40. Ideal für eine kurze Mittagspause, auf der Karte stehen viele leckere Kleinigkeiten, z. B. Tortillas.

La Abadia, Pl. de San Nicolás, 3, Toledo, Tel. 925 25 11 40. Die Theke mit ihren Vitrinen ist ein Gedicht für Tapas-Fans, in den Gewölben der ehem. Abtei speist man vorzüglich.

49 Cuenca

Stadt der ›hängenden Häuser‹.

Eine Augenweide in der bisweilen recht monotonen kastilischen Hochebene ist das malerische Cuenca. Die Altstadt klebt förmlich auf einem steilen Felsrücken, der spektakulär steil abfällt in die Schluchten des Río Júcar und Río Huécar. Die UNESCO zeichnete die Altstadt mit ihren verwinkelten Gassen zum Weltkulturerbe der Menschheit aus. Neben der gotisch-normannischen **Catedral** (12./13. Jh.; tgl. 9–13.30, 16–18 Uhr) zählen die mit mehrstöckigen Holzbalkonen bestückten, wie Wespennester über der Schlucht schwebenden **Casas Colgadas** (Hängenden Häuser) zu den wichtigsten Sehenswürdigkeiten der Stadt. In einem dieser Häuser ist das **Museo de Arte Abstracto Español** (Di–Fr 11–14, 16–18, Sa bis 20, So 11–14.30 Uhr) untergebracht, das spanische abstrakte Kunst von Eduardo Chillida bis Antoni Tàpies präsentiert.

Nordöstlich von Cuenca liegt in etwa 40 km Entfernung in dem Gebirgszug

Attraktion in der kastilischen Hochebene – die am Fels klebenden Häuser Cuencas

Ciudad Encantada, eine Landschaft voller Magie, die zum Wandern einlädt. Wind und Regen formten hier bizarre, Fantasie anregende *Kalksteinformationen*.

i Praktische Hinweise

Information

Oficina de Turismo, Avda. Cruz Roja, 1, Cuenca, Tel. 969 23 21 19, Fax 969 23 53 56, www.turismocuenca.com

50 Segovia

Schatzkammer der Romanik, Mekka für Freunde kulinarischer Genüsse.

Die alte Römerstadt Segovia (55 000 Einw.) besticht durch ihre Lage auf einem fast 100 m hohen Felsplateau zwischen den Tälern der Flüsse Eresma und Clamores, die sich unterhalb des Alcázars vereinen. Immer wieder wurde die Stadt mit einem vor Anker liegenden Schiff verglichen, wobei der *Alcázar* den Bug, die Türme der *Kathedrale* die Masten und der *Aquädukt* das Ruder bilden. Neben diesem Dreigestirn birgt Segovia mit seinen zahlreichen romanischen Kirchen und Klöstern so manche Überraschung.

Geschichte Eine erste Blüte erlebte Segovia unter den Römern. Nach westgotischer und maurischer Herrschaft entwickelte sich die Stadt ab 1085 zum florierenden Zentrum der kastilischen **Tuch-**

Das bekannteste römische Relikt Spaniens – Segovias doppelstöckiger Aquädukt des 1. Jh.

industrie. Im 15. Jh. wurde sie Königsresidenz der Trastámara-Dynastie. Auf der Plaza Mayor ließ sich 1474 Isabella die Katholische, nachdem sie ihre Rivalin ›La Beltraneja‹ ausgestochen hatte, zur Königin von Kastilien ausrufen. Der **Comunero-Aufstand** gegen Karl V. im den Jahren 1520/21, der sich gegen die Erhebung neuer Steuern und die Beschränkung der Stadtrechte richtete, ging in erster Linie von Toledo und Segovia aus. Die Rebellion wurde niedergeschlagen und die Anführer wurden in Segovia geköpft. Mit dem höfischen Glanz Segovias war es vorbei, als Philipp II. Madrid zur Hauptstadt und königlichen Residenz erhob.

Heute lebt Segovia vom Tourismus, an den Wochenenden bevölkern vor allem Madrilenen die Stadt. Gut besucht sind auch die zahlreichen Lokale, in denen die örtliche Spezialität **Spanferkel** aufgetischt wird.

Besichtigung Gleichsam als Ouvertüre zur Altstadt spannt sich über die Plaza de Azoguejo Segovias 2000 Jahre altes Wahrzeichen, der **Acueducto Romano**, das wohl bekannteste römische Relikt der Iberischen Halbinsel. Der 728 m lange, 118 Bogen zählende, bis zu 28,5 m hohe Aquädukt versorgte die Stadt mit Wasser aus der 17 km entfernten Sierra de Fuenfría. Ganz ohne Mörtel und Klammern wurden die akkurat bearbeiteten Granitquader mit Hilfe von Kränen sorgfältig aufeinander geschichtet, die Spuren der Greifer lassen sich noch deutlich an den Steinen erkennen.

Die Calle Cervantes führt von hier hinauf in die ummauerte Oberstadt. Gleich zu Beginn der lebhaften, alten Geschäftsstraße passiert man rechter Hand die **Casa de los Picos** (16. Jh.), einen Adelspalast mit einer repräsentativen Fassade aus Diamantquadern. Auf der Plaza de San Martín erinnert ein Denkmal an **Juan Bravo**, einen Sohn Segovias, der gemeinsam mit dem Toledaner Juan de Padilla

Der trutzige Alcázar von Segovia gilt als Inbegriff einer kastilischen Burg

Spanische Kastellherrlichkeit in Backstein – die im 15. Jh. errichtete Festung Coca schmücken Türmchen und Zinnen im Mudéjarstil

den Comunero-Aufstand gegen Karl V. angeführt hatte. Ein paar Stufen höher prunkt die romanische Kirche **San Martín** (12. Jh.) mit den variationsreichen *Pflanzen- und Figurenkapitellen* ihrer vorgelagerten Säulenhallen. Auf der schmucken **Plaza Mayor** laden Straßencafés zu einer Verschnaufpause ein. Man sitzt im Schatten des hohen, überkuppelten Turms der **Catedral Santa María** (tgl. 9–18.30, winters bis 17.30 Uhr). Die machtvolle Basilika, errichtet 1525–93, markiert Spaniens letzten großen Kirchenbau der Gotik. Ob ihrer Eleganz und Leichtigkeit gilt sie als ›Dame‹ unter den Kathedralen des Landes. Der stimmungsvolle romanische *Kreuzgang* stammt noch vom Vorgängerbau, der sich beim nicht weit entfernten **Alcázar** (tgl. 10–19, winters bis 18 Uhr) erhob. Diese Burganlage, ein Vielgetürm wie aus dem Märchenbuch, bewacht auf einem Felsvorsprung die Stadt. Das Kastell geht auf das 12. Jh. zurück, es wurde allerdings mehrfach umgestaltet und erweitert. Die letzte Erneuerung, vom Geist der Romantik inspiriert, fand nach einem verheerenden Brand 1862 statt. Prächtig geschnitzte Holzdecken bekrönen die Palastgemächer, flämische Wandteppiche und Historiengemälde zieren die Wände, das Mobiliar stammt überwiegend aus dem 16. und 17. Jh. Wer etwas mehr Zeit für die Stadt mitbringt, sollte sich die romanischen Kleinode Segovias, wie die Kirchen **San Esteban** und **San Millán** sowie die zwölfeckige Templerkirche **La Vera Cruz** (außerhalb der Stadtmauern, Di–So 10.30–13.30, 15.30–18 Uhr, Nov.–März bis 19 Uhr), keinesfalls entgehen lassen.

Ausflüge

König Philipp V., ein Enkel Ludwigs XIV., der erste Bourbone auf dem spanischen Thron, ließ sich 1731 mit dem Sommerpalast **La Granja de San Ildefonso** (Di–So 10–18 Uhr, winters Di–Sa 10–13.30, 16.30–18.30 Uhr) sein ›kleines Versailles‹ erbauen. Festlich verspielte Heiterkeit gibt hier in der Sierra de Guadarrama, rund 11 km südöstlich von Segovia, den Ton an, kapriziöse Wasserspiele und üppiger Skulpturenschmuck zieren die herrliche *Gartenanlage*. Im Schloss selbst ist vor allem die Sammlung flämischer und spanischer *Tapisserien* sehenswert. Die Schlosskirche bewahrt die prunkvollen *Marmorgräber* von Philipp V. und seiner Frau Isabella Farnese.

Ein beliebtes Ausflugsziel ist auch der nur 35 km nordöstlich von Segovia gelegene kleine Ort **Pedraza de la Sierra**. Eingebettet in eine malerische Landschaft konnte er seinen mittelalterlichen Charakter vorzüglich bewahren.

Im ausgehenden 15. Jh. ließ sich der Erzbischof von Sevilla, Alfonso de Fonseca, die mit unzähligen Erkertürmen und Zinnen gezierte Backsteinburg **Castillo de Coca** (Mo, Mi–Fr 10.30–13.30, 16.30–18.30, Sa/So 11–13.30, 16.30–18.30 Uhr) errichten – ein Musterbeispiel der Mudéjarbaukunst, kastilische Kastellherrlichkeit vom Feinsten. Heute beherbergt die Festung, die 50 km nordwestlich von Segovia liegt, eine Forstwirtschaftsschule und eine Sammlung romanischer Skulpturen.

i Praktische Hinweise

Information

Oficina de Turismo, Pl. Mayor, 10, Segovia, Tel. 921 46 03 34, Fax 921 46 03 30, www.segovia.es

Aus Granit gebaut – Ávilas gewaltige Stadtmauer ist eine Meisterleistung der mittelalterlichen Militärbaukunst

Hotels

******Hostería Ayala Berganza**, Carretas, 5, Segovia, Tel. 921 46 04 48, Fax 921 46 23 77, www.partner-hotels.com. Charmantes, kleines Hotel in einem Adelspalast des 15. Jh.

*****La Casa Mudéjar**, c/ Isabel La Católica, 8, Segovia, Tel. 921 46 6250, Fax 921 46 62 38, www.lacasamudejar.com. Gemütliches Hotel mit sefardischem Restaurant.

Restaurant

Mesón de Cándido, Pl. de Azoguejo, 5, Segovia, Tel. 921 42 5911. Der Segovia-Kult um das *Spanferkel* aus dem Ziegelsteinofen geht auf dieses gemütlich-rustikale Lokal zurück.

51 Ávila

»Wo Steine und Heilige wachsen«.

Im Schatten von gewaltigen Gebirgszügen, geschützt durch seine mittelalterlichen Mauern breitet sich Ávila (50 000 Einw.), die höchst gelegene Stadt Spaniens (1127 m), auf dem Rücken eines Granitfelsens aus. Im Geburtsort der **hl. Teresa** (1515–1582), der großen spanischen Mystikerin, ist es mitunter bitterkalt, das raue Klima prägt die Landschaft und ihre Menschen. Während der Reconquista taten sich die Ritter von Ávila immer wieder durch ihre unerschrockene Tapferkeit hervor. So erhielt Ávila im 12. Jh. den Beinamen ›**Stadt der Ritter**‹, heute erinnern an diese Zeiten noch einige prächtige Adelspaläste.

Der Aussichtspunkt **Cruz de los Cuatro Postes** an der Straße nach Salamanca bietet den besten Blick auf die unverwechselbare Silhouette der Stadt, die noch heute von ihrer 2,5 km langen, begehbaren **Stadtmauer** (Di–So 11–18 Uhr, winters bis 17.15 Uhr) des 11. Jh. umschlossen wird. 2500 Zinnen, 88 halbrunde Türme und neun Tore besitzt dieses imposante Bollwerk des Mittelalters.

Im wehrhaften Ávila geht die Festung sogar mit der **Catedral** (Mo–Fr 10–17, Sa 10–18, So 12–17 Uhr) eine Symbiose ein, deren Apsis, mit Schießscharten und Zinnen versehen, in die Stadtmauer integriert ist. Im Inneren der ältesten gotischen Bischofskirche Spaniens (1172) beeindruckt im Chorumgang das erlesene *Alabastergrabmal* mit der Sitzfigur Kardinals Alonso de Madrigal (16. Jh.) durch dessen porträthaften Züge. Im angeschlossenen *Museum* funkelt eine 1,70 m hohe Silbermonstranz (1571) des Meisters Juan de Arfe.

Auf den Spuren der hl. Teresa von Ávila führt der Weg zunächst an die südliche Stadtmauer in den **Convento de Santa Teresa** (tgl. 8.30–14, 15.30–20.30 Uhr), erbaut im 17. Jh. an der Stelle ihres Geburtshauses. Eine weitere wichtige Station auf

Alabastergrabmal des Kardinals Alonso de Madrigal (1518/20) in Ávilas Kathedrale

der ›Ruta Teresiana‹ ist im Norden das **Monasterio de la Encarnación** (Mo–Fr 9.30–13.30, 15.30–18, Sa/So 10–13, 16–18 Uhr), in dem noch zahlreiche Utensilien – etwa ein Holzklotz, der ihr als Kissen diente – an die resolute Ordenserneuerin erinnern, die hier 29 Jahre ihres Lebens zubrachte.

Außerhalb der Stadtmauer

Vor der Südostecke der Stadtmauer erhebt sich die romanische **Basílica de San Vicente** (tgl. 10–13.30, 16–18.30 Uhr). Ganz vertieft in ihre Zwiegespräche erscheinen die überschlanken Apostelfiguren des *Westportals*, diese ungewöhnlich lebhaften Skulpturen zählen zu den Meisterleistungen der spanischen Romanik. Innen steht rechts vom Altar der prächtige *Grabschrein* (12. Jh.), dessen Reliefs das grausame Martyrium des hl. Vicente und seiner beiden Schwestern schildert.

Noch weiter südöstlich liegt das 1482 von Tomás Torquemada, dem ersten Großinquisitor Spaniens, gegründete Dominikanerkloster **Santo Tomás** (tgl. 10–12.45, 16–19.45 Uhr). Hier ruhen in einem vorzüglichen *Renaissancegrabmal* unterhalb des Hochaltars die Gebeine des Infanten Juan, des einzigen Sohnes der Katholischen Könige Isabella und Ferdinand, der 19-jährig starb.

i Praktische Hinweise

Information

Oficina de Turismo, Pl. de Pedro Dávila, 4, Ávila, Tel. 920 21 13 87, Fax 920 25 37 17

Hotels

******Palacio de los Velada**, Pl. de la Catedral, 10, Tel. 920 25 51 00, Fax 920 25 49 00, www.veladahoteles.com. Gediegener Hotelpalast im Schatten der Kathedrale, höchst stilvoll ist das Interieur, ein genussvoller Ruheplatz der repräsentative Innenhof.

****Hospedería La Sinagoga**, Reyes Católicos, 22, Ávila, Tel. 920 35 23 21, Fax 920 35 34 74, www.lasinagoga.net. Schlichte Eleganz mit ansprechenden Zimmern, im Stadtzentrum.

Restaurant

TOP TIPP **Bodeguita de San Segundo**, c/ San Segundo, 19, Ávila, Tel. 920 25 73 09. Die Bar bietet erlesene Weine und köstliche Tapas.

52 Salamanca

TOP TIPP *Stadt der Gelehrsamkeit, der plateresken Fassaden und einer hinreißenden Plaza Mayor.*

Spaniens älteste Universitätsstadt Salamanca (160 000 Einw.) breitet sich auf einer Anhöhe über dem Nordufer des Río Tormes aus. Im 13. Jh. reihte sich Salamanca nach Bologna, Paris und Oxford in die Riege der ältesten Bildungsstätten Europas ein. Heute steht die Universität (gegr. 1218) in der Beliebtheitsskala nicht nur bei spanischen, sondern auch bei ausländischen Studenten ganz hoch im Kurs. Sie geben der Stadt mit ihren altehrwürdi-

Salamancas Plaza Mayor gehört zu den schönsten städtischen Räumen in Spanien

gen Plätzen und Bauwerken ihre jugendliche, kosmopolitische Atmosphäre. Dem goldgelben **Sandstein** aus dem nahen Villamayor, der hier allerorts als Baumaterial zum Einsatz kam, verdankt Salamanca sein besonders harmonisches Stadtbild. Von der UNESCO 1987 in die Liste der Weltkulturgüter aufgenommen, stand Salamanca im Jahr 2002 als **europäische Kulturhauptstadt** im Rampenlicht.

Ausgangspunkt eines Rundgangs ist die **Plaza Mayor**, Salamancas ›Städtischer Festsaal‹. Die 1729 von Alberto de Churriguera entworfene Plaza gilt mit Recht als schönste Platzanlage Spaniens. Elegante Proportionen und der honiggelbe Sandstein verleihen ihr einen unbeschwertheiteren Charakter. Akzente im Gleichmaß der dreistöckigen Hausfronten mit Arkaden setzen das *Rathaus* und der *Königliche Pavillon* gegenüber.

Die Rúa Mayor führt zur **Casa de las Conchas** (1514; Besichtigung Innenhof Mo–Fr 9–21, Sa 9–14, 17–19, So 10–14, 16–19 Uhr, sommers So nur 17–20 Uhr), einem Stadtpalais, dessen origineller Fassadenschmuck mit rund 400 nachgebildeten *Muscheln* die Aufmerksamkeit auf sich lenkt. Der Bauherr Rodrigo Arias Maldonado war ein Mitglied des Santiago-Ordens, weshalb er die Jakobsmuschel, das Symbol der Pilgerschaft und des Ritterordens, als Zier für sein Anwesen wählte. Bemerkenswert sind auch die zierlichen *Fenster- und Portalrahmungen* sowie der elegante *Innenhof* mit seinen typischen salamatinischen Vorhangbögen. Gegenüber fällt die barocke Jesuitenkirche **La Clerecía** (1617; April–Sept. Di–Sa 10.30–13, 17–19, So 10–13.30 Uhr, Okt.–März Di–Sa 10.30–13, 16–18 Uhr) auf, die sich mit ihren gewaltigen Ausmaßen nicht so recht in das ansonsten sehr harmonische Stadtbild Salamancas einfügen will. Sinnigerweise in der Straße der Buchhändler – Calle de los Libreros – liegt die traditionsreiche **Universidad de Salamanca** (Mo–Sa 9.30–13.30, 16–19, So 10–13 Uhr). Das Hauptgebäude wurde im 15. Jh. errichtet, die *Fassade* (1524/34) gilt als Paradebeispiel des plateresken Stils. Diese spezifisch spanische Dekorform vereint die Elemente der Gotik und Renaissance und zeichnet sich vor allem durch ihr reiches filigranes Ornament und ihre Detailverliebtheit aus. Drei Zonen mit feinsten Steinmetzarbeiten erscheinen über dem Doppelportal. Im Zentrum dieser ›Steinernen Standarte‹ findet sich das Medaillon der Katholischen Könige, darüber das Wappen Karls V. Am rechten Pilaster sitzt ein – mitunter verzweifelt gesuchter – kleiner Frosch auf einem Totenschädel: ein Glücksbringer, der ursprünglich aber wohl die Studenten vor den Gefahren der Wollust mahnen sollte.

Um den zweistöckigen *Patio* gruppieren sich die alten Hörsäle für Theologie, Kanonisches Recht, Zivilrecht, Medizin, Literatur und Freie Künste. Eine reich ornamentierte *Renaissancetreppe* führt hinauf in die *Bibliothek* mit ihren kostbaren Beständen. Der berühmte Theologe **Fray Luis de León** (1527–1591), der sich selbst von der Inquisition nicht beugen ließ, unterrichtete hier ebenso wie der Jurist **Francisco de Vitoria** (1486–1546), der sich gemeinsam mit *Bartolomé de las Casas* für die Menschenrechte der Indios einsetzte. Ein weiterer liberaler Geist war der Rektor und Philosoph **Miguel de Unamuno** (1864–1936). Er provozierte General Franco mit den Worten: »Siegen heißt nicht überzeugen«. Gegenüber, in den **Escuelas Menores** (1533), einem Gebäude mit prächtigem plateresken *Portal*, absolvierten die Studenten ihr Vorstudium. Vorhangbögen verleihen dem *Innenhof* eine festliche Atmosphäre, im südwestlichen Flügel ist heute in einem früheren Hörsaal das *Universitätsmuseum* untergebracht.

Weiter im Süden überspannt die **Puente Romano** (1. Jh. n. Chr.) das breite Flussbett des Río Tormes. In der Nähe der Römerbrücke bewahrt die aparte Jugendstilvilla *Casa Lis* die Sammlung des **Museo de Art Nouveau y Art Déco** (Di–Fr 11–14, 16–19, Sa/So 11–20 Uhr) mit Glaskunst von Emile Gallé und René Lalique.

Die Plaza Anaya in Höhe der Universität wird beherrscht von der plateresken Fassade der **Catedral Nueva** (Okt.–März Mo–Sa 9–13, 16–18, So 9–13 Uhr, April–Sept. tgl. 9–20 Uhr). Den spätgotischen Entwurf dieser stattlichen Kirche konzipierte 1513 Juan Gil de Hontañon, aufgrund der gut 200-jährigen Bauzeit finden sich hier aber auch Elemente späterer Baustile wieder. Die Scheitelkapelle der Apsis enthält ein *Kruzifix* des 11. Jh., das als Feldkreuz des Nationalhelden El Cid verehrt wird. Im rechten Seitenschiff liegt der Zugang zur romanischen **Catedral Vieja** (Okt.–März Mo–Sa 10–12.30, 16–17.30, So 10–19.30 Uhr, April–Sept. tgl. 10–19.30 Uhr) aus dem 12./13. Jh., die unmittelbar mit der Neuen Kathedrale verbunden ist und hinter deren Bau fast verschwindet. Das Innere blieb weitgehend original erhalten. Prunkstück ist der *Hauptaltar*, ein Meisterwerk der Frührenaissance von 1445, der in 53 Tafelbildern Szenen aus dem Leben Jesu und Marias zeigt, darüber schwebt das Deckenfresko ›Jüngstes Gericht‹. In der Capilla de Santa Bárbara im *Kreuzgang* mussten früher die Doktoranden auf einer harten Bank die Nacht vor ihrem Abschluss verbringen und hier auch die Prüfung ablegen. Im Kreuzgang befindet sich auch das *Museo Diocesano* mit einer reichen Gemäldesammlung.

Östlich der Kathedralen birgt der **Convento de las Dueñas** (tgl. 10.30–13, 16.30–19 Uhr, winters bis 17.30 Uhr) mit seinem doppelgeschossigen *Kreuzgang* nicht nur eine Oase der Ruhe, sondern auch ein Juwel der Renaissancekunst. Schier unerschöpflich scheint das Repertoire der Steinmetze, neben pflanzlichen und biblischen Motiven bevölkern groteske Fabelwesen die Kapitelle. Und – ausgesprochen empfehlenswert ist das köstliche *Mandelgebäck*, das die Dominikanerinnen hier zum Verkauf anbieten. Schräg gegenüber des Damenklosters baut sich mächtig der 1610 vollendete Dominikanerkonvent **San Esteban** (tgl. 9–13, 16–17 Uhr, winters bis 18 Uhr) auf. Wie ein dreigeschossiger Hochaltar in Stein ist die reich mit platereskem Dekor überzogene *Fassade* gestaltet. Deren zentrales Motiv, die Steinigung des hl. Stephanus, taucht auch auf dem 30 m hohen *Hauptaltar* (1693) wieder auf. Er gilt als Meisterwerk des Bildhauers José Churriguera.

Wem nun der Sinn nach zeitgenössischer Kunst steht, der sollte dem **Domus Artium 2002** (Avda. de la Aldehuela, s/n, Di–Fr 12–14.30, 16.30–21, So 11–21 Uhr) einen Besuch abstatten. In dem einstigen Gefängnis sind heute Werke z. B. von Tom Hunter und Ulrike Rosenbach sowie internationale Wechselausstellungen zu sehen.

Ausflug

Nur eine Autostunde westlich von Salamanca liegt einer der schönsten Naturparks des spanischen Festlands: **Las Arribes del Duero**. Die imposante Flusslandschaft mit ihren bis zu 200 m tiefen Felsschluchten, tosenden Wasserfällen und

Jakobsmuscheln dicht bei dicht schmücken den Stadtpalast Casa de las Conchas

seltenen Tierarten erkundet man am besten zu Fuß oder mit dem Schiff. Bootsfahrten auf dem Río Duero und seinen Stauseen, u. a. auch über die portugiesische Grenze hinweg, werden von **Adeadávila** (Oficina de Turismo, c/ Cristobal Martín Herrera, 3, Tel. 923 50 59 03) und **Vilvestre** aus angeboten.

Praktische Hinweise

Information

Oficina de Turismo, Rúa Mayor, s/n, Salamanca, Tel. 923 26 85 71, Fax 923 26 24 92

Hotels

****__NH Palacio de Castellanos__, c/ San Pablo, 58–64, Salamanca, Tel. 923 26 18 18, Fax 923 26 18 19, www.nh-hotels.com. Zentrales Hotel in einem ehem. Stadtpalast mit geschmackvollen modernen Zimmern.

***__San Polo__, Arroyo de Santo Domingo, 2–4, Salamanca, Tel./Fax 923 21 11 77, Fax 923 21 11 54, www.hotelsanpolo.es. 37 komfortabel ausgestattete Zimmer bietet das moderne Haus.

Restaurants

TOP TIPP **Casa Paca**, Pl. del Peso, 10, Salamanca, Tel. 923 21 89 93. Feinste Tapas und eine gute Weinauswahl.

La Mesta, c/ Ventura Ruiz Aguilera, 8, Salamanca, Tel. 923 21 95 53. In diesem Kellergewölbe speist man fürstlich (So abends geschl.).

53 Burgos

Die Stadt des Cid.

Ganz Spanien assoziiert Burgos (170 000 Einw.) mit El Cid, dem legendären **Helden der Reconquista**. Der Geburtsort dieses kühnen Feldherren vereint herbe Strenge mit majestätischem Glanz. Über die schmucke Altstadt am Río Arlanzón mit ihren Häusern aus Granit- und Kalkstein wacht hoch aufragend die elegante gotische Kathedrale (UNESCO Weltkulturerbe). Die einstige **Königsresidenz** Kastiliens, in der fruchtbaren nordkastilischen Hochebene gelegen, ist auch eine der großen Stationen auf dem **Jakobsweg**.

Geschichte Im 9. Jh. gegründet, stieg Burgos 1037 zur Hauptstadt der vereinigten Königreiche von Kastilien und León auf, verlor diesen Rang aber nach der Reconquista 1492 an das damals aufstrebende Valladolid. Trotz dieses Rückschlags entwickelte sich die Stadt im 15. und 16. Jh. zum wichtigsten Umschlagplatz des **Wollhandels** auf der Iberischen Halbinsel. Dieser neue Reichtum schlug sich in einer regen Bautätigkeit nieder, deren Ergebnisse teilweise auch heute noch das Bild der Altstadt prägen.

In der Tradition französischer Gotik errichtet – Catedral de Burgos

Besichtigung Die Brücke Santa María führt auf das pompöse Stadttor **Arco de Santa María** (14. Jh.) zu, das zu Ehren Karls V. im 16. Jh. in einen statuengeschmückten Triumphbogen verwandelt wurde. Ein paar Meter weiter stellt die prachtvolle **Catedral de Burgos** (Mo–Sa 9.30–13, 16–19, So 9.30–11.45, 16–19 Uhr), nach Sevilla und Toledo die drittgrößte des Landes, alles andere in den Schatten. 1221 wurde der Grundstein für die gotische Bischofskirche gelegt, erst 300 Jahre später war sie vollendet. Weithin sichtbar sind die eleganten, 84 m hohen *Türme* (1458) mit ihren filigran durchbrochenen Helmen, ein Werk des Hans von Köln. An der Nordseite finden sich zwei interessante *Portale*, das eine von 1250 ist mit Apostelstatuen, das andere von 1516 mit plateresken Dekorationen geschmückt. Unter dem herrlichen *Sternengewölbe* der mächtigen Vierungskuppel fand das Grabmal des *Cid* und seiner Frau *Doña Jimena* einen würdigen Platz. Von den vielen sehenswerten Kapellen hervorzuheben ist die 1494 in überbordendem Plateresken-stil ausgestattete, achteckige *Capilla del Condestable* hinter dem Chorumgang. Sie birgt die großartige Marmorgrablege mit den beiden lebensnahen Liegefiguren des Kronfeldherren *Pedro Fernández de Velasco* und seiner Gemahlin. Dessen einstiges Domizil kann man nach Besuch des interessanten *Kreuzgangs* aufsuchen. Die **Casa del Cordón** (15. Jh.) ist über die östlich der Kathedrale liegende Plaza Mayor zu erreichen. Von zierlichen *Erkern* im Stil der isabellinischen Spätgotik wird ihre wuchtige Fassade aufgelockert, das *Portal* zieren geknotete Kordeln (span. cordón) wie sie die Franziskaner um ihre Hüften tragen. Zahlreiche gekrönte Häupter erwiesen diesem Haus die Ehre, darunter die Katholischen Könige, die hier 1497 Christoph Kolumbus nach seiner zweiten Amerikareise empfingen.

Richtung Fluss, auf der Plaza de Primo de Rivera, steht das heroische **Monumento del Cid**, hoch zu Ross und mit gezücktem Schwert wurde der Kämpfer in Szene gesetzt. Zum Lustwandeln unter Platanen lädt rechter Hand der **Paseo del Espolón** ein, die Flaniermeile der Stadt zwischen den Brücken Puente de San Pablo und Puente de Santa María.

Ausflüge

1,5 km südwestlich des Stadtzentrums liegt das **Monasterio de las Huelgas** (Di–Sa 10–13.15, 15.45–17.30, So 10.30–14 Uhr), das König Alfonso VIII. 1180 als Lustschloss errichten und sieben Jahre später in ein Zisterzienserinnenstift umwidmen ließ. Dank großzügiger Stiftungen wurde das auch zur königlichen Grablege bestimmte Kloster wirtschaftlich und politisch äußerst einflussreich. In der 1248 im Zisterzienserstil erbauten *Klosterkirche* findet sich eine Reihe von Grabmälern, darunter im Mittelschiff das des Stifters und seiner Frau Eleonore. Im Kloster präsentiert das *Museo de Ricas Telas* (Textilmuseum) rare mittelalterliche Kleidungsstücke, die in Sarkophagen der Kirche gefunden wurden.

4 km östlich von Burgos befindet sich die **Cartuja de Miraflores** (Mo–Sa 10.15–15, 16–18, So 11.20–12.30, 16–18 Uhr), ein Kartäuserkloster, das von Hans und Simon von Köln im 15. Jh. erbaut wurde. Äußerlich schlicht, verblüfft die Klosterkirche durch ihre Pracht im Inneren. Gil de Siloé schuf den originellen vergoldeten *Hochaltar*, ebenso die prunkvollen *Alabastergrabmale* für König Juan II. und Isabella von Portugal, den Eltern von Isabella der Katholischen.

Nach 18 km Fahrt von Burgos Richtung Logroño erreicht man das Dorf **Atapuerca**, den Ausgangspunkt für eine spektakuläre Zeitreise. Unweit des Ortes wurden die Fossilien von ca. 1 Mio. alten, menschlichen Skeletten gefunden und noch immer entdecken Wissenschaftler weitere Zeugnisse der ältesten bisher bekannten Europäer. Die Besichtigung des Grabungsgeländes (Info und Anmeldung Tel 902 02 42 46, www.atapuerca.org), das zum UNESCO Welterbe zählt, führt durch Höhlen und Schluchten und gewährt einen unmittelbaren Einblick in die Suche nach dem Ursprung der Menschheit. Angeschlossen ist ein **Parque Archeologíco** (tgl. 10–20 Uhr, Reservierung Tel. s. o.), in dem man nicht nur rekonstruierte Behausungen der Ur- und Frühmenschen besichtigen, sondern auch selbst Erfahrungen im Töpfern, Fisch räuchern oder Farbpigmente herstellen sammeln kann .

Ein weiterer schöner Ausflug führt über das malerische Örtchen *Covarrubias* mit seinen Fachwerkbauten zum **Monasterio de Santo Domingo de Silos** (Di–Sa 10–13, 16.30–18, So 16.30–18 Uhr), 58 km südöstlich von Burgos. Eine wahre Augenweide ist der doppelstöckige romanische *Kreuzgang* (11./12. Jh.) mit kunstvollen Kapitellen, ein Ohrenschmaus sind die *Chorgesänge* der Benediktiner (Mo–Sa 9, So 12, Vesper 19, Komplet 21.30 Uhr).

Mit Gold belegt – der Hochaltar des Gil de Siloé in der Cartuja de Miraflores

El Cid – Spaniens Nationalheld

Aufs Engste ist Burgos mit dem Schicksal von **Rodrigo Díaz de Vivar** (1043–1099), genannt El Cid (vom arab. sayyid = Herr), verbunden. Der spätere Held der Reconquista wurde in **Vivar** bei Burgos geboren und trat zunächst in den Dienst von Sancho II. von Kastilien. Als der König einem Mordanschlag zum Opfer fiel, bestieg dessen Bruder **Alfonso VI.** von León den Thron Kastiliens und Rodrigo kämpfte zunächst an der Seite des neuen Königs. Dieser verbannte ihn jedoch wegen eigenmächtigen Handelns aus Kastilien, woraufhin Rodrigo die Seiten wechselte und sich dem **Emir von Zaragoza** anschloss. Im Dienst des Maurenfürsten errang er etliche Siege gegen Christen und Moslems – von ihnen erhielt er den Ehrennamen El Cid –, kämpfte jedoch nie gegen seinen früheren König. Nach seiner Aussöhnung mit Alfonso VI. eroberte El Cid 1094 für die Christen València.

El Cid und seine Frau Doña Jimena wurden im Kloster **San Pedro de Cardeña** bestattet. 1921 wurden ihre Gebeine in die Kathedrale von Burgos überführt. Unsterblichkeit errangen die Heldentaten des Cid durch das Nationalepos ›**El Cantar del Mio Cid**‹, das 1180 von einem unbekannten Dichter verfasst wurde.

i Praktische Hinweise

Information

Oficina de Turismo, Pl. Alonso Martínez, 7, Burgos, Tel. 947 20 31 25, Fax 947 27 65 29

Hotels

******NH Palacio de la Merced**, La Merced, 13, Burgos, Tel. 947 47 99 00, Fax 947 26 04 26, www.nh-hotels.com. Eine der ersten Adressen Burgos in schöner Lage direkt am Ufer des Río Arlanzón gegenüber der Altstadt. Kreative Küche.

****Norte y Londres**, Pl. Alonso Martínez, 10, Burgos, Tel. 947 26 41 25, Fax 947 27 73 75, www.hotelnorteylondres.com. Funktional eingerichtetes Haus in der Altstadt mit Restaurant.

Restaurants

Casa Ojeda, c/ Vitoria, 5, Burgos, Tel. 947 20 90 52. Traditionslokal mit *Spitzenweinen* aus den Anbaugebieten Ribera del Duero und La Rioja (So abends geschl.).

Mesón del Cid, Pl. de Santa María, 8, Burgos, Tel. 947 20 87 15. Klassiker mit schmackhafter Küche gegenüber der Kathedrale (So abends geschl.).

54 León

Wichtiges Etappenziel auf dem Pilgerweg nach Santiago de Compostela mit einer grandiosen Kathedrale.

Im Nordwesten der kastilischen Hochebene liegt León (147 000 Einw.) am Fuße des Kantabrischen Gebirges. Die lebendige Altstadt birgt eine der schönsten gotischen Kathedralen Spaniens und mit der **Basílica de San Isidoro** auch eine Perle der Romanik.

Die Gründung wie wohl auch der Stadtname gehen auf die VII. römische Legion zurück, die hier um 70 n. Chr. stationiert war. Anfang des 10. Jh. stieg Léon zur Hauptstadt des gleichnamigen **Königreichs** und zu einer wichtigen Bastion der Reconquista auf. 1230 verlor die Stadt durch die Vereinigung mit Kastilien ihre Stellung als königliche Residenz. Doch die Wirtschaft der Handelsstadt florierte weiterhin, nicht zuletzt dank des Stroms der **Jakobspilger**.

Die vitale Altstadt doppeltürmig überragend, bildet die frühgotische, im 13./14. Jh. erbaute **Catedral Santa María de la Regla** (Juni–Sept. Mo–Sa 8.30–13.30, 16–20, So, Fei 8.30–14.30, 17–20 Uhr, Okt.–Mai Mo–Sa 8.30–13.30, 16–19, So, Fei 8.30–14.30, 17–19 Uhr) eine himmelstürmende, französisch inspirierte Sinfonie aus ›Stein und Glas‹. Im dreischiffigen Inneren lässt das einfallende Licht die mehr als 100 *Glasfenster* des 13.–20. Jh. – sie gelten als die schönsten Spaniens – wie bunte Edelsteine funkeln.

Südlich der Kathedrale finden sich rund um die arkadengesäumte **Plaza Mayor** sowie die **Plaza de San Martín** ansprechende Cafés, Tapas-Bars und kleine Restaurants. Westwärts führt die geschäftige Einkaufsstraße **Calle Ancha** auf den turmbewehrten **Palacio de los Guzmanes** (tgl. 9–15 Uhr) zu, einen Renaissancepalast von 1560, in dem heute die Provinzverwaltung residiert. Fast wie eine Festung wirkt die benachbarte **Casa de Botines**, die der Katalane *Antoni Gaudí* (1852–1926)

Ende des 19. Jh. für die Leóneser Sparkasse im neogotischen Stil baute. Auf einer Bank davor sitzt der Architekt – als Bronzefigur. Über die nordwärts strebende Calle del Cid ist von hier die königliche Stiftskirche **Real Colegiata de San Isidoro** (12. Jh.; Juli–Aug. Mo–Sa 9–20, So 9–14, Sept.–Juni Mo–Sa 10–13.30, 16–18.30, So 10–13.30 Uhr) zu erreichen. In einem kostbaren *Reliquienschrein* des 11. Jh. werden die sterblichen Überreste San Isidors bewahrt, des 636 verstorbenen Kirchenlehrers und Bischofs von Sevilla, der auch zum Patron des Internets erhoben wurde. Der älteste und eindrucksvollste Teil der Kirche ist jedoch das romanische **Panteón de los Reyes**, die Grablege der ersten Herrscher der vereinigten Königreiche von Kastilien und León. Seinen einzigartigen, 1188 vollendeten *Deckenfresken* mit Bibel-, Jagd- und Genreszenen verdankt dieses Mausoleum den Beinamen ›Sixtinische Kapelle der Romanik‹. Auch die *Kapitelle* der Säulen und Wandpfeiler sind einen Blick wert.

Etwas abseits, im Westen der Altstadt am Río Bernesga, residierten im Kloster **San Marcos** einst die Santiago-Ritter, die sich an vorderster Front bei der Reconquista engagierten. Heute logiert in dem prunkvoll plateresk dekorierten Renaissancegebäude einer der exklusivsten Paradores Spaniens.

Ausflug

Das abgeschiedene Kirchlein **San Miguel de Escalada** (April–Sept. Mi–Sa 10.15–14, 16.30–20, So 10.15–14, Okt.–März Mo–Sa 10.40–14, 15–17.50, So 10.40–14 Uhr), etwa 30 km östlich von León, ist eines der schönsten Bauwerke Spaniens im *mozarabischen Stil*, der maurische und westgotische Elemente vereint. Mönche aus Córdoba errichteten 913 die Kirche, inspiriert vom islamisch geprägten Süden, mit filigranen *Hufeisenbögen* als Stützen für die Vorhalle und das Kirchenschiff.

Quartett vor der neugotischen Casa de Botines – Gaudí in Bronze ist auch dabei

Ein Prachtstück des platceresken Baustils – Fassade des Parador San Marcos in León

Praktische Hinweise

Information

Oficina de Turismo, Pl. de la Regla, 3, León, Tel. 987 23 70 82, Fax 987 27 33 91

Hotels

*******Parador Hostal San Marcos**, Pl. de San Marcos, 7, León, Tel. 987 23 73 00, Fax 987 23 34 58, www.parador.es. Höchst exklusiv – man residiert wahrhaft fürstlich in einem ehem. Kloster, umgeben von schönen Gartenanlagen.

*****La Posada Regia**, Regidores, 11, León, Tel. 987 21 31 73, Fax 987 21 30 31, www.regialeon.com. Sehr behagliches Haus mit modern eingerichteten Zimmern.

Restaurant

Adonías, c/ Santa Nonia, 16, León, Tel. 987 20 67 68. Die beste Adresse in León, ein Genuss sind der Fisch in Salzkruste und die vorzüglichen Wildgerichte (So geschl.).

Andalusien –
der temperamentvolle Süden

Für viele ist das von der Sonne verwöhnte Andalusien, wo **Flamenco**, **Sherry** und **Stierkampf** zu Hause sind, der Inbegriff Spaniens. In der Tat: Die spanische Seele – musikalisch und kämpferisch – lebt hier am intensivsten. So ist die südlichste Region des Landes auch bekannt für ihre Lust am **Feiern**. Die Karwoche *Semana Santa* etwa wird in prunkvollen Prozessionen voller Pathos begangen, daneben aber auch als trubeliges Volksfest, was im sinnenfrohen Andalusien kein Widerspruch ist. Auf die Heilige Woche folgen die ausgelassenen *Frühlingsferias*, hinzu kommen Patronsfeste, Wallfahrten, Weinfeste …

Ein Erlebnis ist auch die kontrastreiche Landschaft – die hitzeflirrenden **Küsten** oder das gebirgige Hinterland mit den **Pueblos Blancos,** den pittoresken Weißen Dörfern. Neben Sonne und Strand bezaubern die quirligen Großstädte und hier vor allem das **maurische Erbe** mit Palästen wie im Orient. Zu den kostbarsten Hinterlassenschaften zählen die wunderbare *Alhambra* von Granada und die *Mezquita*, Córdobas märchenhafte Omaijadenmoschee, beides absolute Höhepunkte einer Spanienreise.

Ein informativer Begleiter bei der Erkundung der südspanischen Kernlandschaft ist der **ADAC Reiseführer ›Andalusien‹**, der alles Sehenswerte ausführlich, mit vielen Hinweisen und detaillierten Plänen vorstellt.

Links: *Grazie und Eleganz in Vollendung – der Löwenhof in Granadas Alhambra ist ein Stein gewordener Traum, ein Wunderwerk nasridischer Architektur von 1378*
Unten: *Wirkt wie ausgestreuter Würfelzucker – Casares ist weiß getüncht und herrlich gelegen*

Costa del Sol – Ferienregion Europas

Das Kerngebiet der 300 km langen **Sonnenküste** zieht sich von Nerja bis Estepona. Ihr Mittelpunkt ist die Provinzhauptstadt **Málaga**. Das milde Klima hat hier am Mittelmeer eine subtropische Vegetation mit Palmen, Zypressen und Agaven in einer herrlichen Landschaft hervorgebracht. Die nahezu idealen klimatischen Bedingungen zogen durch die Jahrhunderte verschiedene Völker an: Phönizier, Griechen, Karthager, Römer und Westgoten. Die deutlichsten Spuren hinterließen die **Mauren**, die die Küstenlandschaft in einen blühenden Garten verwandelten. Seit Mitte des 20. Jh. kommen mit den Badetouristen neue Eroberer aus dem Norden – heute in Massen. Das gebirgige Hinterland der dicht bebauten Küste kann in bequemen Tagesausflügen erkundet werden. Besonders schön ist die Fahrt entlang der **Ruta de los Pueblos Blancos** (Route der Weißen Dörfer) im Dreieck Cádiz, Tarifa und Ronda.

55 Málaga

Hauptstadt der Provinz Málaga – Herz der Costa del Sol.

Die mit 560 000 Einwohnern zweitgrößte Stadt Andalusiens ist einer der wichtigsten **Mittelmeerhäfen** Spaniens. Durch den *Río Guadalmedina* wird Málaga in zwei Hälften geteilt. Am Ostufer des Flusses liegt die Altstadt, beherrscht vom Hausberg **Gibralfaro** (tgl. 9–20 Uhr) mit seiner *Befestigung* aus dem 13. Jh. Von dort oben hat man den schönsten Blick auf die Stadt und die unterhalb gelegene Alcazaba, die Burg aus der Epoche des Nasridenreichs (1237–1487), als Málaga seine größte Blütezeit erlebte. Heute ist der nahe **Flughafen** Dreh- und Angelpunkt des Tourismus an der Costa del Sol.

Besichtigung Der Rundgang beginnt mit dem Besuch der **Catedral** (Mo–Fr 10–18.45, Sa 10–17.15 Uhr), einer der bedeutendsten Renaissancekirchen Andalusiens, die 1528 als Siegesmonument der Christen begonnen und 1783 vollendet wurde. Ihr zweiter Turm blieb ein Wunschtraum: Der Name für den Stumpf – *La Manquita* (die Fehlende) – ging auf die Kathedrale über. Das herrliche *Chorgestühl* (17. Jh.) mit den Schnitzereien von Pedro de Mena ist eine der Kostbarkeiten der Ausstattung.

Im **Museo Picasso** (www.mpicassom.org, Di–Do und So 10–20, Fr/Sa 10–21 Uhr), das 2003 im stimmungsvollen Renaissancepalast Buenavista eröffnet wurde, befindet sich eine umfangreiche Sammlung der Werke des spanischen Meisters, der am 25. Oktober 1881 in der Plaza de la Merced, 15, das Licht der Welt erblickte. Auch hier, im heutigen **Museo Casa Natal de Picasso** (tgl. 9–20 Uhr, Fei geschl.), werden Dokumente zum Schaffen des großen Meisters zeigt.

Die Calle Alcazabilla führt zur rekonstruierten Nasridenburg **Alcazaba** (April–Okt. Di– So 9.30–20, Nov.–März Di–So 8.30–18 Uhr), die sich mit mächtigen Mauern, Toren und Höfen präsentiert. Links vom Eingang sieht man die Überreste des **Teatro Romano** aus dem 1. Jh. v. Chr.

Zwischen der Altstadt und dem Hafenbecken erstrecken sich der grüne Prachtboulevard **Paseo del Parque** und die lebhafte **Alameda Principal**, die zum Río Guadalmedina führt. An der Calle Pastora biegt man zum **Mercado Central** (Markt-

halle) in der Calle Ataranzas ab. Allein schon das Gebäude mit dem marmornen *Eingangsportal* aus der Nasridenzeit stellt eine Sehenswürdigkeit dar, ganz zu schweigen vom bunten Markttreiben selbst. Richtung Kathedrale spaziert man durch das Einkaufsviertel, dessen Herz die **Calle Marqués de Larios** und die Plaza de la Constitución bilden.

i Praktische Hinweise

Information

Oficina Municipal de Turismo, Av. Cervantes, 1, Málaga, Tel. 010 952 20 96 03, Fax 952 21 41 20; Plaza de la Marina, 11, Tel. 952 12 20 23; Punto de Información: Alcazaba, Catedral, Correos, Estación de Autobusses und Plaza de la Merced. Info-Tel. 010, www.malagaturismo.com

Flughafen

Aeropuerto Málaga / El Rompedizo (AGP), Av. García Morato (8 km südwestl. vom Zentrum), Málaga, Tel. 952 04 84 84. Busse und Bahn zur Innenstadt.

Hotels

******Larios**, c/ Marqués de Larios, 2, Málaga, Tel. 952 22 22 00, Fax 952 22 24 07, www.hotel-larios.com. Behagliches Stadthotel mit dem Charme der guten alten Zeit.

****California**, Paseo de Sancha, 17, Málaga, Tel. 952 21 51 64, Fax 952 22 68 86, www.hotelcalifornianet.com. Freundlich modernes Ambiente.

Restaurant

António Martín, Placa La Malagueta, s/n, Málaga, Tel. 952 22 73 98. Stimmungsvolles Lokal mit Ambiente und innovativen Tapas (So abends und Mo geschl.).

56 Torremolinos

Sonnenbad und Discofieber.

Nur ein Katzensprung ist es vom Flughafen Málagas zum beliebtesten Rummelplatz der Küste, der einst durch James Micheners Roman ›Die Kinder von Torremolinos‹ zu literarischen Ehren kam. Doch die Hippies der 1960er-Jahre sind längst den Pauschaltouristen gewichen. Eine Skyline moderner Hotels und Apartmenthäuser rahmt kilometerlang die

Fotoblick vom Gibralfaro auf die Hafenstadt Málaga mit ihrer Stierkampfarena

Strandzone, dazwischen bieten Diskos, Bars und Restaurants ein schier grenzenloses Vergnügungsangebot.

i Praktische Hinweise

Information

Oficina de Turismo, Plaza Blas Infante, 1, Torremolinos, Tel. 952 37 42 31, Fax 952 37 95 51, www.visitetorremolinos.com

Hotel

****Tropicana**, c/ Tropico, 6, Torremolinos, Tel. 952 38 66 00, Fax 952 38 05 68, www.hoteltropicana.es. Mittelgroßes Strandhotel mit kleinem Pool, zwei Restaurants.

57 Mijas

Weiß geputztes Bergdorf in schöner Lage.

8 km nördlich des Feriendorfs *Fuengirola* ziehen sich die engen Gassen von **Mijas**, gesäumt von schneeweißen Häusern, wie Ränge eines Amphitheaters an den Berghängen hinauf. Ein Ausflug zu dem Dorf lohnt vor allem wegen des großartigen Küstenpanoramas.

58 Marbella

In dem schicken Badeortgibt sich nicht nur der Jetset ein Stelldichein.

Die Initialzündung für den Aufstieg Marbellas zum exklusivsten Badeplatz an der Costa del Sol lieferte Prinz Alfonso von Hohenlohe mit der Gründung des **Marbella-Clubs** Mitte der 1950er-Jahre. Auf den rauschenden Parties gaben sich die **Schönen und Reichen** ein Stelldichein, in ihrem Gefolge die Regenbogenpresse, die die Welt mit Neuigkeiten aus Marbella versorgte. Ab den 1970er-Jahren kam ein neues Publikum hinzu: Die reichen **Ölscheichs** aus Arabien erkoren sich Marbella als Sommerrefugium und mischen seitdem im Wirtschaftsleben der Stadt kräftig mit. Der König von Saudi-Arabien, der selbst ein riesiges, von der Außenwelt abgeschirmtes Anwesen in Marbella unterhält, finanzierte die schmucke, weiße **Moschee** mit eigenem Hubschrauberlandeplatz im Westteil des Ortes.

Heute ist Marbella, dessen Ursprünge auf die römische Zeit zurückgehen, immer noch das edelste Feriendomizil an der Küste, nirgendwo sonst reihen sich so viele Golfplätze aneinander. Architektonisch hat der Bauboom der letzten Jahrzehnte das Gesicht der Stadt, nicht immer zu ihrem Vorteil, verändert.

Mittelpunkt der hübschen Altstadt ist die **Plaza de los Naranjos**, gesäumt von Orangenbäumen, Restaurants und dem Rathaus. Auch das Flair des exklusiven Jachthafens **Puerto Bañus** 7 km westlich sollte man einmal schnuppern.

i Praktische Hinweise

Information

Oficina de Turismo, Glorieta de la Fontanilla, s/n, Marbella, Tel. 952 77 14 42, Fax 952 77 94 57, www.marbella.es

Jetset-Treff der Sonnenküste – in Marbellas Jachthafen ist der Luxus zu Hause

Wallfahrtsstätte der Aficionados – die Plaza de Toros von Ronda ist die älteste Stierkampfarena Spaniens, 1785 mit zwei Reihen dorischer Säulen eröffnet

Hotel

****El Fuerte**, Avda. del Fuerte, s/n, Marbella, Tel. 952 86 15 00, Fax 952 86 00 34, www.fuertehoteles.com. Direkt am Strand, mit Sportzentrum und Restaurants.

Restaurant

Santiago, Paseo Marítimo 5, Marbella, Tel. 952 77 00 78. Feine Fischgerichte.

59 Ronda

Imposant gelegene weiße Kleinstadt mit spektakulären Ausblicken.

Von Marbella führt eine atemberaubende Bergstraße hinauf nach Ronda, das sich stolz und trutzig wie ein Adlerhorst auf einem 750 m hohen **Plateau** ausbreitet. Es wird – wie auch die Stadt – durch die 160 m tiefe **Schlucht** des Río Guadalevín in zwei Teile gespalten. Abenteuerlich klammern sich weiße Häuser an die Felsen des Abgrunds. Die umliegenden Gebirgszüge lassen die Szenerie vollends grandios erscheinen.

Als Ausgangspunkt für einen Rundgang bietet sich das **Hotel Reina Victoria** in der nördlichen Neustadt an, wo ein Bronzedenkmal darauf verweist, dass *Rainer Maria Rilke* hier den Winter 1912/13 verlebte. Die Calle Doctor Fleming führt zum Zentrum und passiert den Stadtpark **Alameda** mit einem *Denkmal* des berühmten Stierkämpfers Pedro Romero (1754–1839). Die *Stierkämpferdynastie* der Romeros aus Ronda trug maßgeblich zur Entwicklung der hohen Schule des modernen Stierkampfes bei. Nahebei, in der 1785 erbauten **Plaza de Toros** (April–Sept. tgl. 10–20, März/Okt. 10–19, Nov.–Febr. 10–18 Uhr), der ältesten Stierkampfarena des Landes, ist viel vom Männlichkeitskult dieses Schauspiels zu spüren – vor allem im dazugehörigen Museum, das von be-

Gewagt gebaut – Rondas Puente Nuevo überspannt die Schlucht des Río Guadalevín

Ende der Corrida in Ronda – die Magier der Arena grüßen ihr Publikum

Todestanz in der Arena

Andalusien ist noch immer die Hochburg des Stierkampfes, der die Gemüter aufs Höchste erhitzt. **Aficionados**, Anhänger der Corrida, stilisieren Toreros zu strahlenden Volkshelden – während Tierschützer sich voller Abscheu gegen das Hinmetzeln der Stiere wehren. Schauplatz des uralten Rituals um Leben und Tod ist die Arena, die **Plaza de Toros**. In der Corrida stehen drei Toreros je zwei Stieren gegenüber: Aug' in Aug', Mensch gegen Tier, Intelligenz gegen Kraft. Der **Matador** lockt den über 500 kg schweren Kampfstier mit seinem roten Tuch, der **Muleta**, zum Todestanz, er umschleicht ihn und vollführt dabei ballettartige Posen. Die Angriffslust des Stieres, der durch die Lanzenstiche und die **Banderillas**, Widerhaken im Nacken, geschwächt und gleichzeitig gereizt ist, wird immer wieder provoziert. Nach einer genau festgelegten Zeit setzt der **Torero** zum Todesstoß an, der direkt auf die Hauptschlagader zielt. Das Publikum ist sachkundig und gleichermaßen unerbittlich. Je nachdem, wie der Stier getroffen wurde und wieviel Mut der Torero im Kampf bewiesen hat, wird er mit Jubel überschüttet oder mit Verachtung gestraft.

rühmten Stierkampffans wie Ernest Hemingway und Orson Welles erzählt.

Über die angrenzende Plaza de España gelangt man zur Neuen Brücke, **Puente Nuevo**, welche die Schlucht in fast 100 m Höhe Richtung Altstadt überspannt (dramatische Tiefblicke!).

Der Weg führt nun durch die unterhalb gelegene Parkanlage Las Minas weiter über die romantische **Plaza del Mercadillo** zum Fluss. Von der **Puente Arabe** (17. Jh., die Fundamente arabisch), überblickt man die **Puente Romano** (römische Brücke, wohl aber aus arabischer Zeit) und die **Baños Arabes** (arabischen Bäder; Mo–Fr 10–19, Sa 10–13.45, 15–18, So 10–15 Uhr). Durch die Puerta Felipe V. (1742) führt der steile Weg in die **Altstadt** mit ihren Adelspalästen und der wichtigsten Kirche Rondas, der **Santa Maria Mayor** (tgl. 10–19 Uhr) an der Plaza de la Duquesa de Parcent. Sie wurde im 15. Jh. über einer Moschee errichtet, was der Glockenturm, das ehem. Minarett und die Mihrab-Nische im Vorraum bezeugen.

TOP TIPP Ruta de los Pueblos Blancos

Ein andalusisches Muss sind Ausflüge zu den Bergdörfern entlang der *Route der Weißen Dörfer*. Einst markierten die gut befestigten Ortschaften die Grenzen zwischen dem Nasridenreich von Granada und den von den Christen bereits zurückeroberten Gebieten. Orientalisch muten noch heute die engen, verwinkelten Gassen an, das maurische Erbe ist hier noch weitaus präsenter als andernorts.

Von Ronda bietet sich ein Besuch der Pueblos **Grazalema**, **Zahara de la Sierra** und **Arcos de la Frontera** an. In Küstennähe liegt der charmante Ort **Casares**.

i Praktische Hinweise

Information

Oficina de Turismo, Plaza de Blas Infante, s/n, Ronda, Tel. 952 18 71 19, Fax 952 18 71 47, www.turismoderonda.es

Oficina de Turismo, Plaza de España, 9, Ronda, Tel./Fax 952 87 12 72

Hotels

******Parador de Ronda**, Pl. de España, s/n, Ronda, Tel. 952 87 75 00, Fax 952 87 81 88, www.parador.es. Hinter der Fassade des alten Rathauses präsentiert sich einer der neuesten und schönsten Paradores Andalusiens.

Wehrtürme und Festungsmauern der Alhambra beschirmen die märchenhafte Pracht im Inneren

***Don Miguel**, Villanueva, 4 y 8, Ronda, Tel. 952 87 77 22, Fax 952 87 83 77, www.dmiguel.com. Schöne, zum Teil aber etwas kleine Zimmer.

Restaurants

Doña Pepa, Pl. del Socorro, 10, Ronda, Tel. 952 87 47 77. Gepflegtes Restaurant mit hübschem gekachelten Patio, die Rebhühner sind eine Sünde wert.

Hnos. Macias, c/ Pedro Romero, 3, Ronda, Tel. 952 87 42 38. Nettes, preisgünstiges Restaurant, zu dem die Bar ›*La Veridad*‹ gehört, wo es Wein vom Fass und leckere Tapas gibt.

60 Granada

Im Schatten der Alhambra.

Viel gerühmt wurden **Schönheit** und **Anmut** von Granada. Die Stadt der Alhambra sei »… gemacht für Traum und Träumerei«, lobpreist Federico García Lorca seine Heimatstadt. Wie wahr: Granada – Spaniens drittgrößte Universitätsstadt mit üppigem Kulturprogramm, mit Theater-, Musik- und Tanzfestival, Provinzverwaltung und Sitz eines Erzbischofs – muss jeder Spanienreisende gesehen haben. Der **maurischen Vergangenheit** verdankt die Stadt ihre besondere Aura. Denn als Spanien bereits wieder in christlichen Händen lag, führte die Dynastie der Nasriden (1238–1492) das **Königreich von Granada** gleichsam als maurischen Abgesang zu einer späten Blüte. Das kostbarste Vermächtnis ihrer 250-jährigen Herrschaft ist die *Alhambra* – glanzvolle Vollendung islamischer Baukunst in Spanien. Einzigartig ist auch die Lage Granadas. Vor die Kulisse der schneebedeckten **Sierra Nevada** schieben sich zwei Hügel, der südliche bekrönt von der märchenhaften Alhambra und den zauberhaften Gartenanlagen des Generalife, der nördliche mit dem alten maurischen Wohnviertel *Albaicín*. 70 km nur trennen Granada vom Meer.

TOP TIPP Alhambra

Die **Eintrittskarten** zur Alhambra (www.alhambradegranada.org, März– Okt. tgl. 8.30–20, Nov.–Febr. bis 18 Uhr; Abendöffnung März–Okt. Di–Sa 22– 22.30, Nov.–Febr. Fr/Sa 20–21 Uhr) müssen spätestens einen Tag im Voraus reserviert werden. Auf ihnen ist die individuelle Einlasszeit für den Nasridenpalast vermerkt. Bitte beachten: vom Ticket-Schalter zum Nasridenpalast läuft man ca. 20 Min. **Vorbestellungen** erfolgen im Internet unter www.alhambra-tickets.es oder bei *Banco Bilbao Vizcaya Argentaria* (BBVA), aus dem Ausland Tel. 00 34/915 37 91 78, in Spanien Tel. 902 22 44 60. Die Karten können am Tag der Besichtigung am Patronatsschalter vor der Alhambra abgeholt werden. Falls verfügbar, gibt es **Tickets vor Ort** am Alhambra Eingangspavillon, bei der Gartenanlage Generalife oder im

Im Garten des Erhabenen – auch der Park des Generalife ist voller sinnlicher Reize

Stadtzentrum bei der BBVA-Bank (Plaza de la Isabel la Católica).

Ausschließlich Superlative vereint die ab Mitte des 13. Jh. errichtete **Palastanlage** der Alhambra auf sich. Sie ist die größte Kostbarkeit Granadas, weltberühmt und die meistbesuchte Sehenswürdigkeit Spaniens. Ihr Name *Kala al hambra*, **Rote Burg**, geht auf die rötlich schimmernden Mauern und Türme zurück. Rund 250 Jahre residierten die Nasridenkönige hier, bis **Boabdil**, der letzte maurische Regent, die Burg 1492 den Katholischen Königen kampflos überließ. Dank seiner Einsicht in die Vergeblichkeit eines Kampfes gegen die christliche Übermacht blieb die Alhambra unversehrt erhalten.

Einlass ins Innere der von Mauern umschlossenen Palaststadt gewährt die **Puerta de la Justicia**, das Tor der Gerechtigkeit, vor dem einst wohl Gerichtsurteile verkündet und vollstreckt wurden. Vom *Torre de la Vela* auf der **Alcazaba**, dem ältesten Festungsbereich im Westen, öffnen sich herrliche Ausblicke nach allen Seiten über die Stadt. Der Weg zum Nasridenpalast führt vorbei am gewaltigen **Palacio Carlos V.**, einem Renaissancebau mit kreisförmigem Säulenhof, für den 1526 ein Teil der Alhambra abgerissen wurde.

Der äußerlich unscheinbare **Königspalast der Nasriden**, erbaut unter den Herrschern Jusuf I. (1333–54) und Mohammed V. (1354–91), offenbart erst im Inneren seine überbordende Pracht, ein Charakteristikum islamischer Architektur. Schwerelos wirkt die filigrane Ausgestaltung mit Stuckarabesken, Holz und Keramik. Verschiedene Herrscherbauten sind um Innenhöfe herum angeordnet. In Momenten der Stille nimmt hier allein schon das Plätschern der Brunnen gefangen. Wasser steht symbolisch für Reichtum, fördert aber auch den Gleichklang der Seele.

Kernstück der unter Jusuf I. geschaffenen Anlage ist der Myrtenhof, **Patio de la Arrayanes**. Im lang gestreckten und von Myrtenhecken gerahmten *Wasserbassin* spiegelt sich traumhaft die Fassade des **Torre de Comares**. In diesem machtvollen Palastturm befindet sich der kostbare Thronsaal, **Sala de los Embajadores**, mit seiner einzigartigen Atmosphäre. Oberhalb des Kachelsockels sind die Wände übersät mit verschlungenen Arabesken, Inschriften und geometrischem Rankenwerk. Eine fantastische, aus 8000 Einzelteilen gefertigte *Zedernholzkuppel* bekrönt den Saal. Die kreisförmig angelegten Sternenbahnen repräsentieren die sieben Himmel des Islam.

Mit dem berühmten Löwenhof, **Patio de los Leones**, schuf sich Mohammed V. sein ganz privates Königreich – das Herz des Harems. 124 grazile, sich nach oben auffächernde *Säulen* bilden einen fein gestelzten Arkadenumgang, der wie ein federleichter Kreuzgang anmutet. In der Mitte steht der *Brunnen*, getragen von zwölf Wasser speienden Löwen, die die Stämme Israels symbolisieren. Die Südseite des Hofes öffnet sich zur **Sala de los Abencerrajes**, über der eine herrliche sternförmige *Stalaktitenkuppel* schwebt. Einer Legende nach sollen hier 36 Mitglieder des Fürstengeschlechts der Abencerrajes grausam getötet worden sein.

Vor dem Verlassen des Palastes passiert man Räume Karls V., in denen der Schriftsteller Washington Irving einige Monate verbrachte und seine 1829 veröffentlichten ›Erzählungen von der Alhambra‹ verfasste. Der Weg zu den Wasserspielen und der Blütenpracht der herrlichen Gärten des **Generalife** führt an der Kirche **Santa María**, wo sich früher die Moschee der Alhambra erhob, vorbei. Links vom Eingang zum Generalife liegt das einstige **Franziskanerkloster**, in dem heute einer der schönsten Paradores von Andalusien logiert.

Albaicín

Der Albaicín, ein urtümliches Maurenviertel, gleicht mit seinem labyrinthischen Gassengewirr weißer Häuser noch immer einer arabischen Medina – und ist seit einigen Jahren wieder als Wohnviertel gefragt. Sein Zentrum ist die **Plaza Larga** mit einem lebendigen Markt. Durch die *Puerta de los Pesos* kommt man zum **Mirador de San Nicolás** vor der gleichnamigen Kirche, dem beliebtesten Aussichtspunkt auf die Alhambra.

Auf dem Weg durch die malerischen Gassen ins Tal stößt man auf die Carrera del Darro, die sich am Fluss gleichen Namens bis zur Plaza Nueva hinzieht. Über die Calle Elvira gelangt man in die **Caldería Nueva**. Sie verführt mit ihren vielen orientalisch gestalteten *Teestuben* zu einer Verschnaufpause.

Paradebetten in kühlem Marmor – die Königsgräber des 16. Jh. in der Capilla Real

In der Unterstadt

Erster Besichtigungspunkt in der Unterstadt ist die neben der Kathedrale stehende **Capilla Real** (Nov.–März tgl. 10.30–13, 15.30–18.30 Uhr, April–Okt. tgl. 10.30–13, 16–19 Uhr). Die Katholischen Könige hatten den Bau der Kapelle als Mausoleum für sich und ihre Familie in Granada bestimmt, da sie hier mit der Vollendung der Reconquista ihren größten Triumph feierten. Erst nach ihrem Tod wurde die 1504 begonnene Königskapelle fertig gestellt. Domenico Fancelli aus Genua schuf das feudale *Grabmal* mit den marmornen Liegefiguren Isabellas und Ferdinands. Neben ihnen ruhen – im gleichen Stil gearbeitet – die Tochter Johanna die Wahnsinnige und ihr Gemahl Philipp der Schöne. Ein Meisterwerk ist der figurenreich geschnitzte *Hochaltar* (16. Jh.) des Bildhauers Felipe de Bigarny. Als Schatzkammer erweist sich schließlich die *Sakristei* mit den Herrscherinsignien und der erlesenen Gemäldesammlung des königlichen Paars, darunter Werke von Rogier van der Weyden, Hans Memling und Sandro Botticelli.

Über die Gran Vía de Colón zugänglich ist die neben der Capilla Real stehende **Catedral Santa María de la Encarnación** (Mo–Sa 10.45–13.30, 16–19, So 16–19 Uhr), ein gotisch begonnener Renaissancebau, der den Sieg über die Ungläubigen machtvoll demonstriert. Kernstück des reichen Inneren ist die *Capilla Mayor* von Diego de Siloé, die von einer 45 m hohen Kuppel überwölbt wird. Interessant sind die großen *Gemälde* mit den ›Sieben Freuden Mariens‹ des Alonso Cano. Der Künstler aus Granada war auch ein begnadeter Bildhauer, in der Sakristei ist eine seiner zierlichen Marienstatuen zu sehen.

Im Süden von Granada

Imposant türmen sich die Gipfel der **Sierra Nevada** auf, ihre Bergkönige – der *Mulhacén* (3482 m) und der *Veleta* (3398 m) – sind zugleich die höchsten Erhebungen der Iberischen Halbinsel. Im Jahr 1999 wurde das Gebiet zum *Nationalpark* erhoben. Eine gut ausgebaute Straße führt von Granada (30 km) hinauf zum südlichsten Skigebiet Eurpoas: Das Dorf *Pradollano* liegt auf 2500 m Höhe, 45 Pisten mit einer Gesamtlänge von 61 km erwarten hier die Skiläufer und Snowboarder.

Sonne und Schnee – Wintersportort Sol y Nieve in der Sierra Nevada

TOP TIPP Das südliche Vorgebirge der Sierra Nevada, **Las Alpujarras**, wird von tiefen Schluchten und Gebirgsbächen durchschnitten. In diese unwirtliche Gegend zogen sich die Mauren 1492 zurück. Touristisch interessante Orte sind **Lanjarón**, **Pampaneira**, **Bubión**, **Capileira** und **Trevélez**, letzterer ist bekannt für seine luftgetrockneten Schinken.

Salobreña (10 000 Einw.), der schönste Ort an der granadinischen Küste, bezaubert durch seine traumhafte Lage auf einem Felsen. Es lohnt sich, hier zu verweilen.

Nach Norden

Nördlich von Granada beginnt das Land der Olivenplantagen, schier endlos ziehen sich in gleichmäßigen Abständen die Bäume über die Hügellandschaft der Provinz Jaén bis nach Córdoba. Die Region ist weltweit führend in der Produktion von **Olivenöl**, wobei das kaltgepresste Öl – auf Spanisch *Puro Virgen* – das beste ist. Die Provinzhauptstadt und Olivenmetropole **Jaén** wartet mit einer imposanten *Catedral* (16. Jh) auf. Wenig besucht, aber wahre Kleinode sind die Renaissancestädte **Úbeda** und **Baeza**, östlich davon türmt sich die **Sierra de Cazorla y Segura** (2000 m) – der Naturpark ist eine grüne Oase, die die Herzen der Wander- und Naturfreunde höher schlagen lässt.

i Praktische Hinweise

Information

Oficinas de Turismo des Granada, c/ Santa Ana, 4, Granada, Tel. 958 57 52 02, Fax 958 57 52 03. – Pl Mariana Pineda, 10, Granada, Tel. 958 24 71 28, Fax 958 24 71 29, www.turgranada.es

Die **Granada City Card** bietet sieben Tage lang vergünstigten Eintritt in zahlreiche Museen (u. a. Alhambra) und mehrere Bus-Freifahrten. Information zur **Bono Turístico Granada** bei der Caja Granada, Tel. 902 10 00 95, www.caja-granada.es

Flughafen

Aeropuerto Federico García Lorca Granada-Jaén (GRX), Ctra. de Málaga, 17 km westlich von Granada, Tel. 958 24 52 00, www.aena.es

Hotels

****__Parador San Francisco__, Real de la Alhambra, s/n, Granada, Tel. 958 22 14 40, Fax 958 22 22 64, www.parador.es. Im früheren Franziskanerkloster der Alhambra untergebracht. Einzigartige Lage, schön ausgestattete Zimmer. Frühzeitig reservieren!

****__Tryp Albayzin__, Carrera del Genil, 48, Granada, Tel. 958 22 00 02, Fax 958 22 01 81, www.trypalbayzin.solmelia.com. Ansprechendes Hotel mit schönen Zimmern und hervorragender Küche.

*__América__, Real de la Alhambra, 53, Granada,Tel. 958 22 74 71, Fax 958 22 74 70, www.hotelamericagranada.com. Kleines Hotel mit romantischem Patio auf dem Alhambra-Hügel.

Restaurants

Mirador de Morayma, c/ Pianista Garcia Carillo, 2, Granada, Tel. 958 22 82 90. Das stilvolle Restaurant im Albaicín ist die beste Adresse für hispanoarabische Küche (So abends geschl.).

Pilar del Toro, Hospital de Santa Ana, 12, Granada, Tel. 958 22 54 70. Gutes Restaurant mit Bar in lauschigem Innenhof.

61 Córdoba

Einst Metropole des westlichen Kalifats, heute eine moderne Provinzhauptstadt mit einer einzigartigen Moschee-Kathedrale.

Vom 8. bis 11. Jh. war Córdoba die glanzvolle Stadt der **Kalifen von Al-Andalus**. Von hier aus regierten sie ihr Reich, das sich zeitweise bis zu den Pyrenäen erstreckte, ihre Herrschaft war geprägt von **Toleranz** gegenüber Christen und Juden. Mitte des 10. Jh. war die Stadt am Río Guadalquivir ein blühendes **Handels-** und **Kulturzentrum**, ein Mekka der **Wissenschaften** und viel besuchtes **Pilgerziel** der islamischen Welt mit einer Bevölkerung von rund 1 Mio. Menschen. Mit Córdoba konnten sich damals allein Konstantinopel und Bagdad, die Metropole des östlichen Kalifats, messen. Die Stadt hat aber auch eine große römische Vergangenheit, erblickten doch hier in der Antike Geistesgrößen wie Vater und Sohn **Seneca** sowie der Dichter **Lucanus** das Licht der Welt.

Heute hat Córdoba knapp 320 000 Einwohner und macht im Vergleich zum quirligen Sevilla und dem studentischen Granada einen eher verträumten Eindruck, ist aber gleichwohl ein beliebtes Touristenziel. Alle Besucherwege führen

Atemraubend ist das Dickicht aus Säulen und Arkadenbögen in der Mezquita von Córdoba

zum beispiellosen Zeugnis der Omaijadenzeit – zur wunderbaren Mezquita.

TOP TIPP

Mezquita

Die Mezquita von Córdoba (Sommer Mo–Sa 8.30–19, So 8.30–10 und 14–19 Uhr, Winter kürzere Öffnungszeiten) zählt zu den großartigsten Werken islamischer Baukunst. Heute spricht man von der **Moschee-Kathedrale**, denn im 16. Jh. wurde auf Kaiser Karls V. Geheiß inmitten der Omaijadenmoschee eine Kathedrale platziert, die damit zum Symbol des christlichen Triumphes über den Islam wurde. Der Kaiser erkannte allerdings später, was er mit diesem Werk hatte zerstören lassen. Die erste quadratische Moschee mit elf Schiffen wurde im Jahr 785 begonnen und im Laufe der Omaijadenherrschaft insgesamt dreimal vergrößert. Sie erreichte bis 988, den Vorhof mit den Brunnen für die rituellen Waschungen eingerechnet, eine Fläche von 22 400 m^2, was der Größe von drei Fußballplätzen entspricht.

Überwältigend ist der Raumeindruck. Mehr als **800 Säulen** verdichten sich zu dem viel zitierten **Säulenwald**. Es empfiehlt sich, den Rundgang im Nordwesten zu beginnen, im ältesten Teil der Moschee, wo man die schönsten, aus antiken Stätten stammenden Säulen findet. **Hufeisenbögen** überspannen die Stützen, oberhalb setzen Pfeiler an, die ein zweites Bogengerüst tragen. Alle Bögen sind aus roten Ziegel- und weißen Kalksteinen gearbeitet, das Muster ruft eine phänomenale Lichtwirkung und Rhythmisierung des Raums hervor.

Von der verschwenderischen Ornamentik gefangen genommen wird man in der Gebetsnische, dem **Mihrab**, an der nach Mekka ausgerichteten Kibla-Wand – dies ist der Ort der höchsten Prachtentfaltung in der Moschee. Überwölbt wird er von einer grandiosen muschelförmigen *Marmorkuppel*, die die Stimme des Imams akustisch verstärkte. Für die Ausgestaltung des Hufeisenbogens des Mihrab und der vorgelagerten Kuppel mit Glasmosaiken wurden Handwerker aus Byzanz geholt.

Aus dieser Welt von Tausendundeiner Nacht wird man mit dem Betreten der **Kathedrale** herausgerissen. Ihretwegen wurden 63 Säulen entfernt und damit die Perspektive durch den Säulenhain zunichte gemacht. Leicht kann man sie daher als Fremdkörper empfinden, wobei zu bedenken ist, dass die Moschee nur erhalten blieb, weil durch den Einbau der Kathedrale das ganze Gebäude geschützt wurde. Ihr Prunkstück ist das barocke *Chorgestühl*, das der Bildhauer Duque de Cornejo 1760 mit 40 seiner besten Schüler schuf.

Südlich der Mezquita

Westlicher Nachbar der Mezquita ist der 1745 erneuerte **Palacio Episcopal**, der den Platz der früheren Omaijadenresidenz einnimmt. In Sichtweite steht das wuchtige Triumphtor **Puerta del Puente** am Fluss Guadalquivir, der von der 16-bogigen **Puente Romano** überspannt wird. Aus römischer Zeit stammen allerdings nur mehr die Brückenfundamente. Ihr Südende bewacht der Festungsturm **Torre de la Calahorra** aus dem 14. Jh., in dem nun das **Museo Vivo Al-Andalus** (www.torrecalahorra.com, tgl. 10–18 Uhr) die Leistungen der muslimischen, jüdischen und christlichen Kultur instruktiv veranschaulicht.

La Judería und Alcázar

Im Norden ist die Mezquita umgeben von der **Judería**, dem ehem. Judenviertel Córdobas. Das Labyrinth der winkligen weiß getünchten Gassen und die blumenbunten Innenhöfe verströmen noch immer orientalischen Zauber. Besonderes Gedränge herrscht in der **Calleja de las Flores**. Das pittoreske Blumengässchen mündet in einen hübschen Platz, von dem sich ein Postkartenblick auf den Glockenturm der Kathedrale bietet.

In der Calle Judíos öffnet sich die kleine **Plaza de Tiberiades**, die mit einem Denkmal an den hier geborenen jüdischen Universalgelehrten Rabbi Mose Ben Maimon, gen. *Maimonides* (1135–1204) erinnert. Nahebei steht Córdobas einzige erhaltene, im Mudéjarstil geschmückte **Sinagoga** (Di–Sa 9.30–14.30, 15.30–17.30, So 9.30–14 Uhr). Am Ende der Calle Judíos passiert man das Stadttor **Puerta de Almodóvar**, das einst den Zugang zum jüdischen Viertel bewachte, und ein Denkmal für *Seneca* (4 v. Chr.–65 n. Chr.),

Arabische Ornament-Vielfalt – prachtvolle Zier an der Mezquita-Außenwand

den prominenten Sohn der Stadt. Ein Stück weiter entlang der gut erhaltenen arabischen Stadtmauer wird *Averroes* (1126–1198), der große arabische Philosoph und wichtigste Interpret der aristotelischen Lehren – auch er in Córdoba geboren –, mit einer Statue geehrt. Gegenüber dem 1328 erbauten **Alcázar** (Sommer Di–So 8.30– 14 Uhr, Winter Di–Sa 10–14, 17.30– 19.30, So/Fei 9.30–14.30 Uh) – bestückt mit antiken Mosaiken und umgeben von gepflegten Gärten – sind noch die Reste arabischer Bäder, der **Baños Árabes**, zu erkennen.

Östlich der Mezquita

Nahe am Flussufer ist die hübsche **Plaza del Potro** sehenswert, die nach der kleinen Brunnenskulptur eines Fohlens benannt ist. Angrenzend liegt die *Posada del Potro*, eine bereits von Cervantes im ›Don Quijote‹ erwähnte Herberge. Von hier ist es ein Katzensprung nordwärts zur **Plaza de la Corredera**. Rundum von Arkadengängen gerahmt, erinnert dieser Platz an die herrschaftlichen Plazas Mayores von Kastilien.

Ins geschäftige Zentrum der Oberstadt, zur **Plaza de las Tendillas**, kommt man über die Calle Claudio Marcelo. Diese Straße führt am *Rathaus* und an Resten eines *römischen Tempels* (1. Jh. n. Chr.) vorüber. Nordöstlich, an der Plaza de Don

Gome, liegt der **Palacio del Marqués de Viana** (Mo–Fr 10–13, 16–18, Sa 10–13 Uhr), ein Adelspalast mit 13 herrlichen Patios.

i Praktische Hinweise

Information

Oficina de Turismo, c/ Torrijos, s/n, Córdoba, Tel. 902 20 17 74, www.turismodecordoba.org

Hotels

******Amistad Córdoba**, Pl. Maimonides, 3, Córdoba, Tel. 957 42 03 35, Fax 957 42 03 65, www.nh-hotels.com. Stilvolles Hotel in einem umgebauten Palast des 18. Jh. mitten in der Altstadt.

*****Maimonides**, c/ Torrijos, 4, Tel. 957 47 15 00, Fax 957 48 38 03, Córdoba, www.eurostarsmaimonides.com. Direkt gegenüber der Mezquita liegt das beste Hotel in dieser Kategorie, freundliche Zimmer, blitzsaubere Bäder.

***Maestre**, Romero Barros, 4, Córdoba, Tel. 957 47 24 10, Fax 957 47 53 95. Gepflegtes kleines Hotel in der Nähe der Plaza del Potro.

Restaurants

TOP TIPP **Almudaina**, Campo Santo de los Mártires, 1, Córdoba, Tel. 957 47 43 42. Vorzüglich speisen im Palastambiente des 16. Jh. (So abends geschl.).

Bodega Casa de Campos, c/ de los Lineros, 32, Córdoba, Tel. 957 49 76 43. Schöne Bodega für den Sherrygenuss am Abend (So abends geschl.).

62 Medina Azahara

Ruinen der strahlenden Palaststadt der Omaijaden am Fuß der Sierra Morena.

Von der verschwenderischen Pracht der einstigen *Palaststadt* Medina Azahara (Di–Sa 10–18.30, So 10–14 Uhr) ist heute nicht mehr allzu viel erhalten. Trotzdem lohnt sich ein Ausflug zu der 8 km westlich von Córdoba gelegenen Stätte, denn dank des Wiederaufbaus unter Verwendung originaler Bauteile kann sich heute auch der archäologische Laie wieder ein gutes Bild von der prunkvollen Residenz der Kalifen von Al-Andalus machen.

Abd ar Rahman III. ließ Medina Azahara zur Blütezeit des Kalifats von Córdoba als repräsentative **Sommerresidenz** errichten, die vor allem der Hofhaltung und Verwaltung dienen sollte. Die kurze Bauzeit von 936 bis 960 konnte nur durch ein gigantisches Aufgebot an Arbeitskräften bewältigt werden, zeitweilig waren mehr als 10 000 Handwerker beschäftigt. Chronisten rühmten ihr Werk, den überbordenden Luxus, die prachtvollen Gärten und die kostbaren Materialien der Gebäude, in denen bis zu 30 000 Menschen lebten. Doch die Glanzzeit der Stadt währte nur bis ins Jahr 1010, als berberische Truppen Medina Azahara überfielen und dem Erdboden gleich machten. Die Zerstörung der Königsstadt leitete auch den Untergang der glanzvollen Omaijadenherrschaft ein.

Höhepunkt eines Besuchs entlang der Führungslinie durch das weitläufige Areal ist der wieder aufgebaute **Dar al Mulk**, der als Empfangssaal für ausländische Botschafter sowie für Ratssitzungen genutzt wurde. Den dreischiffigen Raum gliedern elegante Marmorsäulen, die miteinander verbunden sind durch rot-weiß gestreifte und ornamentierte Hufeisenbögen. Die Wände sind übersät mit erlesenen Stuckarabesken.

63 Sevilla

Plan Seite 112

TOP TIPP *Die Primadonna unter den andalusischen Städten.*

Die hitzeflirrende **Hauptstadt** Andalusiens (715 000 Einw.) am Río Guadalquivir ist eine Stadt der **Sinne** und der **Sinnlichkeit**, von der selbst die hl. Teresa von Avila behauptete: »… in Sevilla ist es schwer, nicht zu sündigen«. So richtig zu pulsieren beginnt das Leben zu vorgerückter Stunde, dann herrscht in den charmanten Gassen der Altstadt mit ihren unzähligen Restaurants und Tapas-Bars Hochbetrieb und -stimmung. **Freude am Feiern** beweisen die Sevillaner auch während des ausgelassenen Volksfests *Feria de Abril* und in der *Karwoche*, dann allerdings mit viel Pathos. Obendrein sind in Sevilla *Don Juan*, *Carmen* und der berühmte *Barbier* zu Hause. Zu alledem ist die Stadt mit einer Fülle weltlicher und kirchlicher **Kulturdenkmäler** gesegnet, die jeden Spanienreisenden fasziniert.

Geschichte Sevilla ist eine römische Gründung. Zur Zeit der Maurenherrschaft stand es lange Zeit im Schatten Córdobas, erst nach dem Fall des Kalifats (1031)

stieg es zur führenden Stadt in Al-Andalus auf. Seine Glanzzeit erlebte es unter der Berberdynastie der **Almohaden**, damals wurde die große Hauptmoschee errichtet, von der das Minarett, die Giralda, erhalten blieb. 1248 nahm König Ferdinand III. Sevilla ein. Rund 200 Jahre später wurde an der Stelle der Hauptmoschee die größte gotische **Kathedrale** der Welt errichtet. Im Zeitalter der **Entdeckungsreisen** erlebte Sevilla mit seinem *Binnenhafen* einen phänomenalen Aufschwung, das Handelsmonopol mit den lateinamerikanischen Kolonien machte es im 16./17. Jh. zu einer der reichsten Städte der Welt. Doch Mitte des 17. Jh. leiteten eine Pestepidemie und vor allem die Versandung des Hafens den Niedergang ein. Erneuten Aufschwung brachte 1929 die **Ibero-Amerikanische Ausstellung**, deren Pavillons noch heute zum Glanz der Stadt beitragen. Wieder im Mittelpunkt des Weltinteresses stand Sevilla schließlich 1992 als Austragungsort der **Expo**.

Rundgang 1
Catedral – Reales Alcázares – Barrio Santa Cruz

Startpunkt ist **La Giralda** ❶, das Wahrzeichen Sevillas. Das einstige Minarett der Almohadenmoschee, ein quadratischer, filigran gezierter Ziegelbau des 12. Jh., wurde 1568 der neuen Catedral als Glockenturm adaptiert und eröffnet heutigen Besuchern sagenhafte Stadtblicke.

Die **Catedral** ❷ (Sept.–Juni Mo–Sa 11–17, So/Fei 14.30–18, Juli/Aug. Mo–Sa 9.30–16, So/Fei 14.30–18 Uhr, der Ticketschalter schließt jew. 1 Std. vorher) war 1506 nach

Ein Wagen voll mit Señoritas – fröhlich bunt ist Sevillas Frühlingsfest Feria de Abril

mehr als 100-jähriger Bauzeit im Wesentlichen vollendet worden, ihr rechteckiger Grundriss lässt noch immer die Moschee erahnen. Der gotische, fünfschiffige Innenraum hat gewaltige Dimensionen (116 m lang, 75 m breit) und ist angefüllt mit unzähligen Kunstwerken. Durch das Portal neben der Giralda betritt man den Orangenhof, **Patio de los Naranjos**, ein Überbleibsel der Almohadenmoschee, und gelangt von hier in das eindrucksvolle Kircheninnere.

In der Mitte steht die golden umgitterte **Capilla Mayor** mit dem größten *Retabel* der Welt, das zwischen 1482 und 1564 nach Entwürfen des Flamen Pieter Dancart entstanden ist. Das Zentrum des Schnitzaltars zeigt die versilberte *Virgen de la Sede*, umgeben von 45 Relieffeldern mit Szenen aus dem Leben Christi und Mariens. Dahinter liegt der Renaissancebau der **Capilla Real** mit dem Reliquienschrein König Ferdinands III. – angeblich wollen die Gebeine des Eroberers von Sevilla nicht verwesen.

Aus der Fülle der Kunstschätze, die sich in den übrigen Kapellen, der Sakristei und dem Kapitelsaal häufen, sei nur noch das monumentale **Grabmal des Cristóbal Colón** (Kolumbusgrab) an der Kirchensüdwand erwähnt. Es handelt sich dabei um einen nationalen Schrein erster Güte, nur ist die Frage, ob hier tatsächlich die Gebeine des Kolumbus ruhen oder ob sie im Laufe ihrer 400-jährigen Odyssee irgendwo zwischen Valladolid, Santo Domingo, Havanna und Sevilla auf der Strecke blieben, ungelöst.

Nach dem Verlassen der Kathedrale wendet man sich der *Plaza del Triunfo* zu. Hier fällt der strenge Renaissancebau der **Lonja** ❸ (ehem. Handelsbörse) auf, die seit dem 18. Jh. das **Archivo General de Indias** (Indien-Archiv; Mo–Sa 10–16, So 10–14 Uhr) mit Dokumenten zur Entdeckungsgeschichte der Neuen Welt beheimatet.

Zur Linken liegt der Eingang zu den **Reales Alcázares** ❹ (April–Sept. Di–Sa 9.30–19, So 9.30–17, Okt.–März Di–Sa 9.30–17, So 9.30–13.30 Uhrr). Auf den Fundamenten älterer Bauten entstand im 12. Jh. die Palastburg der Almohaden, die nach der Reconquista als Residenz der christlichen Könige fungierte. Der Ausbau zur heutigen Gestalt fand vor allem ab 1364 unter der Herrschaft Pedros I. statt. Der König ließ maurische Handwerker aus Toledo und Granada kommen, die seinen orientalischen Traum verwirklichten – so

Ein steinernes Manifest der siegreichen Christenheit über die Mohammedaner – Sevillas riesige Catedral mit La Giralda im Hintergrund, 1506 vollendet

entstand ein großartiges Meisterwerk des Mudéjarstils.

Vom **Patio del León** blickt man auf die zweistöckige Palastfassade, an der gotische Lettern den christlichen Bauherren preisen und arabische Schriftzeichen verkünden: »Es gibt keinen Sieger außer Allah«. Vor Eintritt in den Palast bietet sich ein Blick in die rechter Hand gelegene **Sala de los Almirantes** an, wo Isabella 1503 die *Casa de la Contratación*, zuständig für die Verwaltung des Amerikahandels, gegründet hatte. Hier empfingen die Katholischen Könige Kolumbus nach seiner zweiten Amerikareise.

Zwei Höfe markieren die verschiedenen Palastbereiche. Der **Patio de las Doncellas** war das Zentrum der Repräsentationsräume, der **Patio de Muñecas** (Puppenhof) dagegen der Mittelpunkt der Privatgemächer. Vom bezaubernden Doncellas-Hof gelangt man in den prächtigsten aller Palastsäle, die gleichsam in Gold lodernde **Sala de Embajadores**. Teppiche feiner Azulejos, bunte Stuckarbeiten und arabische Ornamentik schmücken die Wände bis hinauf zum vergoldeten Kuppelgewölbe aus Lärchenholz (1420). In den Renaissanceräumen des **Palacio Carlos V.** sind flämische Tapisserien des 18. Jh. zu bewundern.

All diese Kunstwerke werden ergänzt durch die herrlichen **Palastgärten**, in denen Stilelemente aus maurischer Zeit, der Renaissance und Moderne eine gelungene Verbindung eingegangen sind.

Üppige Stuck- und Fliesendekoration in der Sala de Embajadores der Reales Alcázares

Östlich vom Alcazár liegt die Judería, das alte Judenviertel, heute bekannt als **Barrio de Santa Cruz** 5, ein schmuckes Flanierareal mit hübschen Bars, Restaurants und kunstgewerblichen Läden. Der Name des Barrio leitet sich ab von der nicht mehr existierenden Kirche **Santa Cruz**, in der Murillo 1682 seine letzte Ruhestätte fand. Heute erinnert ein schmiedeeisernes Kreuz in der Mitte der Plaza de Santa Cruz an die Kirche und das Grab des Lieblingsmalers der Sevillianer. In der nahe gelegenen Calle Santa Teresa, stand vermutlich das Wohnhaus Murillos.

Rundgang 2
La Caridad – Torre del Oro – Parque María Luisa

Westlich der Avda. de la Constitución erstreckt sich am Guadalquivir das Stadtviertel *El Arenal*. Im 17. Jh., einer Zeit wirtschaftlicher Rezession und religiöser Rückbesinnung, wurde hier das **Hospital de la Caridad** 6 (Mo–Sa 9–13.30, 15.30– 19.30, So 9–13 Uhr) errichtet. Einem wohlhabenden Ordensmitglied der Barmherzigen Brüder ist es zu verdanken, dass 1667–72 mit Murillo und Valdés Leal zwei der berühmtesten Maler jener Zeit für die Ausgestaltung der Kirche gewonnen werden konnten. Die Themen der drastischen Gemälde Leals setzen sich mit der *Vergänglichkeit des menschlichen Daseins* auseinander, während in den weich modellierten Werken Murillos die *Taten der Barmherzigkeit und Mitmenschlichkeit* Ausdruck finden.

Vorbei am modernen Konzert- und Opernhaus **La Maestranza** 7 kommt man zum *Río Guadalquivir*, an dessen Ufer der unter den Almohaden errichtete **Torre del Oro** (1220) 8 steht – ebenfalls ein Stadtwahrzeichen. Im zinnenumkränzten Wachturm von einst logiert heute das

Schifffahrtsmuseum, **Museo Naval** (Di–Fr 10–14, Sa/So 11–14 Uhr). Der Uferpromenade ein Stück nordwärts folgend, trifft man auf die Arena **Plaza de Toros** 9 (Museum tgl. 9–20 Uhr), eine der schönsten und größten Stierkampfarenen des Landes.

Jenseits des Flusses liegt das **Barrio de Triana** 10, das einstige Viertel der Seeleute und Töpfer. Höchst lebendig wird es hier abends entlang der Uferstraße *Calle Betis*, eine beliebte Ausgehmeile mit guten Restaurants und Bars.

Wieder zurück in El Arenal passiert man den **Palacio San Telmo** 11, einen stattlichen, 1743 als Seemannsschule gegründeten Barockpalast, sowie das noble **Hotel Alfonso XIII.** 12. Östlich davon steht die **Universidad** 13. Sie ist untergebracht in der legendären *Tabakfabrik* (18. Jh.), die durch Prosper Merimée und Georges Bizet in der Oper ›Carmen‹ verewigt wurde.

Gegenüber der Universität beginnt der weitläufige **Parque María Luisa** 14, eine Oase inmitten der heißen Großstadt. Vom Schauplatz der Ibero-Amerikanischen Ausstellung des Jahres 1929 blieben hier zwei markante Platzanlagen erhalten: die wie eine venezianische Opernkulisse wirkende *Plaza de España* und die *Plaza de América* mit dem **Museo Arqueológico** und dem Volkskundemuseum **Museo de Artes y Costumbres Populares** (beide Museen Di 14.30–20.30, Mi–Sa 9–20.30, So/Fei 9–14.30 Uhr).

Rundgang 3
Museo de Bellas Artes – Calle Sierpes – Casa de Pilatos

Das **Museo de Bellas Artes** 15 (Di 14.30–20.30, Mi–Sa 9–20, So 9–14 Uhr) an der Plaza del Museo ist eine der wichtigsten Pinakotheken Spaniens, die ihre Kunstschätze im attraktiven Ambiente eines alten Klostergebäudes mit stimmungsvollen Patios ausbreitet. Den Schwerpunkt der opulenten Sammlung bilden die Vertreter der *Sevillaner Schule des 17. Jh.*, das Siglo de Oro der andalusischen Malerei, mit Werken von Bartolomé Esteban Murillo, Valdés Leal und Francisco de Zurbarán.

Von hier kommt man über die Calle de Alfonso XII und durch die Haupteinkaufsstraße **Calle Sierpes** (Schlangenstraße) zur **Plaza de San Francisco** 16, die vom schmucken **Ayuntamiento** (16. Jh.) mit seiner prächtigen plateresken Fassade bestimmt wird. Wenige Schritte westlich,

Einzigartigen Skulpturenschmuck bewahrt der Patio der Casa de Pilatos

in der Calle Manuel Rojas Marcos, 3, entfacht das **Museo de Baile Flamenco** 17 (tgl. 9–19 Uhr) mit innovativer Ausstellungskonzeption auch beim Besucher das Feuer des Flamencotanzes.

Über die Plaza Alfalfa gelangt man schließlich zur **Casa de Pilatos** 18 (tgl. 9–19 Uhr), dem nach dem Alcázar schönsten Stadtpalast (16. Jh.), der sich heute im Besitz der Familie Medinaceli befindet. Er ist eine einzigartige Demonstration für den Machtzuwachs des Adels nach der Vertreibung der Mauren und für die Erweiterung des Horizonts durch das Zeitalter der Entdeckungen. Herzstück des Palastes ist der **Patio**. Künstlerisch hochrangig sind die *Skulpturen* – frühe Kopien römischer und griechischer Originale, grandios wie Teppiche an den Wänden die *Azulejo-Panele*, verblüffend die Vielfalt des Dekors und auch die unterschiedlichen Techniken der *Kachelkunst*. Die beiden lauschigen Gärten sind geruhsame Oasen inmitten der tosenden Großstadt.

Ausflüge

Etwa 8 km nordwestlich von Sevilla liegt die römische Ruinenstadt **Itálica** (April–Sept. Di–Sa 8.30–20.30, So 9–16, Okt.–März Di–Sa 9–17.30, So 10–16 Uhr). Die erste Römergründung in Andalusien, 205 v. Chr. initiiert von Scipio Africanus d. Ä. für die Veteranen des 2. Punischen Krie-

Flamenco – Leidenschaft und Temperament

Das Herz des Flamenco schlägt in Andalusien, der **Cante Jondo**, der tiefe Gesang, die Seele des Flamenco, wurde geboren aus dem Zusammentreffen von unterschiedlichen Kulturen im Süden der Iberischen Halbinsel. Die musikalischen Traditionen, die die **Gitanos** (Zigeuner) aus dem fernen Indien im 15. Jh. mit nach Spanien brachten, mischten sich hier mit den orientalischen Gesängen der **Mauren** und den liturgischen Trauerliedern der **Sepharden** sowie dem altspanischen Liedgut der **Christen**. Tonangebend im Flamenco ist nach wie vor der Gesang, Tanz und Gitarrenmusik sind ihm nachgeordnet, aber ohne diese hätte der Flamenco wohl kaum den Sprung auf die große Bühne geschafft. Flamenco geht durch Mark und Bein, er kommt rau und kehlig aus dem Innersten der Seele, springt er über, dann nimmt der **Duende** (der Dämon) vom Zuhörer Besitz. Im Flamenco offenbart sich die Geschichte der Gitanos, eine Geschichte von **Leid und Ausgrenzung**.

Die **Tablaos** (Flamenco-Lokale) in Sevilla und Granadas **Sacromonte-Höhlen** garantieren gute Shows mit technisch versierten Künstlern, aber den wahren Flamenco kann man nicht buchen, den kann man nur finden …

El Arenal, c/ Rodo, 7, Sevilla, Tel. 954 21 64 92. Vorstellungen tgl. 20.30 und 22.30 Uhr (mit Restaurant).

Los Gallos, Pl. de St. Cruz, 11, Sevilla, Tel. 954 21 69 81. Vorstellungen 20 und 22.30 Uhr.

Museo del Baile Flamenco, c/ Manuel Rojas, 3, Sevilla, Tel. 954 34 05 11, www.flamencomuseum.com. Gastspiele renommierter Tänzer.

ges, wurde im 1. Jh. n. Chr. als Geburtsort der römischen Kaiser Trajan und Hadrian berühmt. Die größte Attraktion ist das **Amphitheater**, bedeutend sind auch die *Bodenmosaiken*, von denen einige ins Archäologische Museum von Sevilla transferiert wurden.

Das hübsche Städtchen **Carmona** östlich von Sevilla war eines der am besten befestigten der Antike. Davon zeugen das Stadttor *Puerta de Sevilla* und die *Stadtmauern* aus römischer Zeit. Sehenswert sind vor allem die *Necrópolis Romana* (Mitte Juni–Mitte Sept. Di–Fr 8.30–14, Sa 10–14, Mitte Sept.–Mitte Juni Di–Fr 9–17, Sa/So 10–14 Uhr, Fei geschl.).

i Praktische Hinweise

Information

Oficinas de Turismo de Sevilla, Avda. de la Constitución, 21 B, Tel. 954 78 75 78, Fax 954 78 75 79 – c/ Arjona, 28 (Naves del Barranco), Tel. 902 19 48 97, www.turismo.sevilla.org. Hier u. a. Tourismuskarte **SevillaCard** (www.sevillacard.es)

Hotels

*******Alfonso XIII.**, c/ San Fernando, 2, Sevilla, Tel. 954 91 70 00, Fax 954 91 70 99, www.hotel-alfonsoxiii.com. Stadtpalast mit Pool und Park – vom Feinsten!

******Doña Maria**, c/ Don Remondo, 19, Sevilla, Tel. 954 22 49 90, Fax 954 21 95 46, www.hdmaria.com. Top-Lage nahe der Kathedrale, liebevoll altmodisch.

TOP TIPP ******Taberna del Alabardero**, c/ Zaragoza, 20, Sevilla, Tel. 954 56 06 37, Fax 954 56 36 66, www.tabernadelalabardero.com. Kleinod nahe der Pl. Nueva mit netter Bar und gutem Restaurant (Reservierung nötig).

****Murillo**, c/ Lope de Rueda, 7–9, Sevilla Tel. 954 21 60 95, Fax 954 21 96 16, www.hotelmurillo.com. Günstiges Hotel im altspanischen Stil im Viertel Santa Cruz.

Restaurants

Bodega Morales, c/ García Vinuesa, s/n, Sevilla. Urige alte Bodega mit Sherry und Wein vom Fass im Herzen des Ausgehviertels El Arenal.

Casa Robles, c/ Alvarez Quintero, 58, Sevilla, Tel. 954 56 32 72. Feine andalusische Küche in einem beliebten Restaurant.

El Burladero, im Hotel Colon, c/ Canalejas, 1, Sevilla, Tel. 954 50 55 99. Hier speist man unter Stierkämpfern und ihren Fans.

Provinz Huelva – Portugal zum Greifen nah

Die südwestlichste Provinz Andalusiens führt touristisch eher ein Schattendasein. Doch der Atem der Geschichte ist präsent, gingen doch von der Küste Huelvas am **Atlantik** die Entdeckungsfahrten des Kolumbus und seiner Nachfolger aus. Die kilometerlangen Sandstrände der nördlichen **Costa de la Luz** zwischen der Industriestadt Huelva und dem Badeort Matalascañas werden in erster Linie von Spaniern besucht, Pinienwälder säumen den Küstenstreifen. Zu den großen Anziehungspunkten dieser Gegend zählt der Nationalpark **Coto de Doñana** im Mündungsdelta des Guadalquivir, eines der größten Vogelparadiese Europas.

64 Parque Nacional Coto de Doñana

Spaniens größter Nationalpark, eines der bedeutendsten Feuchtbiotope Europas.

Der Nationalpark Coto (Jagdgrund) de Doñana im Delta des Río Guadalquivir wurde 1969 gegründet. Strand, Wanderdünen, Pinien- und Korkeichenhaine, Trockengebiete und die Feuchtlandschaft der zeitweise überschwemmten **Marismas** prägen dieses Naturparadies mit seinem immensen Reichtum an Tier- und Pflanzenarten. Das Schutzgebiet ist ein Dorado für Ornithologen. Hier brüten und überwintern über die Hälfte aller europäischen **Vogelarten**, darunter Fisch- und Kuhreiher, Löffler, Störche, Graugänse, aber auch Raubvögel wie der seltene spanische Kaiseradler.

Der **Parkbesuch** ist reglementiert. Von den Informationszentren La Rocina, El Acebrón und El Acebuche laden angelegte Wege mit *Vogelbeobachtungsposten* zu interessanten Spaziergängen ein. Halbtägige *Jeeptouren* (Di–So 8.30 und 15 Uhr, Voranmeldung unerlässlich, Tel. 959 43 04 32) starten vom Informationszentrum **El Acebuche**.

65 El Rocío

Virgen del Rocío – Andalusiens geliebte Jungfrau.

Der berühmteste **Wallfahrtsort** Andalusiens verwandelt sich alljährlich an Pfingsten von der Geisterstadt El Rocío in eine Großstadt mit mehreren Hunderttausend Pilgern. Dann nämlich treffen hier, am Nordrand des Nationalparks Coto de Doñana, die religiösen Bruderschaften zusammen, um für drei Tage das in der **Ermita de Nuestra Señora del Rocío** (tgl. ca. 8–20 Uhr) aufbewahrte, innig verehrte Statue der Muttergottes, auch **La Blanca Paloma** (Weiße Taube) genannt, zu feiern.

i Praktische Hinweise

Hotels

******Parador de Mazagón**, Ctra. Huelva – Matalascañas, s/n, Mazágon, Tel. 959 53 63 00, Fax 959 53 62 28, www.parador.es. Schöner kann man an diesem Teil der Küste nicht wohnen.

*****El Cortijo de los Mimbrales**, A 483, km 30, kurz hinter El Rocío, Tel. 959 44 22 37, Fax 959 44 24 43, www.cortijomimbrales.com. Originelle Anlage, unweit des Nationalparks.

66 La Rábida

Auf den Spuren von Kolumbus.

Im Kloster La Rábida am Río Tinto (Di–So 10–13, 16–18.15, sommers bis 20 Uhr) fand *Kolumbus* bei den Franziskanermönchen Unterstützung für seinen Plan, einen neuen Seeweg nach Indien zu suchen. Die ältesten Teile des Klosters stammen aus dem 14. Jh., viel wurde jedoch 1755 beim Erdbeben von Lissabon zerstört und später restauriert. Unterhalb der Abtei ist am Meer ein modernes Dokumentationszentrum **Muelle de las Carabelas** (Di–Fr 10–14, 17–21, Sa/So 11–20, winters Di–So 10–19 Uhr) zum Thema Entdeckungsfahrten entstanden. Die größten Attraktionen sind die begehbaren Nachbauten der drei *Kolumbus-Karavellen*.

Weltoffenes Cádiz – das stolzeste Bauwerk der Stadt ist die doppeltürmige Catedral

67 Cádiz

Alte Stadt im Meer.

›Fräulein des Windes, Geliebte des Meeres‹ – Cádiz ist eine viel besungene Stadt, die an der Spitze einer langen Landzunge im Atlantik liegt. Eine frische, salzige Meeresbrise durchweht die Straßen und sorgt für ein angenehmes Klima. Das 1100 v. Chr. von den Phöniziern als *Gadir* gegründete Cádiz gilt als **älteste Stadt Europas** und war durch die Jahrhunderte ein beliebter Siedlungsplatz, der das Kommen und Gehen unterschiedlichster Völker erlebte. Die meisten Bauwerke der hübschen **Altstadt** mit ihren großzügigen Plätzen, Gassenschluchten und zauberhaften Meerblicken stammen aus dem 17./18. Jh.

Absolut sehenswert ist das **Museo de Cádiz** (Di 14.30–20.30, Mi–Sa 9–20.30, So/Fei 9.30–14.30 Uhr) an der zentralen Plaza de Mina mit seinen Sammlungen zur Archäologie, Malerei und Volkskunde – der Bogen spannt sich von phönizischen Sarkophagen über Gemälde Zurbaráns und Murillos bis hin zu Marionetten des 20. Jh.

Von der Plaza de San Juan de Dios mit dem klassizistischen *Rathaus* kann man einen Abstecher zum **Hafen** machen. Das mächtige Turmpaar und die goldbehelmte Vierungskuppel weisen den Weg zur imposanten **Catedral** (Di–Fr 10–13, 16.30–19, Sa 10–13 Uhr). Sie wurde ab 1720 als letzte der großen andalusischen Kathedralen erbaut, zu einer Zeit, als es durch die Verlegung des Handelsmonopols mit den Kolonien von Sevilla nach Cádiz mit der Stadt wirtschaftlich bergauf ging. Der geschwungene dreischiffige Barockraum beeindruckt durch seine Größe. In der Krypta liegt der wohl berühmteste Sohn der Stadt begraben, der Komponist Manuel de Falla (1876–1946).

Provinz Cádiz – wo Mittelmeer und Atlantik sich treffen

Der südliche Abschnitt der **Costa de la Luz** (Küste des Lichts) reicht von der Mündung des Guadalquivir bis zur Windsurfer-Stadt Tarifa an der Meerenge von Gibraltar, wo Mittelmeer und Atlantik sich vereinigen. Die Fluten des **Atlantik** sind aufbrausend, kühl und erfrischend, die sanfte Brise des **Mittelmeers** geht über in salzige **Winde**. Dieses raue Element hemmte einerseits den wirtschaftlichen Aufschwung, verhinderte aber gleichzeitig die Entwicklung eines Massentourismus in der Provinz. Doch die Vermarktung der natürlichen Reichtümer, der **feinsandigen Strände** mit ausgedehnten Pinienwäldern und hübschen **Fischerorten**, hat inzwischen auch hier eingesetzt. Lohnende Ziele für kulturell und kulinarisch Interessierte sind die Provinzhauptstadt **Cádiz** und **Jerez de la Frontera**.

Besonders schön ist ein Stadtspaziergang gegen Abend, wenn das Sonnenlicht die weißen Häuser in ein magisches Licht taucht. Die grüne **Uferpromenade** gewährt von einigen Punkten der **Befestigungsanlage** wunderbare Ausblicke auf die Bucht von Cádiz.

i Praktische Hinweise

Information

Centro de Recepción de Turistas, Paseo de Canalejas, s/n, Cádiz, Tel. 956 24 10 01, Fax 956 24 10 05, www.cadiz.es

Hotels

******Parador Hotel Atlántico**, Avda. Duque de Nájera, 9, Cádiz, Tel. 956 22 69 05, Fax 956 21 48 82, www.parador.es. Einziges Komforthotel im Altstadtzentrum.

****Bahia Hostal**, c/ Plocia, 5, Cádiz, Tel. 956 25 90 61, Fax 956 25 42 08. Sehr einfaches, freundliches Haus, etwas außerhalb der Halbinsel nahe Bahnhof und Hafen.

Restaurant

El Faro, c/ San Félix, 15, Cádiz, Tel. 956 21 10 68. Das noble Lokal bietet Meeresgetier vom Feinsten.

68 Puerto de Santa María

Schnittige Boote und Brandybodegas.

Die alte Hafenstadt in der Bucht von Cádiz lebt vom Fischfang, der Wein- und **Brandyproduktion** und ist heute ein überaus beliebter Ferienort. Doch neben den *Bodegas* hat Puerto eine Reihe weiterer Attraktionen zu bieten: lange, weiße **Sandstrände**, einen supermodernen **Jachthafen**, einen Wasservergnügungspark, ein Kasino sowie viele Lokale und Bars. Spezielle Gaumenfreuden bieten die **Fischrestaurants**, besonders an der *Ribera del Marisco*.

i Praktische Hinweise

Information

Oficina de Turismo, c/ Luna, 2, Puerto de Santa María, Tel. 956 54 24 13, Fax 956 54 22 46, www.turismoelpuerto.com

Hotel

******Monasterio de San Miguel**, c/ Larga, 27, Puerto de Santa María, Tel. 956 54 04 40, Fax 956 54 26 04, www.jale.com/monasterio. Stilvolles Klosterhotel im Zentrum.

Restaurant

Romerijo, Ribera del Marisco, 1, Puerto de Santa María, Tel. 956 54 12 54. Am Tresen kauft man die frischen Meerestiere und verzehrt sie direkt aus dem Packpapier bei kühlem Bier oder Weißwein auf der Terraza – ein Erlebnis.

69 Jerez de la Frontera

Mekka der Sherryliebhaber und Pferdebegeisterten.

Mit seinen kalkreichen Böden und den frischen Atlantikwinden ist das sonnenbeschienene Hügelland im Dreieck zwischen Jerez, Puerto de Santa María und Sanlúcar de Barrameda die Heimat des **Sherry**. Die ersten Reben haben schon vor rund 3000 Jahren die Phönizier, die auch Jerez gegründet haben sollen, in diese Ecke Andalusiens gebracht. Römer, Westgoten und Araber perfektionierten die Anbaumethoden und exportierten bereits andalusischen Wein. Später wurden die Engländer die Hauptimporteure und stiegen im 18. Jh. selbst in die Produktion ein, wovon noch heute die Namen berühmter Kellereien wie *Williams & Humbert* oder *Osborne* zeugen.

Mittlerweile ist Jerez in aller Welt als Sherry-Metropole bekannt, die Stadt ist zudem ein Zentrum der spanischen Pferdezucht und des Flamenco. Und kaum eine andere Stadt verbreitet so viel **andalusisches Flair** wie Jerez. Wo Cádiz, die Provinzhaupt- und Hafenstadt, weltoffen und liberal ist, da ist Jerez feudal. Schließlich haben sich hier die Sherry-Barone prächtige Paläste gebaut. Nur an Sevilla will man sich messen, wenn im Mai die

Hochelegante Pose – des Kellermeisters Kunststück bei der Sherry-Verkostung

Feria del Caballo in Jerez de la Frontera

Feria del Caballo gefeiert wird. Dann werden Männer zu stolzen Caballeros und die Damen zu Señoras, die ihr Lebensgefühl selbstbewusst zur Schau stellen. Und in den Peñas von Jerez pulsiert der **Cante Jondo**, die Seele des Flamenco.

Ehe man sich in den ›Kathedralen des Weins‹ verliert, die meisten der großen **Bodegas** finden sich am Rande des Zentrums, sollte man im Norden der Stadt die Königlich-Andalusische Schule der Reitkunst besuchen, die **Real Escuela Andaluza del Arte Ecuestre** (Avda. Duques de Abrantes, Tel. 956318008, Fax 956318014, www.realescuela.org. Training Mo, Mi, Fr 11–12.30, Dressur sommers Di/Do 12 Uhr, sonst nur Do, Reservierung empfohlen), wo edle Vollblüter bei ihrer Vorführung *Cómo bailan los Caballos Andaluces* (›Wie andalusische Pferde tanzen‹) bewundert werden können. Sehenswert ist aber auch die **Altstadt** mit ihren vielen hübschen Mudéjar-Kirchen und Adelspalästen, wobei weniger einzelne Objekte, als vielmehr das Stadtensemble in seiner Gesamtheit beeindruckt. An der *Plaza Domecq*, benannt nach dem berühmtesten der Sherry-Barone, steht die **Catedral** (Mo–Sa 11–13, 18–20, So 11–14 Uhr) aus dem 17./18. Jh., imposant wirkt ihre Freitreppe, fremd am Barockbau die Strebebögen. Hinter der Kathedrale führen Stufen zum **Alcázar** (tgl. 10–18, sommers bis 20 Uhr), dessen Kleinod die *Mezquita* ausmacht, die nach 1264 in eine Kapelle umgestaltet wurde.

i Praktische Hinweise

Information

Oficina de Turismo, Alameda Christina (Edificio Los Claustros), s/n, Jerez de la Frontera, Tel. 956341711, Fax 956338874, www.turismojerez.com. Hier erhält man auch Informationen über Bodegas, die Führungen anbieten – eine Reservierung ist unbedingt ratsam.

70 Conil de la Frontera

TOP TIPP *Perlen der Costa de la Luz, Sandstrände am Atlantik.*

Reizvoll ist ein Gang durch Conil, das ein verträumter Fischerort geblieben ist, auch wenn der Hafen inzwischen ausgelagert wurde, um mehr Platz für die Badegäste zu schaffen. Beliebt ist der Strand **La Fontanilla**, auch wegen seiner guten Fischrestaurants. Die sandigen Gestade, die sich kilometerlang bis zum Cabo de Trafalgar ziehen, sind eine wahre Wonne – eine Uferzone für Strandvergnügungen und Wassersport jeglicher Art.

Von Conil bietet sich ein Ausflug ins charmante Bergstädtchen **Vejer de la Frontera** an, das aus einem Labyrinth schöner Gassen mit blumenbunten Patios besteht – ein *Weißes Dorf* par excellence. Weiter südlich liegt der Traumstrand von **Bolonia** mit der römischen Ausgrabungsstätte **Baelo Claudia** (März–Okt. Di–Sa 10–19/20, So/Fei 10–14, Nov.–Febr. Di–Sa 10–18, So/Fei 10–14 Uhr).

i Praktische Hinweise

Hotels

*****Flamenco**, Fuente del Gallo, s/n, Conil de la Frontera, Tel. 956440711,

Abheben mit Afrika im Blick – Tarifa ist als Starkwindrevier für Surfer nicht zu toppen

Strandparadies der Costa de la Luz – die Playa Fontanilla macht Urlaubsträume wahr

Fax 956 44 05 42, www.hipotels.com. Mittelklassehotel außerhalb des Zentrums an schönem Strandabschnitt.

*Oasis**, Carril de la Fuente, 3, Conil de la Frontera, Tel. 956 44 21 59, Fax 956 44 21 59, www.alojamientosoasisconil.com. Günstiges Hotel mit Restaurant.

71 Tarifa

Surfparadies, Afrika in Griffweite.

An der Meerenge von Gibraltar gelegen, ist Tarifa die **südlichste Stadt** Spaniens, ganze 14 km von Afrika entfernt. Hier bläst oft ein ziemlich starker Wind, der lange die touristische Entwicklung hinderte. Mit dem Boom des **Windsurfings** hat sich dies schlagartig geändert, Tarifa ist nun ein Topziel für Surfcracks aus aller Welt. Sehr beliebt sind auch **Whale Watching** Bootstouren, die von mehreren Veranstaltern in Tarifa angeboten werden. Doch auch der Besuch der angenehmen Stadt lohnt sich. Vom uralten **Castillo Guzmán el Bueno** (10./13. Jh.) blickt man – bei klarer Sicht – bis nach Afrika.

i Praktische Hinweise

Hotel

***__Hurricane__, Ctra. Málaga – Cádiz, km 77, Tarifa, Tel. 956 68 49 9, Fax 956 68 03 29, www.hotelhurricane.com. Schönes Hotel am Strand mit großem Sportangebot und gutem Restaurant.

72 Gibraltar

Am Ende Europas – ein britischer Fels in der Brandung.

Weithin sichtbar ragt der 425 m hohe, 4,8 km lange und bis zu 1,4 km breite Felsen von Gibraltar aus dem Meer. 1704, im Spanischen Erbfolgekrieg, hatten die Briten das Kalksteinmassiv erbeutet, das ihnen im Frieden von Utrecht 1713 zugesprochen wurde und das heute britische Kronkolonie ist. Seither müht sich Spanien vergeblich, den wirtschaftlich und militärisch interessanten Zipfel zurückzuerobern. Besucher benötigen zum Passieren der Grenze einen Personalausweis.

Very british wirkt dann **Gibraltar City**, man sieht behelmte Bobbies, knallrote Telefonhäuschen und den zackigen Wachwechsel vor dem Gouverneurspalast. Zu den Attraktionen des in erster Linie historisch interessanten Eilands gehört die **Rock Tour** mit Besuch der Tropfsteinhöhle *St. Michaels Cave*. Am Affenfelsen *Ape's Den* schließlich trifft man auf die frechen *Berberaffen*, von denen es heißt, solange sie auf Gibraltar leben, bliebe **The Rock** britisch.

i Praktische Hinweise

Information

Gibraltar Tourist Information, Casemates Square, Gibraltar, Tel. 00 35 0749 82, Fax 00 35 0749 43, www.gibraltar.gov.uk, Kiosk am zentralen Busparkplatz.

Extremadura – Stammland der Konquistadoren

Fast schon ein Paradox: Das Land der Entdecker der Neuen Welt ist selbst für viele Spanier noch ein unbeschriebenes Blatt. Abgeschieden liegt die Region im äußersten Westen an der Grenze zu Portugal. Ihren beachtlichen Ausmaßen – mit 41 602 km² ist sie größer als Holland, Belgien oder Dänemark – steht eine Bevölkerungsdichte von nur 27 Einwohnern/km² gegenüber. Die Extremadura war immer schon ein armes Land. So ist es kein Zufall, dass vor allem aus den Reihen hiesiger verarmter Adelsfamilien die führenden **Konquistadoren** stammten, die die karge Heimat verließen, um anderswo ihr Glück zu machen.

Heute finden sich in der weiten Landschaft großflächige Areale mit fast **unberührter Natur**. Im **Parque Natural de Monfragüe**, der zu den letzten großen Vogelschutzgebieten Europas zählt, können Naturfreunde ihr Paradies entdecken. Und auch in den Städten und Dörfern der Extremadura trifft man auf Hochinteressantes. Die Ritterstadt **Cáceres** etwa erweist sich als wahres Kleinod der Renaissance. In der Festungsstadt **Trujillo** erblickten zahlreiche Konquistadoren das Licht der Welt. Ehe sie in See stachen, baten sie die Jungfrau von **Guadalupe** um Beistand. Und **Mérida**, die einstige Metropole der römischen Provinz Lusitanien, prunkt mit ihrem antiken Erbe.

73 Parque Natural de Monfragüe

TOP TIPP *Ein Paradies für Naturfreunde und Vogelkundler.*

Der knapp 180 km² große Naturpark von Monfragüe birgt eine einzigartige **Pflanzen- und Tierwelt**. Das Schutzgebiet liegt im Herzen der Provinz Cáceres – vor den Toren der sehenswerten Renaissancestadt Plasencia im Nordosten der Extremadura –, wo der *Río Tiétar* in den *Tajo* mündet. In den Felswänden der umliegenden Höhenzüge (500–800 m) nisten unzählige **Vögel**, darunter die vom Aussterben bedrohten Mönchsgeier und Kaiseradler sowie die seltenen Schwarzstörche. Auch Wildkatzen, Luchse und Hirsche leben in diesem Areal. Die Landschaft prägen neben den mediterranen Wäldern vor allem die **Deshesas**, ausgedehnte Stein- und Korkeichenwälder, die auch heute noch als Weidegrund für die iberischen Schweine und die Kampfstiere genutzt werden.

◁ *In der Weite der Extremadura (**oben**) finden sich Korkeichenwälder (**unten**), in der Konquistadorenstadt Trujillo reitet Francisco Pizarro in Bronze (**Mitte**)*

Praktische Hinweise

Information

Centro de Visitantes,
Villareal de San Carlos, Tel. 927 19 91 34,
www.turismoextremadura.com

Hotels

******Hospedería Parque de Monfragüe**,
Ctra. Plasencia-Trujillo, km 39, 100,
Torrejón el Rubio, Tel. 927 45 52 45,
Fax 927 45 50 16, www.alextur.net.
Mitten in der Landschaft des Naturparks steht die komfortable, kühl durchgestylte Luxus-Design-Herberge.

***Hotel Carvajal**, Pl. de Pizarro, 54,
Torrejón el Rubio, Tel. 927 45 52 54,
www.monfrague.net. Einfache, saubere Unterkunft, idealer Standort für Streifzüge durch den Naturpark Monfragüe.

Restaurant

Monfragüe, Villarreal de San Carlos, Tel. 927 19 90 02. Herzhafte Küche, zu empfehlen ist das Kaninchen in Rosmarinsauce.

74 Cáceres

TOP TIPP *Schmuckstück der Renaissance mit prachtvollen Stadtpalästen.*

Die Zeiten des Dornröschenschlafes sind für Cáceres längst vorbei, immer mehr Gäste zieht es in die abseits der eigentlichen Touristenpfade liegende Provinzhauptstadt (90 000 Einw.). Die treuesten Besucher aber sind seit jeher die **Störche**, sie kommen jedes Jahr aufs Neue, um hier Quartier zu nehmen. Die **Altstadt**, von der UNESCO 1986 zum Weltkulturerbe erklärt, erweist sich als Schmuckstück der Renaissance.

Geschichte Das Kapitel der **Reconquista** endete für Cáceres am 23. April 1229 mit dem triumphalen Einzug des Königs Alfonso IX. von León. Insgesamt drei Anläufe hatten die Christen gebraucht, um das gut befestigte Cáceres den Mauren zu entreißen. In den folgenden Jahren errichteten hier zahlreiche Adelsfamilien, die während der Reconquista an der Seite des Königs gekämpft hatten, ihre repräsentativen **Stadtpaläste**. Mit den prachtvoll ausstaffierten Häusern und hoch in den Himmel ragenden Geschlechtertürmen suchten sie sich gegenseitig zu übertrumpfen. Den ständigen Machtkämpfen der rivalisierenden Geschlechter bot Königin Isabella von Kastilien 1476 Einhalt, indem sie die der Krone loyalen Familien mit wichtigen, vererbbaren Ämtern bedachte. Um klar zu machen, wer das Sagen im Land hatte, ließ sie fast alle Turmbauten, Symbole des Machtstrebens der Adelsgeschlechter, abtragen.

Besichtigung Ausgangspunkt ist die lebhafte **Plaza Mayor**, das Bindeglied zwischen dem modernen und dem alten Cáceres. Im Schatten der hervorragend konservierten maurischen **Stadtmauern** (12. Jh.) stehen beeindruckende Bauwerke der Renaissance. Prächtige Adelspaläste, stattliche Kirchen und herrschaftliche Plätze bilden ein Ensemble, das in Spanien seinesgleichen sucht.

Durch das Stadttor **Arco de la Estrella** (1723) gelangt man geradewegs zur **Plaza de Santa María**. Der alte Hauptplatz von Cáceres, gesäumt vom Bischofspalast und einigen schönen Herrenhäusern, wird von der **Catedral Santa María** (12.–16. Jh.; Mo–Sa 10–14, 17–20, So 9.30–14, 17–19.30 Uhr) dominiert. In ihrem dreischiffigen Inneren birgt sie einen kunstvollen *Schnitzaltar* des 16. Jh. Vorbei am Kirchturm und dem Denkmal für den *Hl. Pedro von Alcántara* gelangt man zum Adelspalast **Casa de los Golfines de Abajo** (16. Jh.). Ins Auge sticht die vergleichsweise reiche Dekoration der *Fassade*, die von einem filigranen Greifenfries bekrönt wird. Unter den *Wappen* findet sich auch jenes der Katholischen Könige, die bei der Adelsfamilie Los Golfines logierten, wenn sie in Cáceres weilten. Ein paar Schritte weiter führen Stufen hinauf zur imposanten Jesuitenkirche **San Francisco Javier** (18. Jh.), die als barocker Bau fast wie ein Fremdkörper erscheint. Etwas weiter südlich öffnet sich die von der gleichnamigen gotischen Kirche beherrschte **Plaza de San Mateo**. Daneben trumpft die **Casa de las Cigüeñas** (15. Jh.) auf, deren *Wehrturm* noch in ganzer Pracht – erhaben und zinnenbestückt – bestaunt werden kann. Er blieb als einziger von der ›Turmrasur‹ Isabellas der Katholischen verschont. Das gegenüber liegende **Museo Provincial** (Di–Sa 9.30–14.30, 17–20.15, So 10.15–14.30 Uhr) steht auf den Grundmauern des einstigen Alcázar. Im Untergeschoss kann noch eine *Zisterne* aus maurischer Zeit bewundert werden.

i Praktische Hinweise

Information

Oficina de Turismo, Pl. Mayor, s/n, Cáceres, Tel. 927 01 08 34, Fax 927 01 08 35

Hotels

******Meliá Cáceres**, Pl. de San Juan, 11–13, Cáceres, Tel. 927 21 58 00, Fax 927 21 40 70, www.solmelia.es. Hotel in einem Stadtpalast, sehr komfortabel und freundlich ist die Zimmerausstattung.

******Parador de Cáceres**, c/ Ancha, 6, Cáceres, Tel. 927 21 17 59, Fax 927 21 17 29, www.parador.es. Herrenhaus in malerischer Altstadtlage.

***Iberia**, Pintores, 2, Cáceres, Tel. 927 24 76 34, Fax 927 24 82 00, www.iberiahotel.com. Bei der Plaza Mayor gelegenes Hotel mit modern eingerichteten Zimmern, gutes Preis-Leistungs-Verhältnis.

Restaurants

El Figón de Eustaquio, Pl. de San Juan, 12, Cáceres, Tel. 927 24 81 94. Traditionslokal, das sich auf Spezialitäten der Region versteht.

TOP TIPP **Mesón San Juan**, Pl. de San Juan, 3, Cáceres, Tel. 927 21 25 78. Der Schinken ein Gedicht, der Käse göttlich, und der Wirt empfiehlt den richtigen Wein.

75 Trujillo

Stadt der Eroberer.

Auf einem Granithügel thront das reizvolle Städtchen Trujillo (11 000 Einw.) über der **Weite** der Extremadura. In die Annalen der Weltgeschichte schrieb es sich als ›Wiege der Konquistadoren‹ ein. Für die meist verarmten **Hidalgos** (Kleinadlige) waren die Gier nach Gold und Hoffnung auf Ruhm die Antriebsfedern, sich ins Abenteuer der Eroberung der Neuen Welt zu stürzen. Allen voran ist **Francisco Pizarro** (1478–1541) zu nennen, der berühmt-berüchtigte Okkupant Perus. Ein heroisches *Reiterdenkmal* des Konquistadoren, 1927 geschaffen vom amerikanischen Bildhauer Charles Rumsey, beherrscht die **Plaza Mayor**. In der südwestlichen Ecke des Hauptplatzes ließ Franciscos Halbbruder Hernando, der einzige der Pizarro-Brüder, der nach Trujillo zurückkehrte, den stattlichen **Palacio del Marqués de la Conquista** errichten. Figuren, die die Monate symbolisieren, schmücken das Dachgesims dieses Renaissancepalastes, über dem Eckbalkon prangt das reich ausgestattete *Wappen* der Pizarros. Neben der schlichten, von zwei ungleichen Türmen flankierten Kirche **San Martín** (16. Jh.) prunkt der **Palacio San Carlos** ebenfalls mit schönem Dekor. Den Palast der Konquistadoren-Familie Vargas-Carvajal bewohnen heute Nonnen, die gegen eine kleine Spende gerne den edlen *Renaissance-Patio* im Inneren zeigen.

Durch das Tor **Puerta de Santiago** kommt man in den ältesten Teil von Trujillo, der noch vollkommen von Stadtmauern umschlossen ist. Die höchste Stelle nimmt das **Castillo Árabe** (9.–12. Jh.; tgl. 10–14, 17–20 Uhr) ein, dessen Burgmauern herrliche Ausblicke auf Trujillo und sein Umland eröffnen. Etwas unterhalb liegt das alte, recht bescheidene Stammhaus der Pizarro, es beherbergt heute das kleine Museum **Casa Museo de Pizarro** (sommers tgl. 10–14, 16–20, winters tgl. 11–14, 16–18 Uhr), das dem Peru-Eroberer gewidmet ist. Wenige Meter weiter trifft man auf Trujillos Hauptkirche **Santa María la Mayor** (sommers tgl. 10–14, 17–21, winters 10–14, 16–19 Uhr), die im 13. Jh. auf den Fundamenten einer Moschee errichtet wurde. Im eleganten Inneren ruhen etliche Konquistadoren, darüber hinaus beeindruckt der *Hochaltar* mit den erlesenen Tafelbildern der Passion Christi und der Vita Mariens (um 1480). Unterhalb der Kirche, in der Calle Palomas, reihen sich die Herrenhäuser einiger Südamerikaeroberer aneinander, darunter auch das Geburtshaus von **Francisco de Orellana**, dem Entdecker des Amazonas.

i Praktische Hinweise

Information

Oficina de Turismo, Pl. Mayor, s/n, Trujillo, Tel. 927 32 26 77, Fax 927 65 91 40, www.ayto-trujillo.com

Hotels

******Parador de Trujillo**, Santa Beatriz de Silva, 1, Trujillo, Tel. 927 32 13 50, Fax 927 32 13 66, www.parador.es. Am Rand der Altstadt gelegener Konvent des 16. Jh. mit schönen Zimmern.

*****Victoria**, Pl. del Campillo, 22, Trujillo, Tel. 927 32 18 19, Fax 927 32 30 84. Hotel mit verspieltem Jugendstil-Patio, die Zimmer sind funktional ausgestattet.

Restaurant

Mesón Asador Corral del Rey, Plazuela Corral del Rey, 2, Trujillo, Tel. 927 32 17 80, Ambitionierte Küche, die lokale Spezialitäten zelebriert (So abends geschl.).

76 Guadalupe

Die Schutzpatronin aller Spanier.

Die monumentale Klosterburg **Real Monasterio de Nuestra Señora de Guadalupe** (Führungen tgl. 9.30–13, 15.30–18.30 Uhr) in der Gebirgslandschaft gleichen Namens ist neben dem Kloster von Montserrat die wichtigste **Marienwallfahrtsstätte** Spaniens. Die Virgen de Guadalupe ist nicht nur die Schutzpatronin der Extremadura, sondern aller Spanisch sprechenden Länder. Den Kult um sie ›exportierten‹ die Konquistadoren nach Lateinamerika. **Kolumbus** benannte eine der Antilleninseln nach ihr und ließ auch die ersten Indigenas, die er nach Europa brachte, im Kloster von Guadalupe taufen.

Der Legende nach entdeckte um 1300 ein Hirte die wundertätige, dem Apostel Lukas zugeschriebene Marienstatue. König Alfonso XI. bat im Kampf gegen die Mauren die Jungfrau von Guadalupe um Beistand. Nach der siegreichen Schlacht am Río Salado (1340) löste er sein Gelübde ein und ließ die prächtige Klosteranlage errichten. Die von Hieronymiten geführte Abtei wurde von den spanischen Königen mit vielen Stiftungen und Privilegien bedacht und entwickelte sich zu einem bedeutenden religiösen und kulturellen Zentrum der Christenheit.

Zu den Höhepunkten eines Rundgangs durch das heutige Franziskanerkloster, das im Lauf der Jahrhunderte mehrfach umgestaltet und erweitert wurde, zählen die **Klosterkirche** mit dem wertvoll ummantelten Bildnis der Schwarzen Madonna, der zweistöckige **Claustro Mudéjar** (Kreuzgang des 14. Jh.) mit seinen schönen Hufeisenbögen und schließlich die üppig barock dekorierte **Sakristei** mit acht kostbaren Meisterwerken von Francisco Zurbarán. Eindrucksvoll sind auch die **Sammlungen** von Handschriften, liturgischen Gewändern und Gemälden. Im ehem. Hospitaltrakt um den **Claustro Gótico** (gotischer Kreuzgang) unterhalten die Franziskaner heute ein Restaurant und ein Gästehaus.

Unterhalb der mächtigen Klosteranlage laden die hübschen Gassen des *Ortes Guadalupe* mit ihren altertümlichen Arkadengängen zu einem Spaziergang ein.

Marienwallfahrtsort Guadalupe – die Klosterburg ist ein Nationalheiligtum

Praktische Hinweise

Information

Oficina de Turismo, Pl. Mayor, s/n, Guadalupe, Tel. 927 15 41 28, Fax 927 36 70 49, www.puebladeguadalupe.net

Hotels

******Parador de Guadalupe**, Marqués de la Romana, 12, Guadalupe, Tel. 927 36 70 75, Fax 927 36 70 76, www.parador.es. Stilvolles Hotel mit ritterlich-klösterlicher Atmosphäre. Sehr gutes Restaurant.

****Hospedería del Real Monasterio**, Pl. Juan Carlos I, s/n, Guadalupe, Tel. 927 36 70 00, Fax 927 36 71 77. Einfache, aber stimmungsvolle Unterkunft im Kloster von Guadalupe, im Kreuzgang wird deftige Küche serviert.

Restaurant

Mesón el Cordero, Alfonso Onceno, 27, Guadalupe, Tel. 927 36 71 31. Delikate Hausmannskost zaubert die Küche dieses Familienbetriebs (Mo geschl.).

77 Mérida

Die besterhaltenen römischen Bauwerke Spaniens.

Nur 50 000 Einwohner zählt Mérida, die beschauliche **Hauptstadt** der Extremadura, die bis heute kaum über die römischen Stadtgrenzen hinaus gewachsen ist. Auch ihre Attraktivität verdankt die Stadt vor allem dem **antiken Erbe**. Nach mehr als 2000 Jahren begegnet man hier noch immer an allen Ecken und Enden dem Glanz des ›spanischen Rom‹.

Geschichte Um 25 v. Chr. gründete Kaiser Augustus die Kolonie **Augusta Emerita** für seine verdienstreichen Veteranen der V. und X. Legion. Die strategisch günstige Lage am *Río Guadiana* und an der Schnittstelle wichtiger Handelsstraßen förderte die wirtschaftliche und politische Blüte der Römerkolonie. Innerhalb weniger Jahre stieg sie zur Hauptstadt der Provinz **Lusitania** auf, die große Teile des heutigen Portugal und der Extremadura umfasste. Schon in frühchristlicher Zeit war Mérida Sitz eines Erzbischofs, doch der Niedergang setzte mit dem Einzug der Mauren ab 713 ein.

Seit 1981 ist die alte römische Metropole wieder Hauptstadt – Kapitale der Comunidad Autónoma de Extremadura.

Besichtigung Zu den großen städtebaulichen Leistungen der Römer in Mérida zählt die Brücke **Puente Romano** über den Río Guadiana, zur Zeit ihrer Erbauung im 1. Jh. v. Chr. war sie mit 792 m eine der längsten des Imperiums. Gänzlich vom Verkehr entlastet wird sie seit 1992 durch die elegant geschwungene Bogenbrücke **Puente Lusitania** des spanischen Stararchitekten Santiago Calatrava. Gesichert wurde die Stadt am Flussübergang durch eine römische Festung, auf der die Omaijaden im 9. Jh. ihre **Alcazaba** (winters tgl. 9.30–13.45, 16–18 Uhr, sommers tgl. 9.30–13.45, 17–19 Uhr) errichteten. Im Innern der Burg befindet sich der Zugang zu einer *Zisterne*, die wohl noch aus römischer Zeit stammt. Nahebei steht in der Calle Santa Catalina der **Templo de Diana**, der einst das Herz des *städtischen Forums* bildete. Der Tempel war jedoch nicht der Jagdgöttin, wie zunächst angenommen, sondern dem Kaiserkult geweiht. Etwas weiter westlich fungierte der 15 m hohe, majestätische **Arco de Trajano** als Entrée zum einstigen *Forum der Provinz*. Von der Form dieses Bogens und auch anderer antiker Bauwerke der Stadt ließ sich Rafael Moneo Vallés, der Architekt des 1986 im Ostteil des Zentrums eröffneten **Museo Nacional de Arte Romano** (sommers Di–Sa 10–14, 16–21, So 10–14 Uhr, winters Di–Sa 10–14, 16–18, So 10–14 Uhr), inspirieren. Die opulente Sammlung römischer Funde wird hervorragend präsentiert, die Ausstellung ist nach thematischen Aspekten gegliedert und vermittelt eine gute Vorstellung vom Alltagsleben der Römerzeit. Gleich gegenüber öffnet sich das weite Halbrund des grandiosen **Teatro Romano** (tgl. 9.30–13.45, 16–19, winters bis 18 Uhr), Méridas Wahrzeichen, das Agrippa 18 v. Chr. für 6000 Zuschauer errichten ließ. Die imposante zweistöckige *Bühnenrückwand*, die 32 korinthische Säulen trägt, bietet alljährlich im Juli und August die perfekte Kulisse für die viel gerühmten Theaterfestspiele Méridas. Im benachbarten **Anfiteatro Romano** (8 v. Chr.; tgl. 9.30–13.45, 16–19, winters bis 18 Uhr) konnten sich bis zu 15 000 Besucher an Gladiatorenkämpfen ergötzen. Hoch in der Gunst des Publikums standen auch aufwendig inszenierte Seeschlachten, wozu die Arena unter Wasser gesetzt werden konnte.

TOP TIPP

Etwas weiter nördlich liegen die Überreste eines großzügigen Patrizierhauses, **Casa Romana del Anfiteatro** (tgl. 9.30–13.45, 16–19, winters bis 18 Uhr), mit Atrium, Bädern und Peristyl. Besonders schön sind die kunstvollen *Mosaikfußböden*.

Vom Glanz der Römerzeit kündet Méridas großartiger Templo de Diana

In der Nähe des Bahnhofs überspannen die zweite Römerbrücke wie auch die eindrucksvollen Reste des **Acueducto de los Milagros** den Río Albarregas. Sein Wasser erhielt der Aquädukt aus dem 6 km entfernten *Lago de Prosperina*. Nördlich der Bahnlinie liegen ein weiterer Aquädukt, **Acueducto San Lazaro**, und der **Circo Romano** mit einer 400 m langen Bahn für Wagenrennen und einem Fassungsvermögen von 30 000 Zuschauern.

i Praktische Hinweise

Information

Oficina de Turismo, Paseo José Álvarez Saenz de Buruaga, s/n, Mérida, Tel. 924 00 97 30, Fax 924 00 97 31, www.merida.es

Hotels

******Parador Vía de la Plata**, Pl. de la Constitución, 3, Mérida, Tel. 924 31 38 00, Fax 924 31 92 08, www.parador.es. Modernisiertes Kloster (18. Jh.) mit komfortablen Zimmern und schönen Gärten.

*****Nova Roma**, Suárez Somonte, 42, Mérida, Tel. 924 31 12 61, Fax 924 30 01 60, www.novaroma.com. Zentrale Lage, angenehm und gut eingerichtet.

Restaurants

Nicolás, Félix Valverde Lillo, 13, Mérida, Tel. 924 31 96 10. Gepflegtes Restaurant, eine der Spezialitäten ist Lamm mit Pflaumen (So abends geschl.).

Rufino, Pl. de Santa Clara, 1, Mérida, Tel. 924 31 20 01. Lokal mit traditioneller Küche und Tapas (So geschl.).

GNV
BITTE LÄCHELN,
SIE REISEN MIT GNV.
SPANIEN GANZ BEQUEM UND DAS AUTO IMMER DABEI.
SPANIEN > MAROKKO > TUNESIEN
SIZILIEN > SARDINIEN
GRANDI NAVI VELOCI
LA SUPREMA
ADACmotorwelt 06/04
Grandi Navi Veloci
mit der Fähre „Excelsior"
sehr gut
ADAC
34 Fähren im Test
www.adac.de
www.gnv.it
Informationen, Preise und Buchungen:
T. +49 (0)40 180160030 e-mail: gnv@seereisen-agentur.de

Spanien aktuell A bis Z

Vor Reiseantritt

ADAC Info-Service:
Tel. 018 05/10 11 12, Fax 018 05/30 29 28 (0,14 €/Min.)

Unter dieser Telefonnummer und bei den ADAC Geschäftsstellen können Mitglieder auch umfangreiches und kostenloses **Informations- und Kartenmaterial** anfordern.

Im ADAC Verlag sind zudem die Reiseführer *Andalusien*, *Barcelona* und *Costa Brava & Costa Dorada* erschienen. Weitere Titel siehe S. 140

ADAC Info-Service zur Badewasserqualität im Mittelmeer (Juni–Aug.), Tel. 018 05/23 22 21 (0,14 €/Min.), Faxabruf 01 90/67 07 00 40 12 (0,42 €/Min.)

ADAC im Internet:
www.adac.de
www.adac.de/reisefuehrer

Spanien im Internet: www.spain.info

Spanisches Fremdenverkehrsamt/ Turespaña:

Deutschland
Kurfürstendamm 63, 10707 Berlin, Tel. 030/882 65 43, Fax 030/882 66 61, berlin@tourspain.es

Grafenberger Allee 100 (Kutscherhaus), 40237 Düsseldorf, Tel. 02 11/680 39 81, Fax 02 11/680 39 85, dusseldorf@tourspain.es

Myliusstr. 14, 60323 Frankfurt/Main, Tel. 069/72 50 33, Fax 069/72 53 13, frankfurt@tourspain.es

Postfach 15 19 40, 80051 München, Tel. 089/53 07 46 11, Fax 089/53 07 46 20, munich@tourspain.es

Prospektbestellung in Deutschland: Tel. 061 23/991 34, www.spain.info

Österreich
Walfischgasse 8/14, 1010 Wien 1, Tel. 01/512 95 80, Fax 01/512 95 81, viena@tourspain.es

Schweiz
Seefeldstr. 19, 8008 Zürich, Tel. 04 42 53 60 50, Fax 04 42 52 62 04, zurich@tourspain.es

Allgemeine Informationen

Reisedokumente

Personalausweis oder Reisepass, Kinder unter 16 Jahren Kinderausweis oder Eintrag im Reisepass der Eltern.

Kfz-Papiere

Führerschein, Zulassungsbescheinigung Teil 1 (vormals Fahrzeugschein), Internationale Grüne Versicherungskarte. Zusätzlich wird eine Vollkasko- und Insassenunfallversicherung empfohlen.

Krankenversicherung und Impfungen

Die *Europäische Krankenversicherungskarte* garantiert innerhalb der EU medizinische Versorgung vor Ort. Zusätzlich empfiehlt sich der Abschluss einer *Reisekranken- und Rückholversicherung*.

Reisemedizinische Hinweise für ADAC-Mitglieder: Tel. 089/76 76 77

Hund und Katze

Im EU-Heimtierausweis müssen die Kennzeichnung des Tieres (Mikrochip oder Tätowierung) und eine gültige Tollwutimpfung (mind. 30 Tage, max. 12 Monate alt) eingetragen sein. Potenziell gefährliche Hunde müssen mit Maulkorb an der Leine geführt werden.

Zollbestimmungen

Innerhalb der EU dürfen Waren zum eigenen Verbrauch unbegrenzt mitgeführt werden. Als Richtmenten gelten hier pro volljähriger Person: 800 Zigaretten, 400 Zigarillos, 200 Zigarren, 1 kg Rauchtabak, 10 l Spirituosen, 20 l Zwischenerzeugnisse, 90 l Wein (davon max. 60 l Schaumwein) und 110 l Bier.

Bei Einreise aus Nicht-EU-Ländern (z. B. Schweiz, auch Gibraltar): max. 200 Zigaretten, 1 l Spirituosen über 22 % alc. oder 2 l unter 22 % alc., 50 ml Parfüm, 250 ml Eau de Toilette, 500 g Kaffee und 100 g Tee.

Geld

Banken, Hotels und viele Geschäfte akzeptieren die gängigen *Kreditkarten*. An zahlreichen *EC-Geldautomaten* (Maestro) kann man rund um die Uhr Bargeld abheben.

Tourismusämter im Land

Auskünfte über Hotels, Museen, Veranstaltungen etc. erteilt das **Instituto de Turismo de España**, c/José Lázaro Galdeano, 6, 28036 Madrid, Tel. 913 43 35 00. www.tourspain.es.

In allen größeren Orten finden sich Fremdenverkehrsämter *(Oficinas de Turismo)*, in denen man Stadtpläne, Broschüren und Veranstaltungskalender erhält. Die Adressen sind bei den jeweiligen Ortsbeschreibungen unter den Praktischen Hinweisen angegeben. Da sich die **Öffnungszeiten** der Sehenswürdigkeiten in Spanien häufig ändern, ist es ratsam, sich bei den örtlichen Touristikämtern zu informieren.

Notrufnummern und Adressen

Notruf: Tel. 112 (EU-weit, auch mobil: Polizei, Unfallrettung, Feuerwehr)

Ärztlicher Notruf: Tel. 061

Pannenhilfe des RACE (Reial Automóvil Club de España): Tel. 915 93 33 33 oder Tel. 900 11 22 22 (Hilfe ist kostenpflichtig)

ADAC-Notrufstation Spanien:
Barcelona, Tel. 935 08 28 28
Madrid, Tel. 915 93 00 41

ADAC-Notrufzentrale München:
Tel. 00 49/89/22 22 22 (rund um die Uhr)

ADAC-Ambulanzdienst München:
Tel. 00 49/89/76 76 76 (rund um die Uhr)

Österreichischer Automobil Motorrad und TouringClub
ÖAMTC Schutzbrief-Nothilfe:
Tel. 00 43/(0)1/251 20 00

Touring Club Schweiz
TCS Zentrale Hilfsstelle:
Tel. 00 41/(0)2 24 17 22 20

Diplomatische Vertretungen

Deutschland
Embajada de la República Federal de Alemania, Calle de Fortuny, 8, 28010 Madrid, Tel. 915 57 90 00, Fax 913 10 21 04, www.madrid.diplo.de

Consulado General de la República Federal de Alemania, Passeig de Gràcia, 111, 08008 Barcelona, Tel. 932 92 10 00, Fax 932 92 10 02, www.barcelona.diplo.de

Consulado General de la República Federal de Alemania, Edificio Eurocom, Bloque Sur, c/ Mauricio Moro Pareto, 2, 29006 Málaga, Tel. 952 36 35 91, Fax 952 32 00 33, www.malaga.diplo.de

Honorarkonsulate *(Consulado de Alemania)* befinden sich in Alicante, Almería, Bilbao, Figueres, Gijón, Jerez de la Frontera, San Sebastián, Sevilla, Tarragona, València und Vigo, www.auswaertiges-amt.de.

Österreich
Embajada de Austria, Paseo de la Castellana, 91, 28046 Madrid, Tel. 915 56 53 15, Fax 915 97 35 79, www.aussenministerium.at/madrid

Honorargeneralkonsulat, c/ Mariano Cubí 7, 1°, 2a, 08006 Barcelona, Tel. 933 68 60 03, Fax 934 15 16 25

Weitere Honorarkonsulate befinden sich in Bilbao, Málaga, Sevilla und València, www.bmaa.gv.at.

Schweiz
Embajada de Suiza, Calle Núñez de Balboa, 35-7°, Edificio Goya, 28001 Madrid, Tel. 914 36 39 60, Fax 914 36 39 80, www.eda.admin.ch/madrid

Consulado General de Suiza, Edificios Trade, Gran Vía de Carlos III, 94-7°, 08028 Barcelona, Tel. 934 09 06 50, Fax 934 90 65 98, www.eda.admin.ch/barcelona

Honorarkonsulate in Málaga und Sevilla, www.eda.admin.ch.

Besondere Verkehrsbestimmungen

Tempolimits (in km/h): Innerhalb geschlossener Ortschaften gilt allgemein für alle Fahrzeuge 50. Außerorts dürfen Pkw und Motorräder 90 fahren, Wohnmobile bis 3,5 t und Pkw mit Anhänger 70. Analog gelten auf Schnellstraßen mit mehr als einer Autofahrspur in jeder Richtung 100/80, auf Schnellstraßen und Autobahnen 120/90.

Überholverbot besteht 100 m vor Kuppen sowie auf Straßen, die nicht mindestens 200 m zu überblicken sind.

Das Tragen einer reflektierenden **Warnweste** beim Verlassen des Fahrzeuges im Falle einer Panne oder eines Unfalls außerhalb geschlossener Ortschaften ist Pflicht. **Abschleppen** durch Privatfahrzeuge ist verboten. Während der Fahrt ist **Telefonieren** nur mit Freisprecheinrichtung erlaubt.

Die **Promillegrenze** liegt bei 0,5; bei 0,3 für diejenigen, die ihren Führerschein noch keine zwei Jahre haben.

Das **Parken** auf Bürgersteigen ist in Ortschaften verboten. Gelbe Linien am Straßenrand bedeuten Parkverbot, blaue Linien zeitlich begrenzte Parkerlaubnis (Beschilderung beachten).

Anreise

Auto

Für die Fahrt nach Nord- oder Westspanien wählt man am besten die Route entlang der Atlantikküste über Biarritz zum französisch-spanischen Grenzübergang Hendaye/Irún. Will man in den Osten oder Süden der Iberischen Halbinsel, empfiehlt sich die Route durch das Rhônetal über Perpignon zu den Grenzstationen Le Perthus/La Jonquera oder Cerbère/Port-Bou.

Die **Autobahnen** in Frankreich und Spanien sind gebührenpflichtig, die ebenfalls meist gut ausgebauten Autovías in Spanien sind gebührenfrei. **Bleifreies Benzin** (*Sin Plomo* bzw. *Euro Super*) ist überall erhältlich. **Autobahntankstellen** akzeptieren Kreditkarten und sind durchgehend geöffnet, die übrigen bis ca. 20 Uhr.

Bahn

Je nach Reiseziel wählt man die Route über Paris zum Grenzübergang Henadaye/Irún (Atlantik) oder über Genf und Südfrankreich nach Cerbère/Port Bou (Mittelmeer). An der französisch-spanischen Grenze muss man in der Regel wegen der unterschiedlichen Spurbreite der Schienen umsteigen; nur wenige Züge (z. B. der Schnellzug Talgo) verfügen über verstellbare Fahrgestelle.

Fahrplanauskunft:
Deutsche Bahn, Tel. 118 61 (gebührenpflichtig), 08 00/150 70 90 (sprachgesteuert), www.bahn.de

Bus

Die Deutsche Touring GmbH (Europabusse) bietet von mehreren deutschen Städten aus verschiedene Routen nach Spanien an: über Barcelona entlang der Mittelmeerküste nach Andalusien, über San Sebastián, Madrid und Cáceres nach Sevilla sowie über San Sebastián, Burgos, Valladolid und Orense nach La Coruña.

Deutsche Touring GmbH (Europabus), Am Römerhof 17, 60486 Frankfurt/Main, Tel. 069/790 35 01, Fax 069/790 32 19, www.touring.de

Flugzeug

Mehrere europäische Fluglinien, etwa Iberia, Lufthansa oder Austrian Airlines, bieten Linienflüge nach Madrid, Sevilla, Barcelona und in andere spanische Großstädte. Ziele in touristischen Regionen werden oft von Charterfluggesellschaften wie LTU oder Aero Lloyd angeflogen.

Bank, Post, Telefon

Bank

Banken *(Bancos)* sind in der Regel von Mo–Fr 9–14, Sa 8.30–13.00 Uhr geöffnet. Beim Einlösen von Schecks und mitunter auch beim Abheben von Bargeld, ist der Personalausweis vorzulegen.

Post

Postämter *(Oficina de Correos)* sind Mo–Fr 9–14, 16–19, Sa 9–13 Uhr geöffnet. Briefmarken *(Sellos)* erhält man außer auf der Post auch in Tabakgeschäften *(Estancos)*. Die Post ins Ausland wirft man in die Briefkästen mit der Aufschrift ›*Extranjero*‹.

Telefon

Internationale Vorwahlen:
Spanien: 00 34
Deutschland: 00 49
Österreich: 00 43
Schweiz: 00 41

In Spanien sind die ehem. Ortsvorwahlen, beginnend mit der 9, fester Bestandteil der Rufnummern.

Es gibt Münz- und Kartentelefone; Telefonkarten *(Tarjeta telefónica)* sind in Postämtern und Tabakläden erhältlich.

Die Benutzung handelsüblicher *GSM-Mobiltelefone* ist in ganz Spanien möglich.

Einkaufen

Öffnungszeiten

Geschäfte öffnen morgens zwischen 9 und 10 Uhr, von 14 bis etwa 16/17 Uhr wird Siesta gehalten. Abends schließen sie dafür erst gegen 19 oder 20 Uhr. Große

Kaufhäuser haben durchgehend und abends bis 22 Uhr geöffnet.

Märkte sind Mo–Sa 9–14 Uhr geöffnet.

Souvenirs

Traditionelles Kunsthandwerk wird vielerorts in Spanien gepflegt. Breit gefächert ist die Auswahl an **Keramikwaren**, mit regionalspezifischen Farben und Motiven. Auch hochwertige **Lederwaren** wie Handtaschen oder Schuhe kann man günstig erstehen. Schöne **Fächer** und handbestickte **Schultertücher** sind klassische Andenken aus Südspanien. In der Region um Ciudad Real arbeiten noch einige Klöpplerinnen, deren Produkte man erwerben kann. Toledo ist berühmt für **Damasquinado-Gold-Schmuck** und auch für aufwendig verzierte **Schwerter**. Beliebte **kulinarische Mitbringsel** sind der luftgetrocknete Schinken *(Jamón serrano)*, Safran *(Azafrán)*, Olivenöl *(Aceite de oliva)* und eingelegte Oliven *(Aceitunas)*. Sherry und Brandy sind die Spitzenreiter unter den ›flüssigen‹ Souvenirs.

Essen und Trinken

Das **Frühstück** *(Desayuno)* fällt in Spanien vergleichsweise bescheiden aus; man begnügt sich mit einer Tasse Café und einem Gebäckstück, in vielen Regionen isst man auch Weißbrot mit Olivenöl und zerriebener Tomate. Großer Beliebtheit erfreuen sich auch *Churros*, in Fett ausgebackene Kringel, die in heiße, dickflüssige Schokolade getunkt werden.

Das **Mittagessen** *(Almuerzo)* umfasst drei Gänge und wird in der Regel nicht vor 14 Uhr aufgetischt. Den ganzen Tag über gibt es in den Bars leckere *Tapas* an der Theke. Die kleinen Appetithäppchen stillen den Hunger zwischendurch.

Das **Abendessen** *(Cena)* nehmen Spanier meist erst gegen 22 Uhr zu sich. Sonntagabends bleiben viele Restaurants geschlossen.

Trinkgeld

In Restaurants ist es üblich, ein Trinkgeld in Höhe von 10–15 % des Rechnungsbetrages zu geben. Die Spanier nehmen das Wechselgeld in Empfang und lassen dann das Trinkgeld *(Propina)* auf dem Tisch zurück. Ein kleines Trinkgeld wird auch von Gepäckträgern, Zimmermädchen und Taxifahrern erwartet.

Rauchverbot

In allen öffentlichen Gebäuden in Spanien herrscht Rauchverbot. In größeren Bars und Restaurants gibt es Nichtraucherzonen. Bei kleineren Lokalen entscheiden die Besitzer, ob geraucht werden darf. Ist dies der Fall, ist Minderjährigen der Zutritt untersagt.

Feste und Feiern

Feiertage

1. Januar (Neujahr/Año Nuevo), 6. Januar (Heilige Drei Könige/Reyes Magos), 19. März, (Johannestag/Día de San José), Karfreitag (Viernes Santo), 1. Mai (Tag der Arbeit/Día del Trabajo), 25. Juli (Jakobustag/Día de Santiago), 15. August (Mariä Himmelfahrt/Fiesta de la Asunción), 12. Oktober (Nationalfeiertag: Jahrestag der Entdeckung Amerikas/Fiesta de la Hispanidad), 1. November (Allerheiligen/Todos los Santos), 6. Dezember (Tag der Verfassung/Día de la Constitución), 25. Dezember (Weihnachten/Navidad).

Feste

Von zentraler Bedeutung ist in ganz Spanien die **Semana Santa** (Karwoche), die mit prächtigen Prozessionen gefeiert wird. Außerdem begeht beinahe jeder Ort eine **Feria**, eine Art Kirmes, die einst um Viehmärkte entstanden ist.

Einen detaillierten Überblick über Fest- und Feiertage bietet eine Broschüre des Spanischen Fremdenverkehrsamts [s. S. 127], die jedes Jahr neu aufgelegt wird.

Februar

Cádiz, Sitges: Mit Straßenfesten, Maskenbällen und viel Musik wird ausgelassen *Carnaval* gefeiert.

März

València (Mitte März): Die Festwoche zu Ehren des hl. Josef ist von Feuerwerken und riesigen kunstvollen Pappmaché-Figuren in den Straßen geprägt. In der letzten Festnacht werden diese *Fallas* unter großem Hallo verbrannt *(Cremá)*.

März/April

Ganz Spanien (Karwoche): Zur österlichen Semana Santa ziehen feierliche Prozessionszüge durch Städte und Dörfer. Am intensivsten wird in Andalusien gefeiert, wo sich religiöse Inbrunst und Lebensfreude treffen.

Schnabulier-Tour durch Spaniens Küche

Spanier essen von jeher gerne und gut. Das beweisen nicht zuletzt zwei historische Tatsachen: 1024 schrieb ein spanischer Mönch im ›Codex romanorum‹ über die Zubereitung von Knoblauchsauce – das älteste überlieferte Kochrezept. 1477 erschien mit dem ›Libre de Coch‹ von Mastre Rubert in Barcelona das erste gedruckte Kochbuch der Welt.

Dass es nicht immer ausgefeilte Küchenkreationen sein müssen, beweisen die **Tapas-Bars**, gewissermaßen Institutionen in Spanien. Wann immer der Hunger sich meldet, laden sie zu appetitlichen Häppchen bei einem Glas Wein oder Sherry ein. Hier fällt die Auswahl schwer zwischen frittierten Sardellen (Boquerones fritos), Gambas in Knoblauchöl (Gambas al ajillo), Hackfleischbällchen (Albondigas), spanischem Omelett (Tortilla española) oder dem kräftigem Manchego-Käse (Queso manchego). Köstlich ist der Schinken, egal ob der luftgetrocknete Jamón serrano und der Iberico, der ausschließlich von schwarzen, iberischen Schweinen stammt.

Aus der Zeit der arabischen Herrschaft stammt das Sprichwort, es gäbe Märchen aus 1001 Nacht, in Spanien aber seien **1001 Suppen** bekannt. Am beliebtesten sind Knoblauchsuppe (Sopa de ajo) und die kalt servierte andalusische Gazpacho, eine Tomatensuppe, die mit Gemüse und Brotwürfeln serviert wird.

Gemüse dient den Spaniern als eigenständige Vorspeise; so leiten Spinat mit Kichererbsen (Espinacas con garbanzos), grüne Bohnen mit Knoblauch und Paprika (Judias verdes a la española) oder in Olivenöl frittierte Paprikaschoten (Pimientos fritos) die Menüfolge ein.

Die spanischen Küstenregionen sind ein wahres Dorado für Freunde von **Fischen** und **Meerestieren**. Hier findet man ein reiches Angebot an Kabeljau (Merluza), Seezunge (Lenguado) oder Meeresfrüchten (Mariscos). Unbedingt probieren sollte man den baskischen Stockfisch mit Pfefferschoten (Bacalo pil pil) und die kastilische Forelle mit Schinken (Trucha segoviana).

Tapas-Teller ohne Ende – wer die Wahl hat, hat die Qual: »... bitte von jedem etwas!«

Andererseits halten die Restaurants des Landes auch vielerlei **fleischliche Genüsse** bereit, von zarter Rinderlende (Solomillo) über Lammkeule (Pierna de cordero) bis zum Stierschwanz (Rabo de toro). Servierte man einst **Wild** und **Geflügel** nur bei Hof, findet man es heute auch im Topf ärmerer Familien. Schokoladensauce verfeinert das Rebhuhn (Perdices con chocolate), Mandelsauce macht das Hähnchen zur Delikatesse (Pollo con salsa de almendras).

Bemerkenswert ist die Fülle der spanischen **Eintopfgerichte**. Dieser Reichtum stammt – von der Armut. War die Speisekammer leer, musste die Hausfrau – wie ein spanisches Sprichwort sagt – mit Fantasie statt mit Speck und Fett kochen. Im kalten Winter stärken der asturianische Bohneneintopf (Fabada asturiana) und der Madrider Eintopf (Cocido madrileño), der aus Kichererbsen, Kartoffeln, Hammelfleisch und Würsten besteht. Inzwischen verfeinert, wurde die Paella valenciana mit Hühnchen, Knoblauch, Safran, Reis, Muscheln und Krevetten zum **Nationalgericht** erkoren.

Doch was wäre ein Menü ohne die Krönung durch ein **Dessert**? Den Einfluss der arabischen Küche spürt man noch heute bei den spanischen Süßigkeiten; besonders verführerisch sind die Mandeltorte (Tarta de almendras) und Walnüsse mit Sahne (Nueces con nata).

Für das **Wohlbefinden** des Magens sorgen nach derart ausgiebigem Mahl ein samtweicher Brandy, ein scharfer Schnaps (Aguardiente) oder ein süßer, gesunder Schlehenlikör (Pacharán).

Semana Santa – edle Gottesmutter, getragen von farbenfrohen Kapuzenmännern

April

Sevilla (dritte Aprilwoche): Das Stadtteilfest *Feria de Abril* wird auf dem großen Festgelände Sevillas bei reichlich Sherry und großer Tapas-Auswahl gefeiert. Viele Städter kommen in Tracht, und wer es sich leisten kann hoch zu Ross – ein Augenschmaus!

Mai

Jerez de la Frontera (Anfang Mai): Im Mittelpunkt des großen Volksfestes *Feria del Caballo* stehen die rassigen andalusischen Pferde.

Galicien (Mitte – Ende Mai): Feierstimmung begleitet in vielen Ortschaften Galiciens die Pferdefeste *Los Curros*, bei denen die halbwildlebenden Pferde der Region eingefangen und gebrandmarkt werden.

Mai/Juni

El Rocío (zu Pfingsten): Der kleine Ort in der andalusischen Coto de Donaña ist Ziel der *Romería del Rocío*, der größten Wallfahrt Spaniens. Wohl bei keiner anderen Pilgerfahrt wird so viel gesungen und getanzt.

Toledo, Granada u. a. (zu Fronleichnam): Das Kirchenfest *Corpus Cristi* wird mit Prozessionen und kunstvoll gestreuten Blütenteppichen begangen.

Juni

Alicante u. a. (23./24. 6.): In ganz Spanien brennen am *Día de San Juan* die Johannesfeuer zur Mittsommernacht.

Juli

Pamplona (6.–14. 7.): Anlässlich der *Fiesta de San Fermín* werden Stiere durch die Straßen der Stadt getrieben, manch ein Zuschauer wird auf die Hörner genommen. Weltberühmt wurde das Fest durch den Roman ›Fiesta‹ von Ernest Hemingway.

Santiago de Compostela (25.7.): *Día de Santiago*, Patronatsfest der Stadt am Ehrentag des Apostels Jakobus.

Klima und Reisezeit

Der **Nordwesten** Spaniens von Navarra bis Galizien bietet atlantisches Klima, d. h. im Frühjahr und Herbst muss mit häufigeren Regenfällen gerechnet werden. Die ideale Reisezeit liegt hier zwischen Juni und September. Das entspricht in etwa der Badesaison an der klimatisch ausgeglichenen spanischen **Mittelmeerküste**.

Für Touren durch das **Landesinnere** empfehlen sich das Frühjahr, wenn die Natur in voller Blüte steht, oder der Herbst mit seinen angenehmen Temperaturen um 25 °C. Im Sommer klettert das Thermometer vielerorts über 40 °C, so dass selbst viele Einheimische die heißen Monate an der Küste oder in den Bergen verbringen.

Klimadaten Madrid

Monat	Luft (°C) min./max.	Sonnen-std./Tag	Regen-tage
Januar	1/ 8	5	7
Februar	2/11	6	7
März	4/14	6	8
April	7/18	8	7
Mai	10/22	9	6
Juni	14/27	11	4
Juli	17/31	13	2
August	17/30	11	1
September	13/25	9	4
Oktober	9/19	6	6
November	4/12	5	8
Dezember	2/ 9	5	7

Klimadaten Barcelona

Monat	Luft (°C) min./max.	Wasser (°C)	Sonnen-std./Tag	Regen-tage
Januar	6/13	13	4	5
Februar	7/14	12	5	5
März	9/16	12	6	8
April	11/18	14	7	9
Mai	14/21	16	8	8
Juni	18/25	19	9	6
Juli	21/28	22	10	4
August	21/28	24	8	6
September	19/25	19	6	7
Oktober	15/21	20	6	9
November	11/16	16	5	6
Dezember	8/13	14	4	6

Kultur live

Die Fremdverkehrsämter vor Ort geben Auskünfte über die genauen Termine der verschiedenen kulturellen Veranstaltungen. Im Folgenden eine Auswahl:

Juni/Juli

Granada: Zwei Wochen lang versammeln sich Musiker und Tanzgruppen aus aller Welt zum großen *Festival Internacional de Música y Danza de Granada*, www.granadafestival.org.

Juli/August

El Vendrell: Während des *Festival Internacional de Música Pau Casals* steht der kleine Küstenort ganz im Zeichen des hier geborenen begnadeten Cellisten, www.elvendrell.net.

August

Coruña (ganzer Monat): Volkstanz- und musikgruppen aus aller Welt treffen sich beim *Festival Internacional de Folklore*.

Santander (ganzer Monat): Opern stehen ebenso auf dem Programm des hochklassigen *Festival Internacional de Santander* wie kubanischer Jazz oder mittelalterliche europäische Musik, www.festivalsantander.com.

November

Madrid (ganzer Monat): Saxophonklänge aus der Kellerkneipe, Snare Drums im Park – zum *Festival de Jazz de Madrid* verwandelt sich die Stadt in eine Bühne.

Nachtleben

Nachtschwärmer werden in Spanien voll auf ihre Kosten kommen. Selbst in kleineren Orten hält es abends scheinbar niemanden zu Hause, man trifft sich in den Lokalen um die Plaza oder steht dicht gedrängt in einer Bar bei einem Glas Fino zusammen. Viel ›Sitzfleisch‹ haben die Spanier allerdings nicht, man zieht von einer Kneipe zur nächsten.

Bis in die frühen Morgenstunden sind freitags und samstags die zahlreichen Diskotheken und Clubs geöffnet – um dem spanischen Rhythmus zu folgen, ist einiges an Kondition erforderlich.

Sport

Angeln

Für Angeln und Sportfischen benötigt man in Spanien einen Angelschein, der von den Kommunen vergeben wird (Information in den Touristenämtern vor Ort). Auskunft über Angelreviere erteilt die **Federación Española de Pesca**, Navas de Tolosa, 3, 28013 Madrid, Tel. 915 32 83 52, www.fepyc.es.

Golf

Insbesondere an der Costa del Sol ist die Auswahl an Golfplätzen sehr umfangreich, aber auch an der östlichen Mittelmeerküste und in Nordspanien kommen Freunde des Golfsports auf ihre Kosten. Eine Übersicht über das Angebot gibt **Real Federación Española de Golf**, c/ Provisional Arroyo del Fresno Dos, 5, 28035 Madrid, Tel. 915 55 26 82, Fax 915 56 32 90, www.golfspainfederacion.com.

Reiten

Spanien bietet als ›Reiterland‹ zahlreiche Möglichkeiten für Ausritte und/oder Reitstunden. Detaillierte Informationen erhält man über die **Federación Hípica Española**, c/ Monte Esquinza, 28, 28010 Madrid, Tel. 914 36 42 00, Fax 915 75 07 70, www.rfhe.com.

Segeln

An Spaniens Küsten, entlang der großen Flüsse und um die Stauseen haben sich rund 350 Jachthäfen und Wassersportklubs angesiedelt, die Ausbildung und Ausrüstung u. a. für Segeln, Surfen, Tauchen oder Wasserski anbieten. Für Windsurfer ist der Ort Tarifa in Andalusien das Mekka schlechthin. Nähere Informationen erteilt: **Federación Española de Vela**, Luis de Salazar, 9, 28002 Madrid, Tel. 915 19 50 08, www.rfev.es.

Wandern

Vor allem in den Natur- und Nationalparks der spanischen Berge stehen zahlreiche markierte Wanderrouten zur Auswahl. Insbesondere in Nordspanien sind die Wege gut gekennzeichnet. In der Beliebtheitsskala ganz oben steht der Pilgerweg über die Pyrenäen nach Santiago de Compostela. Auskünfte erteilen die jeweiligen Fremdenverkehrsämter vor Ort oder die **Federación Española de Deportes des Montaña y Escalada/Montañismo**, c/ Floridablanca, 84, 08015 Barcelona, Tel. 934 26 42 67, Fax 934 26 25 75, www.fedme.es.

Wintersport

Das bekannteste Skigebiet Spaniens ist die Sierra Nevada in Andalusien, gefolgt von den Pyrenäen. Die Pisten der Sierra de Guadarrama und der Sierra de Gredos werden vor allem von Madrilenen genutzt und auch in der Cordillera Cantábrica wird Wintersport betrieben.

Über die Schneelage informiert die **Asociación Turística de Estaciones de Esqui y Montaña** (ATUDEM), c/ Padre Damián 43, Puerta 26, 28036 Madrid, Tel. 913 59 75 26, Fax 913 45 55 62, www.esquiespana.org. Auskünfte über die Skigebiete erteilt die **Real Federación Española de Deportes de Invierno**, Arrofresno, 3 A, 28035 Madrid, Tel. 913 76 99 30, www.rfedi.es.

Statistik

Lage: Spanien liegt im äußersten Südwesten Europas zwischen dem 36° und 44° nördlicher Breite sowie zwischen 9° westlicher und 5° östlicher Länge. Im Nordosten grenzt es an Frankreich und Andorra, im Westen an Portugal. Insgesamt hat Spanien eine Küstenlinie von 3144 km, 1663 km entfallen davon auf das Mittelmeer, die verbleibenden 1481 km auf die Atlantikküste. Die Landesoberfläche ist überwiegend gebirgig (70 % des Landes liegen höher als 500 m), die höchste Erhebung auf dem spanischen Festland ist der Mulhacén (3482 m) in der andalusischen Sierra Nevada.

Fläche: 504 782 km^2 (inkl. Balearen und Kanarische Inseln sowie die afrikanischen Enklaven Ceuta und Melilla)

Einwohner: 44,1 Mio.

Bevölkerungsdichte: 78 Einw./km^2

Religion: 90 % römisch-katholisch

Hauptstadt: Madrid (ca. 3 Mio. Einw.)

Verfassung und Verwaltung: Das Königreich Spanien (Reino de España) ist seit 1978 eine konstitutionelle Monarchie mit parlamentarischem Regierungssystem. Das Land unterteilt sich in 17 autonome Regionen mit eigenen Länderregierungen und Länderparlamenten.

Wirtschaft: Die Eckdaten der spanischen Wirtschaft mit einer Wachstumsrate von derzeit knapp 3,4 % und einer Inflationsrate von 3,7 % können sich im europäischen Vergleich durchaus sehen lassen. Für den Ausgleich der Handelsbilanz sorgen die Einkünfte aus dem Tourismusgeschäft. Die Arbeitslosenrate liegt bei 9 %. Politische Unsicherheitsfaktoren bilden Aktionen der baskischen Untergrundorganisation ETA und die illegale Zuwanderung, vor allem aus Afrika und Lateinamerika.

Unterkunft

Auskünfte zum dichten Netz an Unterkünften erteilt vor Reiseantritt das Spanische Fremdenverkehrsamt [s. S. 127] sowie die *Oficinas de Turismo* vor Ort. Wer über Ostern, Pfingsten oder in der Badesaison reist, sollte rechtzeitig reservieren. Eine hilfreiche Internetadresse ist www.hotelsearch.com.

Camping

Campingplätze werden je nach Lage und Ausstattung mit 1–3 Sternen bewertet. Ein aktuelles Verzeichnis versendet das Spanische Fremdenverkehrsamt [s. S. 127]. Eine Auswahl geprüfter Campingplätze bietet der jährlich erscheinende **ADAC Camping Caravaning Führer, Band 1, Südeuropa**, der auch als CD-ROM im Buchhandel oder bei den ADAC-Geschäftsstellen erhältlich ist.

Hostales und Pensiones

Hostales (HS), also Gasthäuser, und *Pensiones* (P) werden nach ihrem Standard mit 1–3 Sternen klassifiziert.

Hotels

Entsprechend den internationalen Standards sind die Hotels (H) in Spanien mit 1–5 Sternen versehen. Häuser mit herausragendem Komfort tragen den Zusatz GL für *Gran Lujo* (Großer Luxus).

Jugendherbergen

Für die Unterkunft in *Albergues Juveniles* ist ein Internationaler Jugendherbergsausweis vorzulegen. Eine Liste der spanischen Jugendherbergen sowie Reservierungen bei **Red Española de Albergues Juveniles**, c/ Castello, 24, 28001 Madrid, Tel. 915 22 70 07, Fax 915 22 80 67, www.reaj.com.

Klöster

Vor allem in Nordspanien und Kastilien bieten Klöster Übernachtungsmöglichkeiten an. Eine entsprechende Liste kann über das Spanische Fremdenverkehrsamt [s. S. 127] angefordert werden.

Paradores

Die exklusiven, staatlich geführten *Paradores* sind meist in historischen Gebäuden eingerichtet, etwa in einstigen Burgen oder Klöstern. Reservierungen nimmt die **Central de Reservas** entgegen: c/ Requena, 3, 28013 Madrid, Tel. 902 54 79 79, Fax 902 52 54 32, www. parador.es.

Privatunterkünfte

Wer privat Unterkünfte vermietet, weist mit dem Schild *Camas* (Betten) oder *Habitaciones* (Zimmer) darauf hin.

Turismo rural

In Spanien werden Ferien auf dem Lande immer populärer, so dass es mittlerweile ein gut ausgebautes Netz von kleinen Hotels, Landhäusern *(Casas rurales)*, Bauernhäuser und Privatunterkünften, mit vielfach sehr gutem Standard gibt. In Südspanien wurden etliche Landgüter *(Fincas)* zu exklusiven Hotels ausgebaut. Informationen erteilen die Spanischen Fremdenverkehrsämter [s. S. 127].

Verkehrsmittel im Land

Bahn

Zugfahren ist in Spanien vergleichsweise günstig und auch was die Pünktlichkeit anbelangt ist die staatliche Zuggesellschaft RENFE weit besser als ihr Ruf. Auskünfte und Reservierungen: **RENFE**, Tel. 902 24 02 02, www.renfe.es.

Einige Angebote für Bahnliebhaber:

In Nordspanien legt der Schmalspurhotelzug **Transcantábrico** in acht Tagen die Strecke León – Santiago de Compostela entlang der Kantabrischen Küste zurück. Information: **Ferrocarriles de Vía Estrecha**, Plaza de los Ferroviarios, s/n, 33012 Oviedo, Tel. 985 98 17 11, www.transcantabrico.feve.es.

Der historische Zug **El Tren de Fresa** (April–Okt.) verbindet Madrid mit Aranjuez. Information bei der **Fundación de los Ferrocarriles Españoles**, c/ Santa Isabel, 44, 28012 Madrid, Tel. 915 06 84 78, www.ffe.es.

Mit dem **Tren Medieval** kann man einen unterhaltsamen Tagesausflug (März–Dez.) von Madrid nach Sigüenza unternehmen. Theaterspiel im Zug und Stadtführung in Sigüenza inbegriffen. Info: **RENFE**, Tel. 902 24 34 02, www.renfe.es.

Bus

Das Busnetz in Spanien ist vorzüglich ausgebaut. Insbesondere zwischen den großen Städten verkehren fast stündlich gut ausgestattete Überlandbusse, seltener zwischen kleineren Ortschaften. Fahrpläne und Tickets erhält man in allen Busbahnhöfen *(Estación de autobuses)*.

Fähre

Auskünfte über Autofähren und Linienverbindungen von und nach Spanien sowie innerhalb des Landes erteilt die staatliche Schifffahrtsgesellschaft **Trasmediterránea**, Tel. 902 45 46 45, www.trasmediterranea.es.

Mietwagen

In allen größeren Städten sowie in den touristisch erschlossenen Küstenorten bieten nationale und internationale Firmen Leihwagen an. ADAC-Mitglieder können über jede ADAC-Geschäftsstelle oder die **ADAC-Autovermietung GmbH** vorab Fahrzeuge buchen, Tel. 018 05/ 31 81 81 (0,14 €/Min.).

Taxi

Taxifahren ist in Spanien relativ preisgünstig. Die Taxen sind in der Regel mit einem Taxameter ausgestattet. In einigen Orten gibt es auch festgelegte Tarifsätze, die Preisliste kann sich der Fahrgast zeigen lassen. Für Gepäckbeförderung und Nachtfahrten werden Zuschläge erhoben.

Sprachführer
Spanisch für die Reise

Das Wichtigste in Kürze

Ja/Nein	*sí/no*
Bitte/Danke	*por favor/gracias*
In Ordnung!/ Einverstanden!	*¡Está bien!/ ¡De acuerdo!*
Entschuldigung!	*¡Perdón!*
Wie bitte?	*¿Cómo dice/dices?*
Ich verstehe Sie nicht.	*No le entiendo.*
Ich spreche nur wenig Spanisch.	*Hablo sólo un poco de español.*
Können Sie mir bitte helfen?	*¿Puede ayudarme, por favor?*
Das gefällt mir (nicht).	*(No) Me gusta.*
Ich möchte ...	*Quisiera ...*
Haben Sie ...?	*¿Tiene Usted ...?*
Gibt es ...?	*¿Hay ...?*
Wie viel kostet das?	*¿Cuánto cuesta?*
Wie teuer ist ...?	*¿Qué precio tiene ...?*
Kann ich mit Kreditkarte bezahlen?	*¿Puedo pagar con la tarjeta de crédito?*
Wie viel Uhr ist es?	*¿Qué hora es?*
Guten Morgen!	*¡Buenos días!*
Guten Tag!	*¡Buenos días!/ ¡Buenas tardes!*
Guten Abend!	*¡Buenas tardes!*
Gute Nacht!	*¡Buenas noches!*
Hallo!/Grüß Dich!	*¡Hola!/¿Qué tal?*
Mein Name ist ...	*Me llamo ...*
Wie ist Ihr Name, bitte?	*¿Cómo se llama Usted, por favor?*
Wie geht es Ihnen?	*¿Qué tal está Usted?*
Auf Wiedersehen!	*¡Adiós!*
Tschüs!	*¡Hasta luego!*

Zahlen

0	*zero*	19	*diecinueve*
1	*uno*	20	*veinte*
2	*dos*	21	*veintiuno, -a*
3	*tres*	22	*veintidós*
4	*cuatro*	30	*treinta*
5	*cinco*	40	*cuarenta*
6	*seis*	50	*cincuenta*
7	*siete*	60	*sesenta*
8	*ocho*	70	*setenta*
9	*nueve*	80	*ochenta*
10	*diez*	90	*noventa*
11	*once*	100	*cien, ciento*
12	*doce*	200	*doscientos, as*
13	*trece*	1 000	*mil*
14	*catorce*	2 000	*dos mil*
15	*quince*	10 000	*diez mil*
16	*dieciséis*	1000 000	*un millón*
17	*diecisiete*	½	*medio*
18	*dieciocho*	¼	*un cuarto*

Bis bald!	*¡Hasta pronto!*
Bis morgen!	*¡Hasta mañana!*
gestern/heute/morgen	*ayer/hoy/mañana*
am Vormittag/ Nachmittag	*por la mañana/ por la tarde*
am Abend/ in der Nacht	*por la tarde/ por la noche*
um 1 Uhr/2 Uhr usw.	*a la una/a las dos ...*
um ... Uhr 30	*a la/las ... y media*
Minute(n)/Stunde(n)	*minuto(s)/hora(s)*
Tag(e)/Woche(n)	*día(s)/semana(s)*
Monat(e)/Jahr(e)	*mes(es)/año(s)*

Wochentage

Montag	*lunes*
Dienstag	*martes*
Mittwoch	*miércoles*
Donnerstag	*jueves*
Freitag	*viernes*
Samstag	*sábado*
Sonntag	*domingo*

Monate

Januar	*enero*
Februar	*febrero*
März	*marzo*
April	*abril*
Mai	*mayo*
Juni	*junio*
Juli	*julio*
August	*agosto*
September	*septiembre*
Oktober	*octubre*
November	*noviembre*
Dezember	*diciembre*

Maße

Kilometer	*kilómetro(s)*
Meter	*metro(s)*
Zentimeter	*centímetro(s)*
Kilogramm	*kilogramo(s)*
Pfund	*medio kilo*
Gramm	*gramo(s)*
Liter	*litro(s)*

Unterwegs

Nord/Süd/West/Ost	*norte/sur/oeste/este*
oben/unten	*arriba/abajo*
geöffnet/geschlossen	*abierto/cerrado*
geradeaus/ links/ rechts/ zurück	*derecho/ a la izquierda/ a la derecha/ atrás*

nah/weit	*cerca/lejos*
Wie weit ist das?	*¿A qué distancia está?*
Wo sind die Toiletten?	*¿Dónde están los aseos?*
Bitte, wo ist die (der) nächste ... Telefonzelle/ Bank/Polizei/ Post/ Geldautomat?	*Por favor, ¿dónde está ... la cabina telefónica/ el banco/la policía/ el correo/ el cajero automático más cerca?*
Wo ist ... der Hauptbahnhof/ die Busstation/ der Flughafen?	*¿Dónde está ... la estación central/ la estación autobus/ el aeropuerto?*
Wo finde ich ... eine Apotheke/ eine Bäckerei/ Fotoartikel/ ein Kaufhaus/ ein Lebensmittel-geschäft/ den Markt?	*¿Dónde está ... una farmacia/ una panadería/ los artículos fotográficos/ unos grandes almacenes/ un supermercado/ el mercado?*
Ist das der Weg/ die Straße nach ...?	*¿Es éste el camino/ la carretera a ...?*
Ich möchte mit ... dem Zug/dem Schiff/ der Fähre/ dem Flugzeug nach ... fahren.	*Quisiera ir en ... tren/barco/ ferry/ avión a ...*
Gilt dieser Preis für Hin- und Rückfahrt?	*¿Es el precio de ida y vuelta?*
Wie lange gilt das Ticket?	*¿Hasta cuándo está válido el billete?*
Wo ist das Fremdenverkehrsamt/ ein Reisebüro?	*¿Dónde está la oficina de turismo/ una agencia de viajes?*
Ich benötige eine Hotelunterkunft	*Necesito una habitación en un hotel.*
Wo kann ich mein Gepäck lassen?	*¿Dónde puedo dejar mi equipaje?*
Ich habe meinen Koffer verloren.	*He perdido mi maleta.*

Zoll, Polizei

Hier ist die Kaufbescheinigung.	*Aquí está el recibo de compra.*
Hier ist mein(e) ... Pass/ Personalausweis/ Kfz-Schein/ Grüne Versicherungskarte.	*Aquí está mi ... pasaporte/ carnet de identidad/ los documentos del vehículo/ la Carta Verde.*
Ich fahre nach ... und bleibe ... Tage/Wochen.	*Voy a ... y me quedo ... días/semanas.*
Ich möchte eine Anzeige erstatten	*Quisiera hacer una denuncia.*
Man hat mir ... Geld/die Tasche/ die Papiere/ die Schlüssel/ den Fotoapparat/ den Koffer/ das Fahrrad gestohlen.	*Me han robado ... dinero/el bolso/ los documentos/ las llaves/ la cámera/ la maleta/ la bicicleta.*
Verständigen Sie bitte das Deutsche Konsulat.	*Por favor, informe al Consulado Alemán.*

Freizeit

Ich möchte ein ... Fahrrad/ Motorrad/ Surfbrett/ Mountainbike/ Boot/Pferd mieten.	*Quisiera alquilar ... una bicicleta/ una motocicleta/ una tabla de surf/ un mountain bike/ un barco/un caballo.*
Gibt es ein(en) ... Freizeitpark/ Freibad/ Golfplatz in der Nähe?	*¿Hay en la cercanía ... un parque de atracciones/ una piscina pública/ un campo de golf?*
Wo ist die nächste Bademöglichkeit?	*¿Dónde hay una posibilidad de bañarse?*
Wo liegt der nächste Strand?	*¿Dónde está la playa más cerca?*
Wann hat ... geöffnet?	*¿Qué horario tiene ...?*

Bank, Post, Telefon

Brauchen Sie meinen Ausweis?	*¿Necesita Usted mi carnet de identidad?*
Wo soll ich unterschreiben?	*¿Dónde tengo que firmar?*
Ich möchte eine Telefonverbindung nach ...	*Quisiera una linea telefónica con ...*
Wie lautet die Vorwahl für ...?	*¿Cómo es el prefijo de...?*
Wo gibt es ... Münzen für den Fernsprecher/ Telefonkarten/ Briefmarken?	*¿Dónde puedo conseguir ... monedas/ tarjetas para el teléfono/ sellos?*

Tankstelle

Wo ist die nächste Tankstelle?	*¿Dónde está la gasolinera más cerca?*
Ich möchte ... Liter ... Super/Diesel bleifrei/ verbleit.	*Quisiera ... litros de ... gasolina super/diesel gasolina sin plomo/ con plomo.*
Volltanken, bitte!	*¡Lleno, por favor!*
Bitte prüfen Sie ... den Reifendruck/	*Controle por favor ... la presión de los neumáticos/*

den Ölstand/	*el nivel del aceite/*
den Wasserstand/	*el nivel del agua/*
das Wasser für die Scheibenwischanlage/	*el agua para el lavaparabrisas/*
die Batterie.	*la batería.*
Würden Sie bitte ...	*¿Podría ...*
den Ölwechsel vornehmen/	*cambiar el aceite/*
den Radwechsel vornehmen/	*cambiar la rueda/*
die Sicherung austauschen/	*cambiar el fusible/*
die Zündkerzen erneuern/	*cambiar las bujías/*
die Zündung nachstellen/	*ajustar el encendido/*
den Wagen waschen?	*lavar el coche?*

Panne

Ich habe eine Panne.	*Tengo una avería.*
Der Motor startet nicht.	*El motor no arranca.*
Ich habe die Schlüssel im Wagen gelassen.	*Dejé las llaves en el coche.*
Ich habe kein Benzin/Diesel.	*No tengo gasolina/diesel.*
Gibt es hier in der Nähe eine Werkstatt?	*¿Hay algún taller por aquí cerca?*
Können Sie den Wagen reparieren?	*¿Puede Usted reparar el coche?*
Bis wann?	*¿Para cuándo?*

Mietwagen

Ich möchte ein Auto mieten.	*Quisiera alquilar un coche.*
Was kostet die	*¿Cuánto cuesta el*
pro Tag/pro Woche/	*por día/por semana/*
mit unbegrenzter km-Zahl/	*con kilometraje ilimitado/*
mit Kaskoversicherung/	*con seguro ›casco‹/*
mit Kaution?	*con depósito?*
Wo kann ich den Wagen zurückgeben?	*¿Dónde puedo devolver el coche?*

Unfall

Hilfe!	*¡Ayuda!/¡Socorro!*
Achtung!/Vorsicht!	*¡Atención!/¡Cuidado!*
Rufen Sie bitte schnell ...	*Por favor, llame en seguida ...*
einen Krankenwagen/	*una ambulancia/*
die Polizei/	*a la policía/*
die Feuerwehr.	*a los bomberos.*
Es war (nicht) meine Schuld.	*(No) Fue culpa mía.*
Geben Sie mir bitte Ihren Namen und Ihre Adresse.	*Por favor, darme su nombre y dirección.*
Ich brauche die Angaben zu Ihrer Autoversicherung.	*Necesito los datos de su seguro.*

Krankheit

Können Sie mir einen guten Deutsch sprechenden Arzt/ Zahnarzt empfehlen?	*¿Puede recomendarme un buen médico/dentista que hable alemán?*
Wann hat er Sprechstunde?	*¿A qué hora tiene su consulta?*
Wo ist die nächste Apotheke?	*¿Dónde está la farmacia más próxima?*
Ich brauche ein Mittel gegen ...	*Necesito un medicamento contra ...*
Durchfall/	*la diarrea/*
Halsschmerzen/	*dolor de garganta/*
Fieber/	*la fiebre/*
Insektenstiche/	*las picaduras de insectos/*
Verstopfung/	*el constipado/*
Zahnschmerzen.	*dolor de muelas.*

Im Hotel

Können Sie mir ein Hotel/eine Pension empfehlen?	*¿Podría recomendarme un hotel/ una pensión?*
Ich habe bei Ihnen ein Zimmer reserviert.	*He reservado aquí una habitación.*
Haben Sie ...	*¿Tiene Usted ...*
ein Einzel-/	*una habitación individual/*
Doppelzimmer ...	*doble ...*
mit Bad/Dusche/	*con baño/ducha/*
für eine Nacht/	*para una noche/*
für eine Woche/	*para una semana/*
mit Blick aufs Meer?	*con vista al mar?*
Was kostet das Zimmer mit ...	*¿Cuánto cuesta la habitación con ...*
Frühstück/	*desayuno/*
Halbpension/	*media pensión/*
Vollpension?	*pensión completa?*

Hinweise zur Aussprache

c	vor ›a, o, u‹ wie ›k‹, Bsp.: **c**asa, **c**aja
c	vor ›e‹ und ›i‹ ähnlich dem englischen ›th‹, Bsp.: gra**ci**as
ch	wie ›tsch‹, Bsp.: le**ch**e
g	vor ›e‹ und ›i‹ wie ›ch‹, Bsp.: **ge**nte
gue, gui	wie ›ge, gi‹ ,also mit stummem ›u‹, Bsp.: **gui**tarra, **gui**so
h	ist immer stumm
j	wie ›ch‹, Bsp.: **j**amón
ll	wie ›lj‹, Bsp.: torti**ll**a
ñ	wie ›nj‹, Bsp.: ni**ñ**o
que, qui	wie ›ke, ki‹, also mit stummem ›u‹, Bsp.: **que**so
v	wie ›b‹, Bsp.: **v**ia, **v**ino
z	ähnlich dem englischen ›th‹, Bsp.: tena**z**

Wie lange gibt es Frühstück?	*¿Hasta qué hora se sirve el desayuno?*
Ich möchte um ... geweckt werden.	*Quisiera que me despierten a la(s) ...*
Ich reise heute Abend/ morgen früh ab.	*Saldré esta noche/ mañana temprano.*
Haben Sie ein Faxgerät/ Hotelsafe?	*¿Tiene un fax/ una caja fuerte?*
Nehmen Sie Kreditkarten an?	*¿Acepta tarjetas de crédito?*
Kann ich Geld wechseln?	*¿Puedo cambiar dinero?*

Im Restaurant

Wo gibt es ein gutes Restaurant/ ein günstiges Restaurant?	*¿Dónde hay un buen restaurante/ un restaurante economico?*
Die Speisekarte/ Getränkekarte, bitte.	*¡La carta/ la lista de bebidas, por favor!*
Welches Gericht können Sie besonders empfehlen?	*¿Qué plato puede Usted recomendarme especialmente?*
Ich möchte das Tagesgericht/ Menü (zu ...)	*Quisiera el plato del día/ el menú (de ...).*
Ich möchte nur eine Kleinigkeit essen.	*Quisiera comer poca cosa.*
Haben Sie vegetarische Gerichte?	*¿Hay platos vegetarianos?*
Haben Sie offenen Wein?	*¿Hay un vino de la casa?*
Welche alkoholfreien Getränke haben Sie?	*¿Qué bebidas sin alcohol tiene?*
Haben Sie Mineralwasser mit/ ohne Kohlensäure?	*¿Tiene agua mineral con/sin gas?*
Das Steak bitte ... englisch/ medium/ durchgebraten.	*El bistec ... casi crudo/ medio/ bien hecho, por favor.*
Können Sie mir bitte ... ein Messer/ eine Gabel/ einen Löffel geben?	*Por favor, ¿puede darme ... un cuchillo/ un tenedor/ una cuchara?*
Darf man rauchen?	*¿Puedo fumar?*
Die Rechnung, bitte/ Bezahlen, bitte!	*¡La cuenta, por favor!*

Essen und Trinken

Abendessen	*cena*
Ananas	*piña*
Apfel	*manzana*
Aubergine	*berenjena*
Banane	*plátano*
Bier	*cerveza*
Birne	*pera*
Blutwurst	*morcilla*
Braten	*asado*
Brot/Brötchen/Toast	*pan/panecillo/tostada*
Butter	*mantequilla*
Ei	*huevo*
Eintopf	*cocido*
Eiscreme	*helado*
Erdbeere	*fresa*
Espresso	*café solo*
Espresso mit Milch	*cortado*
Essig	*vinagre*
Fisch	*pescado*
Flasche	*botella*
Fleisch	*carne*
Fruchtsaft	*zumo de frutas*
Frühstück	*desayuno*
Geflügel	*aves*
Gemüse	*verdura*
Glas	*copa/vaso*
Gurke	*pepino*
Huhn	*pollo*
Hummer	*bogavante*
Kalbfleisch	*carne de ternera*
Kaninchen	*conejo*
Karamelpudding	*flan*
Kartoffeln	*patatas*
Käse	*queso*
Krug/Karaffe	*jarra*
Meeresfrüchte	*mariscos*
Milch	*leche*
Milchkaffee	*café con leche*
Mineralwasser	*agua mineral*
Mittagessen	*almuerzo*
Nachspeisen	*postres*
Öl	*aceite*
Oliven	*aceitunas*
Orangensaft (frisch gepresst)	*zumo (natural) de naranja*
Pfeffer	*pimienta*
Pflaumen	*ciruelas*
Pilze	*hongos/setas*
Reis	*arroz*
Rindfleisch	*carne de vaca*
Salat	*ensalada*
Salz	*sal*
Schinken	*jamón*
Schweinefleisch	*carne de cerdo*
Suppe	*sopa*
Süßigkeiten	*dulces*
Tee	*té*
Thunfisch	*atún*
Vorspeisen	*entremeses*
Wassermelone	*sandía*
Wein Weiß-/ Rot-/ Rosé-Wein	*vino ... blanco/ tinto/ rosado*
Weinschorle	*tinto de verano*
Weintrauben	*uvas*
Zucker	*azúcar*

ADAC Reiseführer – die besten, die wir je gemacht haben.

144 bzw. 192 Seiten, je Band 6,50 € (D), 6,70 € (A), 12,– sFr.

Ägypten
Algarve
Allgäu
Amsterdam
Andalusien
Australien
Bali & Lombok
Baltikum
Barcelona
Berlin
Bodensee
Brandenburg
Brasilien
Bretagne
Budapest
Bulg. Schwarzmeerküste
Burgund
City Guide Deutschland
City Guide Germany
Costa Brava & Costa Daurada
Côte d'Azur
Dänemark
Dominikanische Republik
Dresden
Dubai, Vereinigte Arabische Emirate, Oman
Elsass
Emilia Romagna
Florenz
Florida
Franz. Atlantikküste
Fuerteventura
Gardasee
Golf von Neapel
Gran Canaria
Hamburg
Harz
Hongkong & Macau
Ibiza & Formentera
Irland
Israel
Italienische Adria
Italienische Riviera
Jamaika
Kalifornien
Kanada – Der Osten
Kanada – Der Westen
Karibik
Kenia
Korfu & Ionische Inseln
Kreta
Kuba
Kroatische Küste – Dalmatien
Kroatische Küste – Istrien & Kvarner Golf
Kykladen
Lanzarote
Leipzig
London
Madeira
Mallorca
Malta
Marokko
Mauritius & Rodrigues
Mecklenburg-Vorpommern
Mexiko
München
Neuengland
Neuseeland
New York
Niederlande
Norwegen
Oberbayern
Österreich
Paris
Peloponnes
Piemont, Lombardei, Valle d'Aosta
Polen
Portugal
Prag
Provence
Rhodos
Rom
Rügen, Hiddensee, Stralsund
Salzburg
Sardinien
Schleswig-Holstein
Schottland
Schwarzwald
Schweden
Schweiz
Sizilien
Spanien
St. Petersburg
Südafrika
Südengland
Südtirol
Sylt
Teneriffa
Tessin
Thailand
Toskana
Türkei – Südküste
Türkei – Westküste
Tunesien
Umbrien
Ungarn
USA – Südstaaten
USA – Südwest
Usedom
Venedig
Venetien & Friaul
Wien
Zypern

Weitere Titel in Vorbereitung.

ADAC Reiseführer Jubiläumsbände – Maxi-Umfang! Mini-Preis!

348 bzw. 450 Seiten, je Band 9,95 € (D), 10,25 € (A), 17,50 sFr.

Deutschland
Freizeitparadies Alpen
Italien

ADAC Reiseführer plus – Top-Reiseführer mit perfekten Urlaubskarten.

144 bzw. 192 Seiten, je Band 8,95 € (D), 9,20 € (A), 16,80 sFr.

Ägypten
Allgäu
Amsterdam
Andalusien
Australien 8/2008
Baltikum
Barcelona
Berlin
Berlin (engl.)
Bodensee
Brandenburg
Budapest
Côte d'Azur
Dänemark
Deutschland – Die schönsten Autotouren
Dresden
Dubai 8/2008
Elsass 8/2008
Französische Atlantikküste
Fuerteventura
Gardasee
Gran Canaria
Golf von Neapel
Hamburg
Harz
Irland
Italienische Adria
Italienische Riviera
Kanada – Der Westen
Kanada – Der Osten
Kenia
Korfu/Ionische Inseln
Kreta
Kuba
Kroatische Küste – Dalmatien
Kroatische Küste – Istrien & Kvarner Golf
Leipzig
London
Madeira
Mallorca
Malta
Mecklenburg-Vorpommern
München
New York
Norwegen
Oberbayern
Österreich
Paris
Polen
Portugal
Prag
Rhodos
Rom
Rügen, Hiddensee, Stralsund
Salzburg
Sardinien
Schleswig-Holstein
Schwarzwald
Schweden
Schweiz
Sizilien
St. Petersburg
Südtirol
Südengland
Sylt
Teneriffa
Thailand 8/2008
Toskana
Tunesien
Türkei – Südküste
Türkei – Westküste
Usedom
Venedig
Wien
Zypern

Weitere Titel in Vorbereitung.

ADAC Reiseführer Audio – umfassende Information und einzigartiges Hörerlebnis.

144 bzw. 192 Seiten, mit TourSet auf CD, 9,95 € (D), 10,25 € (A), 17,50 sFr.

Barcelona 8/2008
Berlin
Dresden
Hamburg
London 8/2008
München
New York 8/2008
Paris 8/2008
Rom
Wien

Weitere Titel in Vorbereitung.

Register

Impressum

Lektorat und Bildredaktion:
Johannes Graf v. Preysing.
Aktualisierung: Astrid Rohmfeld
Karten: Computerkartographie Carrle, München
Herstellung: Martina Baur
Druck, Bindung: Firmengruppe APPL, sellier druck, Freising
Printed in Germany

Ansprechpartner für den Anzeigenverkauf:
Kommunalverlag GmbH & Co KG,
MediaCenterMünchen, Tel. 089/92 80 96-44

ISBN 978-3-89905-507-8

Gedruckt auf chlorfrei gebleichtem Papier

Neu bearbeitete Auflage 2008

Bildnachweis

Umschlag-Vorderseite: Toro Osborne wirbt für Sherry und Brandy. Foto: LOOK/Jürgen Richter, München

Titelseite
Oben: Strand von Peñíscola (Wh. von S. 60 oben)
Mitte: Löwenhof der Alhambra von Granada (Wh. von S. 96)
Unten: Mohnwiese in der Provinz Jaén (Wh. von S. 9)

AKG, Berlin: 12, 14, 15 – CAC, València: 65 oben – DIZ Süddeutscher Verlag Bilderdienst, München: 13 – FAN/Paul Achterberg, Lüneburg: 72 oben, 99 (Susanne Früh) – Franz Marc Frei, München: 83 unten, 85, 88 unten– Ralf Freyer, Freiburg: 40 unten – Bildagentur Huber, Garmisch-Partenkirchen: 6 links (R. Schmid), 10 oben (Ripani), 54 (Gräfenhain), 69 (Stadler), 71, 76 (Schmid), 79 (Ripani), 81 (Gräfenhain), 96 (Schmid), 111 unten – IFA-Bilderteam, München: 16/17 (Harris), 46 unten (Hollweck), 92 (K. Welsh), 107 (Kanzler) – Roland Irek, Seelze: 3 oben, 8 unten, 86 oben, 87, 90, 91, 101 oben, 104, 105 oben, 120 unten, 126 Mitte links – laif, Köln: 2, 5 rechts, 8 oben, 8 Mitte (Miguel Gonzalez), 9 oben (Anna Neumann), 10 unten (Huber), 22, 23, 24 unten, 26 unten, 33 unten links, 35, 38, 39 unten (Gonzalez), 63 (Andreas Hub), 72 unten (Celentano), 83 oben (Huber), 86 unten, 93, 95 oben (Gonzalez), 103 (Neumann), 110 (Huber), 118 oben (Huber) – LOOK, München: 7 oben, 21 (Jürgen Richter), 25 oben (Hauke Dressler), 26 oben (Franz Marc Frei), 28 rechts, 29 oben, 31 oben (Richter), 46 oben (Jan Greune), 47, 80, 101 unten, 105 unten, 116 (Richter), 118 unten, 120 oben (Dressler), 120 Mitte, 124, 125 (Richter), 126 oben rechts (Karl-Heinz Raach) – Mauritius, Mittenwald: 4 (Siepmann), 37 (Raga), 40 oben, 56 (Pigneter), 108 (Kord), 126 Mitte rechts (Waldkirch), 132 (Siepmann) – PhotoPress, Stockdorf/München: 53 (Hapf), 83 (Bott), 111 oben (Dr. Brucker) – White Star, Hamburg: 5 links, 11 oben (Jörg Steinert), 11 Mitte, 19 (Monica Gumm), 20, 25 unten (Gumm), 28 links, 29 unten, 30, 31 unten, 33 oben, 33 unten rechts (Steinert), 34, 39 oben, 42 (Gumm), 51 (Thomas Peter Widmann), 77 (Steinert), 89 (Gumm), 95 unten (Steinert), 97, 100, 102 (Gumm), 115, 117 (Steinert), 119, 126 unten rechts, 131 (Gumm) – Thomas Peter Widmann, Regensburg: 3 unten, 7 unten, 9 unten, 24 oben, 27, 43, 44, 45, 48, 49, 52, 55, 57, 58, 59 (2), 60 (2), 61, 62, 65 unten, 66, 68, 70, 113, 114, 126 oben links, 126 unten links

ADAC-Autovermietung
EUROPA
Mit uns kommen Sie weiter!
Wohnmobile:
Deutschlandweit mieten, europaweit reisen
Ferienmietwagen:
Zuhause buchen, am Zielort durchstarten.
Informationen und Buchung:
www.adac.de/autovermietung
☎ (0 89) 76 76 20 99
und überall beim ADAC
ADAC
Besser drin. Besser dran.
VERSICHERUNG ■ TOURISTIK ■ FINANZDIENSTLEISTUNG ■ MOBILITÄT